상속의 계획부터 상속세 신고까지 모든 것을 한권으로 끝내는 상속이야기

아무도 말해주지 않는 상속세이야기

개정판

서형석 · 장진혁 공저

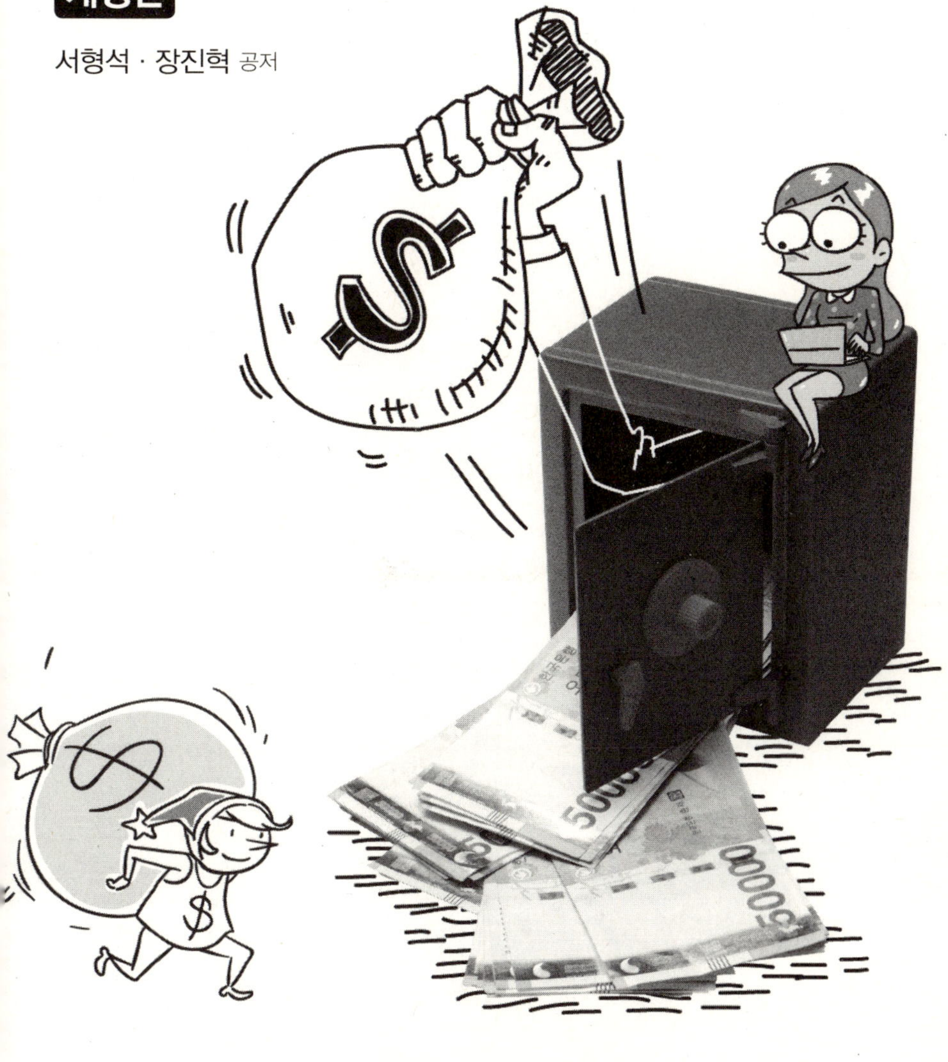

(주)영화조세통람

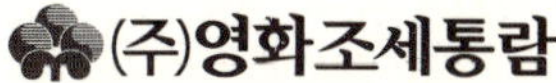

머리말

일반적으로 상속세의 경우 남의 이야기로 생각하고 그냥 넘어가는 경우가 많다. 하지만 서울에 30평대의 아파트를 보유하고 어느 정도의 금융자산과 퇴직금이 있다면 상속세를 내야 하는 경우가 많으며, 배우자가 없는 경우에는 서울에 30평대 아파트 한 채만 보유하더라도 상속세를 내야한다.

이러한 상속세는 사망을 한 경우 상속받은 재산에 대하여 내는 세금으로, 언제 사망을 할지 또 사망할 당시의 재산이 얼마나 될지를 알 수 없는 상황에서, 계획을 세우는 것은 쉽지 않다. 그렇다고 아무런 대비도 하지 않고 있다가 갑자기 상속이 일어나면 안내도 될 세금을 내야 하기 때문에 이에 대한 준비가 반드시 필요하다. 그리고 상속에 대한 계획은 현실적으로 자녀들이 세우기 곤란하다. 부모가 생존해 계시는데 사망을 전제로 하여 계획을 세운다는 것은 불효를 저지르는 것으로 생각할 수 있고,

부모 재산의 분배나 처분에 대한 결정을 자녀들이 하기 어렵기 때문이다.

상속이 발생한 후에 상속인들이 할 수 있는 방법이라곤 세법에서 인정하고 있는 각종 공제제도를 최대한 활용하는 것인데 이는 근본적인 대책이 되지 못한다. 따라서 상속에 대한 계획은 부모들이 세워서 대비하는 것이 바람직하다. 또한 상속세는 부모들이 평생에 걸쳐 모은 재산에 부과되기 때문에 상속세가 발생하는 경우 수천만원에서 수십억원에 이르는 고액이 부과되는 경우가 많다. 하지만 우리나라 일반 가정의 경우 전체 자산 중 부동산이 차지하는 비중이 대략 75%로 유동성이 매우 취약한 편이다.

이러한 상황에서 가장의 사망으로 상속세가 50%까지 부과될 경우 남은 가족의 입장에서는 25% 이하의 금융재산으로 상속세를 납부하기가 막막할 수밖에 없다. 그러므로 이러한 상속세를 대비해 미리 납부자금에 대한 대책을 마련해 놓지 않으면 상속재산을 처분해야 하거나 공매를 당하는 상황이 발생할 수도 있으므로 보장성 보험 가입, 사전증여 등으로 세금을 납부할 수 있는 자금을 마련하거나 연부연납 또는 물납 등을 고려해 보아야 한다.

그리고 상속재산은 상속인이 자신의 상속분만큼의 상속재산을 승계 받게 된다. 하지만 이러한 승계과정에서 상속인들 간에 협의가 원만히 이루어진다면 다행이지만 상속인들 간에 의견이 대립하여 어려움을 겪는 경우가 많다. 그러므로 이러한 갈등을 어느 정도 사전에 방지하기 위해 생전에 상속재산에 대한 의견을 상속인들에게 남기는 것이 필요하며, 이러한 방법으로 유언이 있다. 이렇게 생전에 유언을 하게 되면 상속인들이 유언에 따라 상속재산을 받게 되나 유언이 없다면 법정상속비율로 상속받게 된다. 또한 돌아가신 분이 채무가 많을 경우 한정승인이나 상속포기를 해야 하는 경우가 발생할 수 있다. 채무가 많음에도 불구하고 미처 상속포기를 하지 못해 부모님의 채무를 상속받아 자녀들이 힘든 짐을 짊어지고 가야하는 경우도 발생한다. 이처럼 상속은 꼭 재산이 있는 경우에만 알아야 하는 것은 아니다.

우리가 상속세를 이해하는데 있어서 세금도 중요하지만 상속이란 무엇인지에 대한 기본지식이 필요하므로 민법상 상속방법 및 절차에 대한 선행학습이 필요하다. 하지만 상속에 대한 정보는 인터넷 상에 많지만 정작 나에게 필요한 정보를 찾기란 쉽지 않다.

이 책은 여러 가지 사례를 통해 나에게 필요한 부분을 쉽게 찾을 수 있도록 구성하였다.

PART 1.은 사례를 통하여 민법상 상속의 절차와 상속재산의 분할방법 등에 대해 알아본다.

PART 2.부터는 중소기업을 운영하고 있는 이동후가 회사의 고문세무사인 서세무사의 도움으로 상속에 대비하고 이동후의 갑작스런 사망으로 장남인 이재화가 서세무사와 함께 상속세 신고를 하는 과정을 이야기 형태로 풀어냈다.

개정판을 출간하면서 개정된 가업상속공제와 상속재산의 평가방법 등이 반영되었으며, 상속세 계산에 중요한 상속재산의 평가방법에 대한 사례들을 추가하여 독자 분들의 이해도를 높이고자 하였다.

이 책을 통해 조금이나마 상속에 대해 고민하고 있는 독자들에게 도움이 될 수 있으면 하는 바램이다.

끝으로 본서를 출간하는 데 많은 도움을 주신 ㈜영화조세통람의 서동혁 대표님과 김현영 상무님, 권아정 대리님을 비롯한 출판팀 직원들에게 깊은 감사를 드리며, 원고교정 및 조언을 해준 세무법인한율 식구들에게도 감사의 말씀을 드린다. 마지막으로 뒤에서 항상 응원해주는 사랑하는 아내와 아들, 딸에게 이 지면을 통해 깊은 감사의 마음을 전한다.

2019년 4월

저 자

차 례

PART 01 ··· 상속 기초다지기

Chapter 03 상속재산을 받을까? 포기할까?

Chapter 04 상속재산을 받지 못했다면?

PART 02 ··· 상속세 준비하기

Chapter 01 영리하게 상속과 증여 활용하기

Chapter 02 내가 모르는 상속재산을 찾고 싶어요

Chapter 03 상속의 절차를 알려 주세요

PART 03 ··· 상속세가 부과되는 재산

Chapter 01 상속재산에는 무엇이 있나요?

Chapter 02 상속세가 과세되지 않는 재산

PART 04 ··· 상속세 계산의 첫걸음

Chapter 04 상속 전에 미리 증여한 재산은?

PART 05 ··· 공제제도를 통해 상속세 줄이기

Chapter 01 상속인에 따른 공제

Chapter 03 상속공제에는 한도가 있다

PART 06 ··· 상속세 계산하기

Chapter 01 상속세 얼마나 나올까?

Chapter 02 상속세 세율은 어떻게 될까?

PART 07 ··· 상속재산의 평가

Chapter 01 재산의 평가

Chapter 02 재산의 평가사례

PART 08 ⋯ 상속세 신고 및 납부

Chapter 01   상속세 신고하기

Chapter 02   상속세 납부하기

상속 기초다지기

상속세를 알아보기 이전에 상속이란 무엇인가에 대해
민법상의 내용을 가지고 알아보자

상속은 누가 받나요?

"상속이란 사람이 사망한 경우 그가 살아있을 때의 재산상의 권리·의무가 포괄적으로 승계되는 것을 말하며, 상속세란 자연인의 사망으로 인하여 사망한 자(피상속인)의 재산을 무상으로 취득하는 경우 그 취득자(상속인)에게 과세하는 세금입니다. 보통 상속과 증여를 혼동하시는 경우가 많은데요. 상속은 사망(또는 실종선고)으로 인하여 개시되며, 증여는 생전에 재산이 무상으로 이전되는 경우 개시됩니다. 그리고 상속세는 사망한자의 주소지 관할 세무서에 신고하여야 하지만 증여세는 재산을 증여받은 자의 주소지 관할 세무서에 신고합니다."

우리나라의 상속세는 국가의 재정수입의 확보라는 일차적인 목적 이외에도 자유시장 경제에 수반되는 모순을 제거하고 사회정의와 경제민주화를 실현하기 위하여 국가적 규제와 조정들을 광범위하게 인정하는 사회적 시장경제질서의 헌법이념에 따라 재산상속을 통한 부의 영원한 세습과 집중을 완화하여 국민의 경제적 균등을 도모하려는 목적도 아울러 가지는 조세제도이다. 이러한 상속세 신고자는 2009년 3,771명에서 2017년 6,970명으로 84.8% 증가하였으며, 납부세액은 2009년 1조 2,231억 원에서 2017년 2조 9,624억 원으로 142% 증가하였다. 참고적으로 증여세의 경우에는 2017년 신고세액은 3조 9,758억 원으로 2016년 대비 46% 증가하였으며, 신고인원은 12만 8,454명으로 10.6% 증가했다. 이처럼 신고대상과 납부세액이 꾸준히 증가하고 있는 상속에 대해 사례를 통해 보다 쉽게 알아보도록 하자.

태아도 상속을 받을 수 있을까?

변혜영은 동거중인 차정환과 차를 타고 가던 중 반대차선에서 진행하던 차량의 잘못으로 교통사고를 당해 차정환은 사망하였고 변혜영은 중상을 당했다. 사고 당시 변혜영은 임신 중이었으나 혼자 아이를 키우기 어려워 차정환의 부모님과 상의하여 임신중절수술을 받았다. 태아인 경우에도 상속권이 있다고 하는데 사망한 차정환 명의의 재산과 사고로 인한 손해배상금은 누가 상속을 받게 될까?

상속인이란 상속이 개시되어 피상속인의 재산상의 지위를 법률에 따라 승계하는 사람을 말한다. 민법 제1000조 제3항 및 제762조에서 태아는 상속순위와 손해배상청구권에 관하여는 이미 출생한 것으로 본다고 규정하고 있다. 그러나 태아의 재산상속권과 불법행위에 대한 손해배상청구권은 태아가 살아서 출생한다는 것을 전제하에 인정되는 것으로 만약 태아가 출생하기 전에 사망하였다면 재산상속권과 불법행위에 대한 손해배상청구권은 인정되지 않는 것이다.

판례에서도 태아가 손해배상청구권에 관해 이미 태어난 것으로 본다는 민법 제762조의 취지는 태아가 살아서 출생한 때에 출생시기를 문제의 사건이 발생한 시점까지 소급하여 그때에 태아가 출생한 것과 같이 법률상 보여진다고 해석되므로 태아가 엄마와 같이 사망하여 출생의 기회를 가지지 못했다면 배상청구권을 논할 여지가 없다고 하고 있다. 그러므로 태아인 상태에서 임신중절수술을 받았다면 태아는 상속순위에서도 상속인이 되지 못하는 것이고, 물론 불법행위에 대한 손해배상청구권도 발생하지 않는다. 또한 변혜영은 차정환과 혼인신고를 하지 않은 상태이기 때문에 차정환의 상속인이 되지 못한다. 따라서 차정환의 사망 당시 재산과 위 사고로 인한 손해배상청구권은 차정환의 부모가 상속하게 될 것이다. 다만 변혜영도 교통사고를 당하였으므로 그로 인한 치료비와 사실혼관계에 있던 차정환의 사망에 따른 정신적 고통에 대한 위자료는 청구할 수 있다.

● 양자로 입양된 자가 친생부모의 재산을 상속받을 수 있을까?

안중희는 수년 전 자녀가 없던 큰아버지댁에 양자로 입양되었고 그 후 생모가 사망하자 생부는 아들이 있는 계모와 혼인신고를 하고 생활하다가 최근에 사망하였다. 계모는 안중희가 양자로 갔기 때문에 상속권이 없다고 주장하는데 사실일까?

민법 제1000조 제1항에 의하면 제1순위의 상속인은 피상속인의 직계비속이다. 여기서 직계비속이란 자연혈족(친자식), 법정혈족(양자), 혼인 중의 출생자, 혼인 외의 출생자, 남녀, 기혼, 미혼, 호적내의 등재 유무 등을 구별하지 않으므로 양자는 양부모와 친생부모에 대하여 양쪽 모두에 있어서 제1순위의 상속인이 된다. 그리고 피상속인의 배우자는 직계비속 또는 직계존속이 있는 경우에는 그 상속인과 같은 순위로 공동상속인이 되고, 그 상속인이 없을 때에는 단독 상속인이 된다. 여기서의 배우자는 혼인신고가 된 법률상의 배우자를 말하며, 사실상의 배우자는 상속권이 인정되지 않는다.

따라서 위 사안의 경우 안중희는 제1순위의 상속인으로서 직계비속에 해당되어 양가든 생가든 상속권이 있다 할 것이다. 그러나 위 사안에서 계모가 데려온 아들 즉 가봉자(加捧子)[1]의 경

---

1) 재혼한 여자가 데리고 들어온 전 남편의 아들로 가봉자와 새아버지 사이에는 상속권이 없으므로 가봉자가 새아버지로부터 상속을 받기 위해서는 새아버지가 가봉자를 입양하여야 한다.

우는 피상속인의 혈족이 아니므로 상속인이 되지 못하나, 계모는 혼인신고를 한 법률상의 배우자이기 때문에 상속권이 있다. 결론적으로 안중희는 계모와 공동상속인이 된다.

상속인이 될 수 있는 자 VS 상속인이 될 수 없는 자

상속인이 될 수 있는 자	상속인이 될 수 없는 자
① 태아(이미 출생한 것으로 본다)	① 이혼한 배우자
② 이성동복의 형제2)	② 사실혼의 배우자
③ 이혼 소송 중인 배우자	③ 적모서자
④ 인지된 혼외자	④ 상속결격 사유가 있는 사람
⑤ 양자, 친양자3), 양부모, 친양부모	⑤ 유효하지 않은 양자
⑥ 양자를 보낸 친생부모	⑥ 친양자를 보낸 친생부모
⑦ 북한에 있는 상속인	
⑧ 외국국적을 가지고 있는 상속인	

---

2) 성은 다르지만 어머니가 동일한 형제. 즉, 어머니가 같고 아버지는 다른 형제
3) 친양자는 부부의 혼인중의 출생자로 간주되는 것을 말한다. 친양자는 양자가 마치 양친의 친생자인 것처럼 양친의 성과 본을 따를 뿐만 아니라 가족관계등록부에도 양친의 친생자로 된다. 양자는 양부모의 자녀로 출생한 것으로 다루어지므로, 친양자 입양은 '제2의 출생'으로 다루어진다. 친양자 제도는 그 효과 면에서 입양 아동이 법적으로뿐만 아니라 실제 생활에 있어서도 마치 양친의 '친생자와 같이' 입양가족의 구성원으로 편입·동화되는 제도이다. 현행 민법상의 입양(보통양자)과는 달리 친양자는 법원의 선고(허가)에 의해서만 성립한다(네이버 법률용어사전).

● 상속 결격사유와 그 효과

차정환은 평소 정숙치 못한 배우자의 행실을 문제 삼아 부부싸움을 하던 중 배우자가 타인의 아이를 임신한 것을 알게 되어 극도로 흥분하여 배우자에게 폭력을 행사하게 된다. 이에 배우자는 석유를 방바닥에 붓고 불을 붙여 화재가 발생하였다. 이로 인해 차정환은 사망하였으나 배우자는 화상을 입은 채 구조되었다. 차정환의 아버지인 차규택은 사망한 아들명의 재산을 타인의 아이를 임신하고 아들을 죽음으로 몰고 간 며느리에게 주고 싶지 않은데, 어떻게 해야 할까?

위 사안은 첫째, 며느리가 아들을 사망케 하였음에도 상속권이 있는지 여부, 둘째, 태아에게도 상속권이 있는지 여부, 셋째, 며느리의 뱃속에 있는 태아가 아들의 자식이 아님을 법적으로 다투는 방법이 무엇인지로 요약할 수 있다. 먼저 상속결격의 문제를 살펴보면 상속결격은 재산상속인에 대하여 법정사유가 발생하였을 경우에 특별히 재판상의 선고를 기다리지 않고 법률상 당연히 상속자격을 잃게 하는 제도이다.

민법 제1004조에서 규정한 상속인의 결격사유는 고의로 직계존속, 피상속인, 그 배우자 또는 상속의 선순위나 동순위에 있는 자를 살해하거나 살해하려 한 자, 고의로 직계존속, 피상속인과 그 배우자에게 상해를 가하여 사망에 이르게 한 자, 사기 또는 강박으로 피상속인의 상속에 관한 유언 또는 유언의 철회를 방해한 자, 사기 또는 강박으로 피상속인의 상속에 관한 유언을 하게 한 자, 피상속인의 상속에 관한 유언서를 위조·변조·파기 또는 은

닉한 자로 하고 있다.

상속결격의 효과를 살펴보면 상속개시 전에 결격사유가 생기면 후일 상속이 개시되더라도 그 상속인은 상속을 받을 수 없고, 상속개시 후에 결격사유가 생기면 유효하게 개시된 상속도 개시시에 소급하여 무효가 된다.

그리고 태아의 상속권 문제를 살펴보면 원칙적으로 태아는 상속순위에 관하여 이미 출생한 것으로 보며, 혼인 중에 배우자가 임신한 때는 친생자로 추정되기 때문에 반증이 없는 한 태아는 상속권이 있다. 그러므로 차규택의 며느리가 임신한 태아가 사망한 아들의 자식이 아님을 다투어야 할 것인바, 민법 제847조 및 제851조에 의하면 아버지는 혼인기간 중에 임신하더라도 친생이 의심스러울 때는 친생부인의 소를 제기할 수 있으며, 아버지가 자식의 출생 전에 사망한 경우에는 아버지의 직계존속이나 그 직계비속에 한하여 2년 내에 부인의 소를 제기할 수 있다. 따라서 차규택도 위 기간 내에 며느리를 상대로 친생부인의 소를 제기하여 태아가 본인 아들의 자식이 아님을 다투어야 할 것이다.

특별연고자의 상속재산분여

나영실은 8년 전 고아인 남편을 만나 혼인신고 없이 살아오다가 남편이 퇴근하던 중 교통사고로 사망하였다. 8년간 결혼생활을 하며 취득한 남편명의의 부동산과 교통사고 배상금에 대하여 상속받을 수 있을까?

민법은 피상속인의 직계비속, 직계존속, 형제자매, 4촌 이내의 방계혈족 및 배우자에 한하여 상속인이 될 수 있으며, 이러한 상속인이 없는 상속재산은 국가에 귀속된다고 규정하고 있다. 그러나 사실상의 배우자나 사실상의 양자와 같이 피상속인과 생계를 같이 하고 있거나 피상속인의 요양간호를 한 자, 기타 피상속인과 특별한 연고가 있던 자는 법률상 상속인이 아니기 때문에 피상속인의 재산을 상속할 길이 없다면 이는 불합리하다 할 것이다. 이를 시정하기 위하여 현행민법은 상속권을 주장하는 자가 없는 경우에 한하여 특별연고자에 대한 분여를 인정하고 있다.

상속인의 존재가 분명하지 아니한 때에는 법원은 피상속인의 친족 기타 이해관계인 또는 검사의 청구에 의하여 상속재산관리인을 선임하고 지체 없이 이를 공고한 후에 공고가 있은 날로부터 3월 내에 상속인의 존재를 알 수 없는 때에는 관리인은 지체 없이 일반 상속채권자와 유증받은 자에 대하여 2월 이상의 기간을 정하여 그 기간 내에 그 채권 또는 유증받은 사실을 신고할 것을 공고하여야 하며, 공고기간 내에 상속권을 주장하는 자가 없는 때에는 가정법원은 피상속인과 생계를 같이하고 있던 자, 피상속인의 요양간호를 한 자, 기타 피상속인과 특별한 연고가 있던 자의 청구에 의하여 상속재산의 전부 또는 일부를 분여할 수 있는데, 이 청구는 가정법원이 상속인 수색의 공고에서 정한 상속권주장의 최고기간이 만료된 후 2월 이내에 하여야 한다.

그리고 가정법원에서 분여청구를 인용하는 경우에도 그 분여의 범위는 법원의 자유로운 판단에 의하여 결정될 것이다.

남편과 딸이 동시에 사망한 경우 남편 재산의 상속인

김유주는 시아버지를 모시고 남편과 어린 외동딸을 키우며 생활하였는데 남편과 딸이 고속버스를 타고 가던 중 버스가 전복되는 사고를 당해 동시에 사망하였다. 그런데 시고모님은 시아버지가 남편에게 증여한 주택을 반환하고 교통사고배상금의 1/2은 시아버지에게 돌려주라고 하고 있다. 법적으로 정당한 것일까?

상속은 피상속인의 사망으로 개시된다. 그런데 위와 같은 동시사망에 관하여 민법 제30조는 2인 이상이 동일한 위난(위급하고 곤란한 경우)으로 사망한 경우에는 동시에 사망한 것으로 추정한다고 규정하고 있다. 사망의 시기는 상속문제 등에 관련하여 중대한 의미를 갖고 있으나, 2인 이상이 동일한 사고로 사망하면서 그 선후를 잘 모를 경우, 누가 사망하였는가를 입증하는 것은 어렵기 때문에 동시에 사망한 것으로 추정함으로써 사망자 상호간에는 상속이 개시되지 않도록 취급하려는 것이다. 동시사망으로 추정되는 경우 그 효과는 추정에 불과하므로 반증을 들어 그 추정을 번복할 수 있으나 위 사안과 같이 동일한 사고로 거의 같은 시각에 사망한 경우에는 반증은 거의 불가능하므로 이 경우의 추정은 사실상 간주에 가깝다고 할 것이다.

위 사안에서 첫째, 남편이 먼저 사망했다고 하면 남편명의의 주택과 그 사고로 인한 보상금은 제1순위 상속인인 딸과 김유주가 공동으로 상속하고 딸의 사망으로 김유주가 다시 상속하게 되며, 딸의 보상금 역시 김유주가 단독으로 상속하게 되므로 시아버지는 상속권이 전혀 없게 된다.

둘째, 딸이 먼저 사망하였다면 딸의 보상금을 김유주와 남편이 공동으로 상속하고 남편의 사망으로 남편의 상속분을 김유주와 시아버지가 공동으로 상속하게 되어 남편의 주택과 보상금도 김유주와 시아버지가 공동으로 상속하게 된다.

셋째, 남편과 딸이 동시에 사망하였다면 딸의 보상금은 김유주가 단독으로 상속하게 되지만 남편의 주택과 보상금은 김유주와 시아버지가 공동으로 상속하게 된다. 따라서 딸의 교통사고배상금은 김유주가 단독으로, 남편에 대한 교통사고배상금과 주택

(증여 효력은 이미 인정됨)은 김유주와 시아버지가 공동으로 상속인이 되어 그 상속분은 김유주가 3/5, 시아버지가 2/5가 된다.

민법상 상속순위

상속 순위	상속인	비고
1순위	피상속인의 직계비속과 배우자 (자녀, 손자 · 손녀 등)	항상 상속인이 됨.
2순위	피상속인의 직계존속과 배우자 (부모, 조부모 등)	직계비속이 없는 경우 상속인이 됨.
3순위	피상속인의 형제자매	1, 2 순위가 없는 경우 상속인이 됨.
4순위	피상속인의 4촌 이내의 방계혈족(삼촌, 고모, 이모 등)	1, 2, 3 순위가 없는 경우 상속인이 됨.

피상속인 배우자의 상속순위는 피상속인의 직계비속과 직계존속인 상속인이 있는 경우에는 그 상속인과 동순위로 공동상속인이 되고 피상속인의 직계비속과 직계존속에 해당하는 상속인이 없는 경우에는 단독상속인이 된다.

대습상속이란 상속인이 될 직계비속 또는 형제자매가 상속개시 전에 사망하거나 결격자가 된 경우에 그 직계비속이 있는 때에는 그 직계비속이 사망하거나 결격된 자의 순위에 가름하여 상속인이 된다. 또한 대습상속의 경우 상속개시 전에 사망 또는 결격된 자의 배우자는 상속인과 동순위로 공동상속인이 되고 그 상속인이 없을 때에는 단독상속인이 된다.

또한 상속인이 공동으로 상속재산을 승계하는 경우에는 각 상속인은 자신의 상속분만큼의 상속재산을 승계한다.

■ 위장이혼한 배우자가 상속을 받을 수 있을까?

차정환은 중소기업을 운영하면서 해외시장으로 사업을 확장하였으나 자금사정이 어려워져 부도위기에 몰렸다. 차정환은 배우자명의로 되어 있는 집은 지켜야겠다는 생각으로 위장이혼을 하였고 이후 위기를 잘 모면하여 사업이 운영하던 중 교통사고로 사망하였다. 이 경우 법률상 이혼신고를 하였으나 부부로서 가족관계를 유지했던 배우자는 상속을 받을 수 있을까?

우리 민법은 법률상의 배우자에게만 상속권을 인정하고 있으므로 상속인이 법률상 인정받는 배우자인지 여부가 상속에 있어 매우 중요한 요소가 된다.

판례에서도 이혼의 효력발생 여부에 관한 형식주의 아래에서의 이혼신고의 법률상 중대성에 비추어, 협의이혼에 있어서의 이혼의 의사는 법률상 부부관계를 해소하려는 의사를 말한다 할 것이므로, 일시적으로나마 그 법률상의 부부관계를 해소하려는 당사자 간의 합의하에 협의이혼신고가 된 이상, 그 협의이혼에 다른 목적이 있다 하더라도 양자 간에 이혼의 의사가 없다고는 말할 수 없고 따라서 그 협의이혼은 무효로 되지 않는 것으로 보고 있다.

그러므로 차정환과 배우자가 진정으로 이혼할 의사 없이 거짓으로 이혼신고를 했더라도 이혼은 무효로 되지 않으므로 법률상의 배우자가 될 수 없어 결국 상속인이 될 수 없다.

● 이혼소송 중 남편이 사망한 경우 상속받을 수 있을까?

김말분은 혼인 전부터 직업 없이 빈둥거리던 남편과 달리 열심히 노력하여 시부모님이 주신 종자돈으로 음식점(남편 명의)을 마련하고 성실하게 일해 재산을 키워왔다. 하지만 남편은 도박과 술로 하루하루를 보내다가 급기야 폭력을 행사하여 김말분은 이혼소송을 진행하게 되었다. 이혼소송 중 남편이 갑자기 사망하였고 자녀 없이 시부모님이 살아계신 상태에서 김말분은 남편의 재산을 상속받을 수 있는지 여부와 상속을 받는 경우 김말분이 혼자 노력하여 축적한 재산에 대해 단독으로 상속을 받을 수 있을까?

김말분은 남편과 이혼소송 중에 있지만 법률상 배우자에 해당하므로 상속권이 있으며 다만, 직계비속이 없으므로 김말분은 시부모님과 함께 상속을 받게 된다. 이때 시부모님이 각각 2/7, 김말분이 3/7의 비율로 남편의 재산을 공동으로 상속받게 된다. 그러므로 남편의 상속재산을 35억원이라 한다면, 시부모님이 각 10억원 씩을 상속받고, 김말분이 15억원을 상속받게 될 것이다.

반면 김말분이 이혼 및 재산분할 소송에서 승소하여 남편과의 법률상 배우자 관계를 정리한다면, 재산형성과정에서의 김말분의 기여가 인정되는 경우 김말분은 최소 17.5억원의 재산분할을 받을 수 있으므로 김말분 입장에서는 배우자로서 상속을 받는 것보다 이혼소송을 통하여 이혼을 하고 재산분할을 받는 것이 유리해 보인다.

그런데 이와 관련하여 판례는 이혼소송 계속 중 배우자의 일방이 사망한 때에는 상속인이 그 절차를 이어갈 수 없으므로 이혼소송은 종료되고, 이에 따라 이혼의 성립을 전제로 하여 이혼소송에 부대한 재산분할청구 역시 이를 유지할 이익이 상실되어 이혼소송의 종료와 동시에 종료한다고 하고 있다. 따라서 김말분의 이혼소송은 남편의 사망으로 종료되고 결과적으로 김말분은 이혼소송을 통한 재산분할이 아닌 배우자로서 상속을 받을 수밖에 없다.

다만 우리 민법 제1008조의 2는 공동상속인 중 피상속인의 재산의 유지 또는 증가에 특별히 기여한 자가 있는 경우에는 그 사람에게 기여분을 인정하고 있는데, 기여분이란 공동상속인 중에서 피상속인재산의 유지 또는 증가에 관하여 특별히 기여하였거나, 피상속인을 특별히 부양하는 자가 있을 경우에는 이를 상속분의 산정에 고려하는 제도이다. 이는 공동상속인 사이에 실질적인 공평을 꾀하려는 것이다.

기여상속분의 산정은 피상속인이 상속개시 당시에 가지고 있던 재산의 가액에서 기여상속인의 기여분을 공제한 것을 상속재산으로 보고 상속분을 산정하여 이 산정된 상속분에다 기여분을 더한 금액을 기여상속인의 상속분으로 한다. 그리고 기여분권을 주장할 수 있는 자는 공동상속인에 한하므로 공동상속인이 아닌 자는 아무리 피상속인의 재산의 유지 또는 증가에 기여하였더라도 기여분의 청구를 할 수 없다. 기여의 정도는 통상의 기여가 아니라 특별한 기여이어야 되며, 특별한 기여라 함은 본래의 상속분에 따라 분할하는 것이 기여자에게 불공평한 것으로 명백히 인식되는 경우로서 예를 들어 수인의 아들 가운데 한 사람이 무상으로 부의 사업을 위하여 장기간 노무를 제공한 경우는 이에 해당하나 배우자의 가사노동은 배우자 서로 간 부양의무가 있으므로 특별한 기여에 해당한다고 볼 수는 없다.

기여분은 공동상속인의 협의 또는 가정법원의 심판으로 결정된다. 가정법원은 협의가 되지 아니하거나 협의할 수 없는 때에는 기여자의 청구에 의해 기여의 시기, 방법 및 정도와 상속재산의 가액 기타의 사정을 참작하여 기여분을 정한다. 기여분은 상속이 개시된 때의 피상속인의 재산가액에서 유증의 액수를 공제한 액을 넘지 못하며, 이 제한은 기여분보다는 유증을 우선시키기 위한 것이다.

이상에서 살펴본 바와 같이 김말분의 경우 비록 명의는 남편 앞으로 되어 있지만 남편명의로 된 상속재산은 전적으로 김말분의 노력과 희생으로 이루어진 것이므로, 이와 같은 상속재산의 형성 및 증가에 김말분이 크게 기여한 사실을 주장·입증하는 경우에는 상속재산의 형성 및 증가에 기여한 만큼 구체적 상속분을 증액시킬 수 있다. 이 경우 피상속인의 상속재산에서 공동상속인들 간의 협의 또는 법원의 심판에 의해 결정된 기여분을 공제한 것을 상속재산으로 보고 이 상속재산에 법정상속분을 곱하여 산출한 법정 상속분에 기여분을 가산한 액수가 김말분이 받을 구체적 상속분이 될 것이다.

따라서 사례의 경우 김말분의 기여분이 17.5억원으로 인정이 된다면, 남편의 상속재산은 김말분의 기여분을 공제한 17.5억원이 될 것이므로 시부모님은 각각 5억원(=17.5억원×2/7)씩을 상속받을 것이고, 김말분은 상속분 7.5억원(=17.5억원×3/7)과 기여분 17.5억원을 합친 25억원을 상속분 및 기여분으로 받을 수 있을 것이다.

Chapter 02

상속재산은 어떻게 나누나요?

"상속인이 공동으로 상속재산을 승계하는 경우에는 각 상속인은 자신의 상속분만큼의 상속재산을 승계받게 됩니다. 상속재산 승계과정에서 상속인들 간의 협의가 원만히 이루어진다면 다행이지만 상속인들 간의 의견이 대립하여 어려움을 겪는 경우가 많습니다. 그러므로 갈등을 어느 정도 사전에 방지하기 위해서 피상속인이 상속재산에 대한 의견을 생전에 상속인들에게 남기는 것이 필요하며, 방식으로는 유언이 있습니다. 이렇게 피상속인이 유언을 하게 되면 유언에 따라 상속재산을 받게 되나 유언이 없다면 법정상속비율로 받게 됩니다. 그럼 유언에 대해 알아보도록 하겠습니다."

자필증서에 의한 유언의 효력

> 오복녀는 10년 전부터 차규택의 후처로 들어와 혼인신고 없이 동거인으로 살고 있는데 차규택은 사후에 오복녀의 생활을 위해 자신이 소유한 부동산 1필지를 사후에 증여하겠다는 취지의 각서를 자필로 작성하여 오복녀에게 교부하였다. 위와 같은 각서로도 유언의 효력이 인정될까?

민법은 유언의 존재여부를 분명히 하고 위조, 변조를 방지할 목적으로 일정한 방식에 의한 유언에 대해서만 그 효력을 인정하고 있다. 민법에 규정된 유언의 방식으로는 자필증서에 의한 유언, 녹음에 의한 유언, 공정증서에 의한 유언, 비밀증서에 의한 유언, 구수증서에 의한 유언이 있다.

자필증서에 의한 유언이란 유언 중에서 가장 간단한 방식이며, 그 요건은 유언자가 유언의 내용이 되는 전문과 연월일, 주소, 성명을 자신이 쓰고 날인한 유언서이다. 이 유언은 자필하는 것이 절대적 요건이므로 타인이 대필하거나 타자기, 워드 프로세서 등의 컴퓨터를 이용해 작성한 것은 자필증서로서 인정되지 않으며 따라서 무효이다. 다만, 자기 스스로 썼다면 외국어나 속기문자를 사용한 것도, 그리고 가족에게 의문의 여지가 없는 정도의 의미가 명확한 관용어나 약자, 약호를 사용한 유언도 유효하다.

유언서 작성시 연월일도 반드시 자필로 기재하여야 하며 유언서 말미나 봉투에 기재하여도 무방하나 연월일이 없는 유언은 무효이다. 연월일의 자필이 중요시되는 것은 언제 유언이 성립되었느냐를 명확히 하는 이외에도 유언자의 유언능력을 판단하는 표준시기를 알기 위하여 혹은 유언이 2통으로 작성된 경우에 전후의 유언내용이 저촉되는 때에는 뒤의 유언으로써 그 저촉되는 부분의 앞의 유언을 취소한 것으로 볼 수 있으므로 유언에 연월일이 없으면 어느 유언이 전, 후의 것인지 불명확하기 때문이다. 그리고 성명의 기재가 없는 유언서 또는 성명을 다른 사람이 쓴 유언서는 무효이다. 여기서 성명의 기재는 그 유언서가 누구의 것인가를 알 수 있는 정도면 되므로 호나 자, 예명 같은 것도 상관없다.

또한, 자필증서에 의한 유언은 유언서의 전문과 연월일, 성명을 자서하고 도장 찍는 것을 요건으로 하되 도장은 인감증명이 되어 있는 실인일 필요는 없으며, 막도장도 좋고, 무인(지장)도 무방하며, 날인은 타인이 하여도 무방하다. 사후 문자의 삽입, 삭제, 변경을 할 때에는 유언자가 자서하고 날인하여야 한다.

그리고 위와 같은 자필증서를 보관한 자 또는 이를 발견한 자는 유언자의 사망 후 지체 없이 그 증서를 법원에 제출하여 검인을 받아야 한다. 그런데 위 사안에서 차규택이 작성한 각서가 위와 같은 방식을 갖추고 사후에 부동산 1필지를 오복녀에게 유증한다는 내용이라면 민법 제1066조의 자필증서에 의한 유언에 해당하여 유언의 효력이 있을 것으로 보여진다.

● 명확한 주소 기재 없는 유언장은 무효

차정환의 부친 차규택은 2005년 11월 강남구 소재 20억원 상당의 부동산을 포함해 자신의 모든 재산을 차정환에게 물려준다는 내용의 유언장을 작성했다. 차규택은 자필로 유언장을 작성했으며 유언장 말미에 작성 연월일, 주민번호, 성명을 기재한 후 작성연월일 옆에 '암사동에서'라고 기재했다. 서울 암사동은 차정환이 사는 곳이며, 차규택의 주소는 서울 일원동이었다. 하지만 2008년 차규택이 사망한 뒤 차정환과 어머니가 다른 형제인 차정훈이 해당 부동산의 절반에 대한 상속권을 주장하면서 절반을 자신의 명의로 소유권 이전등기를 했다. 이에 차정환은 유언장 내용대로 상속해야 한다며 소송을 제기했다. 이 경우 자필 유언장이 효력이 있을까?

이 사례는 실제 발생했던 사건으로 대법원은 차정환이 부친의 유언장 내용과 다르게 상속된 부동산의 지분을 돌려달라며 차정훈을 상대로 제기한 소유권이전등기 말소등기 청구소송에서 원심을 파기하고 원고패소 취지로 사건을 서울중앙지법으로 돌려보냈다. 1심은 차정환의 청구를 받아들이지 않았다. 민법상 자필 유언장이 효력을 지니기 위해선 유언자가 전문과 연월일, 주소, 성명을 모두 자필로 쓰고 날인해야만 효력이 있는데 '암사동에서'라는 주소 기재 부분이 명확하지 않다고 판단했기 때문이다. 반면 항소심은 유언장의 효력을 인정했다. 주민등록번호 등이 함께 기재돼 있어 유언자와 작성자가 동일 인물임을 확인하는 데 문제가 없다는 판단에서다.

하지만 대법원은 이를 다시 뒤집었다. 재판부는 유언자가 주소를 직접 쓰지 않았다면 법적 요건에 어긋난다며 '암사동에서'라는 주소는 다른 주소와 구별되는 생활의 근거가 되는 곳을 기재한 것으로 보기 어렵다며 해당 유언장은 주소에 대한 표기가 없으므로 효력이 없다고 밝혔다.

유언의 종류

자필 증서	직접 자신이 작성하여야 하며, 그 전문과 연월일, 주소, 성명, 날인이 반드시 들어가야 한다. 증서에 문자의 삽입, 삭제 또는 변경을 함에는 유언자가 이를 자서하고 날인하여야 한다. 그리고 유언을 집행하기 위해서는 유언의 증서를 보관한 자 또는 이를 발견한 자는 유언자의 사망 후 지체 없이 법원에 제출하여 그 검인을 청구하여야 한다.
녹음	유언자가 녹음이나 비디오 촬영으로 유언의 취지, 그 성명과 연월일을 구술하고 이에 참여한 증인이 유언의 정확함과 성명을 구술하여야 하며, 증인의 수는 제한이 없다. 그리고 유언을 집행하기 위해서는 유언의 녹음을 보관한 자 또는 이를 발견한 자는 유언자의 사망 후 지체 없이 법원에 제출하여 그 검인을 청구하여야 한다.
공정 증서	유언자가 증인 2인이 참여한 공증인의 면전에서 유언의 취지를 말로 전하고 공증인이 이를 필기 낭독하여 유언자와 증인이 그 정확함을 승인한 후 각자 서명 또는 기명날인4)하여야 한다.

---

4) 기명과 서명은 사전적 의미는 동일하며 이름을 적는 것을 기명 또는 서명이라고 한다. 하지만 차이점이 있다면 서명은 직접 손으로 이름을 적는 것이고 기명은 이름을 프린트한 것을 의미한다. 날인은 도장을 찍는 행위를 이야기한다. 따라서, 서명은 본인의 필체로 이름을 쓰는 것이며, 기명날인은 본인의 이름이 프린트된

비밀 증서	유언자가 필자의 성명을 기입한 증서를 엄봉날인하고 이를 2인 이상의 증인의 면전에 제출하여 자기의 유언서임을 표시한 후 그 봉투표면에 제출연월일을 기재하고 유언자와 증인이 각자 서명 또는 기명날인하여야 한다. 그 표면에 기재된 날로부터 5일 내에 공증인 또는 법원서기에게 제출하여 그 봉인 상에 확정일자인을 받아야 한다. 단, 비밀증서 내용에 흠결이 있어도, 자필증서 요건을 충족하면 자필증서 유언으로 인정된다.
구수 증서	질병 기타 급박한 사유로 인하여 앞의 방식으로 유언을 할 수 없는 경우에 유언자가 2인 이상 증인의 참여로 그 1인에게 유언의 취지를 말로 전하고 그 전달받은 자가 이를 필기 낭독하여 유언자의 증인이 그 정확함을 승인한 후 각자 서명 또는 기명날인하여야 한다. 그 증인 또는 이해관계인은 급박한 사유가 종료한 날로부터 7일 내에 법원에 검인을 신청하여야 한다.

민법상 상속분

나영실의 남편은 최근 고혈압으로 쓰러져 의식불명상태로 있다가 유언도 남기지 못한 채 사망하였다. 상속인으로는 나영실과 출가한 딸 그리고 두 아들이 있는데 자녀들 간에 분쟁이 발생하지 않도록 상속문제를 잘 처리하려고 한다. 민법상 상속분은 어떻게 될까?

재산상속에 있어서 피상속인이 상속분을 유언으로 지정하지 않은 경우 공동상속인의 상속분은 민법 제1009조의 법정상속분

문서에 도장을 찍는 것을 의미한다.

에 의하게 된다. 같은 순위의 상속인이 수인인 때에는 그 상속분은 균분으로 하며, 피상속인의 배우자의 상속분은 직계비속(직계비속이 없어 직계존속과 공동상속하는 때에는 직계존속)의 상속분에 50%를 가산하게 된다.

그리고 공동상속인 중에 피상속인으로부터 재산의 증여 또는 유증을 받은 자가 있는 경우에 그 수증재산이 자기의 상속분에 달하지 못한 때에는 그 부족한 한도에서 상속분이 있다. 또한 공동상속인 중에 피상속인의 재산의 유지 또는 증가에 특별히 기여한 자(피상속인을 특별히 부양한 자 포함)가 있을 때에는 상속개시 당시의 피상속인의 상속재산에서 공동상속인의 협의로 정한 기여분을 공제한 것을 상속재산으로 보며, 기여자의 상속분은 위 상속재산을 기초로 산정한 법정상속분에 기여분을 가산한 액이 된다. 만약 협의가 이루어지지 않을 경우에는 기여자의 청구에 의하여 가정법원에서 기여분을 정하게 된다.

따라서, 법정상속분은 자녀들의 경우 남녀 구별 없이 균등하게 상속을 받게 되며 자녀의 상속분이 1일 때 배우자의 상속분은 1.5의 비율이 된다. 공동상속인 중에 수증자5)나 기여자가 없을 경우 배우자인 나영실은 상속재산의 3/9, 자녀는 각각 상속재산의 2/9 권리가 있다. [배우자 1.5 : 아들 1 : 아들 1 : 딸 1]

---

5) 유언에 의한 증여(유증)를 받는 자를 말한다.

민법상 법정상속분 예시

구분	상속인	상속분	비율
자녀 및 배우자가 있는 경우	장남과 배우자만 있는 경우	장남 1	2/5
		배우자 1.5	3/5
	장남, 장녀(미혼), 배우자만 있는 경우	장남 1	2/7
		장녀 1	2/7
		배우자 1.5	3/7
	장남, 장녀(출가), 차남, 차녀, 배우자가 있는 경우	장남 1	2/11
		장녀 1	2/11
		차남 1	2/11
		차녀 1	2/11
		배우자 1.5	3/11
자녀는 없고 배우자와 직계존속만 있는 경우	부모와 배우자만 있는 경우	부 1	2/7
		모 1	2/7
		배우자 1.5	3/7

아버지가 할아버지보다 먼저 사망한 경우

안중희는 대학교 1학년생으로서 어머니는 어릴 때 돌아가셨고 고교 1학년 때 장남이셨던 아버지가, 고교 3학년 때인 작년에는 할아버지가 돌아가셨다. 할아버지는 사망 당시 임야 2만평 및 대지 200평, 주택 등의 유산을 남겼으며 유족으로는 삼촌과 고모가 각 2명씩 있다. 당시 삼촌과 고모 모두는 할아버지의 유언이 없었는데도 손자인 안중희가 미성년자라는 이유로 안중희를 제외시킨 채 상속재산을 모두 차지하였고 안중희가 상속분을 요구하자 고등학교 1학년 때부터 키워준 은혜도 과분하다며 호통만 치고 있다. 이 경우 안중희가 돌아가신 할아버지의 유산에 대하여 상속권을 주장할 수 있을까?

안중희의 아버지는 돌아가신 할아버지의 제1순위 상속권자였으나 할아버지보다 먼저 사망하였으므로 안중희가 아버지의 상속순위에 갈음하여 할아버지의 상속인이 되며, 이를 대습상속(代襲相續)이라 한다.

민법 제1001조가 규정한 대습상속의 정의를 보면 상속인이 될 직계비속(안중희의 아버지) 또는 형제자매가 상속개시 전(할아버지가 돌아가시기 전)에 사망하거나 결격자가 된 경우에 그 직계비속(안중희)이 있는 때에는 그 직계비속이 상속인이 된다. 그리고 상속개시 전에 사망 또는 결격된 자의 배우자(안중희의 어머니)는 대습상속인과 같은 순위로 공동상속인이 되고 대습상속인이 없는 때에는 단독으로 상속인이 된다. 만약 안중희의 어머니가 살아계셨다면 안중희와 같은 순위로 공동상속인이 되었을 것이다.

상속분은 상속이 개시된 당시 즉 할아버지가 사망한 시점인 1년 전의 법률이 적용되어 안중희 아버지의 상속분은 삼촌 2명, 고모 2명과 균등하게 된다. 따라서 안중희 아버지의 상속분은 5분의 1이 되며 이를 안중희가 대습상속하게 되는 것이다.

안중희는 위와 같은 정당한 대습상속권을 주장할 수 있는데 질문에 의하면 삼촌과 고모들이 안중희의 상속분까지 상속한 것으로 보이므로, 안중희는 삼촌과 고모를 상대로 하여 상속분을 되돌려 줄 것을 요구할 수 있다. 이를 상속회복청구권이라 한다. 만약 아직 상속재산에 대하여 상속등기가 되어 있지 않다면 상속재산 분할을 요구할 수 있으며 협의가 되지 않을 경우에는 법원에 분할을 청구할 수 있다. 그런데 이미 상속등기가 되어 있고 삼촌과 고모가 상속권 또는 상속분에 대하여 다툰다면 재판을 통하여 상속회복청구권을 행사할 수밖에 없으므로 안중희는 상속회복의 소를 제기하여야 할 것이다. 또한 이러한 상속회복청구권은 그 침해를 안 날로부터 3년 이내, 상속이 개시된 날부터 10년 이내에 행사해야 한다.

상속회복의 재판에서 원고승소판결이 확정된 경우에는 삼촌과 고모는 상속재산의 분할청구에 응하여야 한다. 만약 공동상속인인 삼촌과 고모가 상속재산인 위 부동산들을 타인에게 양도하였다면 삼촌과 고모에게 그 상속분에 상당한 가액의 지급을 청구할 권리가 있다.

● 특별수익자의 상속분

차정환의 아버지는 시가 6억원 상당의 부동산을 유산으로 남기고 사망하였고, 상속인으로는 어머니와 형, 누나, 그리고 차정환이 있다. 그리고 아버지 생전에 형에게는 주택구입자금 2억원, 누나에게는 결혼자금 1억원을 증여한 사실이 있다. 그러므로 형과 누나는 충분한 상속을 받은 것 같은데도 공동상속인임을 이유로 시가 6억원 상당의 부동산에 대해 차정환과 같은 비율의 상속분을 주장하고 있다. 형과 누나의 주장이 맞는 것인가?

민법 제1008조는 공동상속인 중에 피상속인으로부터 재산의 증여 또는 유증을 받은 자(특별수익자)가 있는 경우에 그 수증재산이 자기의 상속분에 달하지 못한 때에는 그 부족한 부분의 한도에서 상속분이 있다고 규정하고 있기 때문에 특별수익자는 수증재산이 상속분을 초과한 경우에는 그 초과부분을 반환하여야 한다.

민법 제1008조는 공동상속인 중에 피상속인으로부터 재산의 증여 또는 유증을 받은 특별수익자가 있는 경우에 공동상속인들 사이의 공평을 기하기 위하여 그 수증재산을 상속분의 선급으로 다루어 구체적인 상속분을 산정함에 있어 이를 참작하도록 하려는 데 그 취지가 있는 것이므로, 어떠한 생전 증여가 특별수익에 해당하는지는 피상속인의 생전의 자산, 수입, 생활수준, 가정상황 등을 참작하고 공동상속인들 사이의 형평을 고려하여 당해 생전증여가 장차 상속인에게 돌아갈 상속재산 중 그의 몫 일부를 미리 주는 것이라고 볼 수 있는지 결정하여야 한다.

그리고 공동상속인 중에 특별수익자가 있는 경우의 구체적인 상속분 산정을 위해서는 피상속인이 상속개시 당시에 가지고 있던 재산의 가액에 생전 증여가액을 가산한 후 이 가액에 각 공동상속인별로 법정상속분율을 곱하여 산출된 상속분의 가액에 특별수익자의 수증재산의 가액을 차감하는 계산방법에 의할 것이고 여기서 피상속인이 상속개시 당시에 가지고 있던 재산의 가액은 상속재산 가운데 적극재산 전액을 가리키는 것으로 특별수익자가 있는 경우의 상속재산범위와 그 분여 방법을 제시하고 있다. 특별수익자가 있는 경우의 구체적인 상속분은 다음과 같다.

① 상속재산분배액＝(상속재산의 가액＋생전증여)×상속분율－(생전증여＋유증)
② 구체적인 상속분＝상속재산의 분배액＋생전증여 또는 유증

즉 위 사안의 경우 상속분은 어머니 1.5, 형님 1, 누나 1, 차정환이 1이 되며, 상속재산의 분배율은 어머니 3/9, 형님 2/9, 누나 2/9, 차정환이 2/9가 되어 시가 6억원의 부동산에 대해서 어머니는 3억원[＝(6억원＋2억원＋1억원)×3/9]의 지분이 있고, 형님은 2억원을 증여받았으므로 상속재산 분배액이 없으며[0＝(6억원＋2억원＋1억원)×2/9－2억원], 누나는 1억원[＝(6억원＋2억원＋1억원)×2/9－1억원], 차정환은 2억원[＝(6억원＋2억원＋1억원)×2/9]의 지분이 있다.

상속분

지정상속분	피상속인의 유언으로써 상속인의 상속분을 지정할 수 있다. 그러므로 피상속인은 유언에 의하여 유증받는 자로 하여금 법정상속분에 우선하여 상속분을 지정할 수 있다. 다만, 상속채무를 부담할 비율은 유언으로 지정할 수 없다.
법정상속분	피상속인이 공동상속인의 상속분을 지정하지 아니하였을 때에는 민법에서 규정한 법정상속분에 의한다. 동순위의 상속인이 수인인 때에는 그 상속분은 균등으로 하며, 피상속인의 배우자의 상속분은 직계비속(직계비속이 없어 직계존속과 공동으로 상속하는 때에는 직계존속)의 상속분에 5할을 가산한다.
대습상속분	상속인이 될 직계비속 또는 형제자매가 상속개시 전에 사망 또는 결격된 자의 배우자는 상속인과 동순위로 공동상속인이 되고, 그 상속인이 없을 때에는 단독상속인이 되며, 상속분은 사망 또는 결격된 자의 상속분에 의한다.
특별수익자의 상속분	공동상속인 중에 피상속인으로부터 재산의 증여 또는 유증을 받은 자가 있는 경우에 그 수증재산이 자기의 상속분에 달하지 못한 때에는 그 부족한 부분의 한도에서 상속분이 있다.
기여분	공동상속인 중에 상당한 기간 동거·간호 그 밖의 방법으로 피상속인을 특별히 부양하거나 피상속인의 재산의 유지 또는 증가에 특별히 기여한 자가 있을 때 기여분을 가산한다.

● 상속재산 나누기

민법에서 상속인이 수인이 있는 경우에 상속재산을 공유6)로 하는 것은 공유상태를 상속의 방식으로 인정한 것이 아니고 최종적으로 각 상속인에게 귀속할 때까지의 과도적 상태를 정한 것이라고 할 수 있다. 따라서 상속재산 분할은 상속개시로 인하여 생긴 공동상속인간의 상속재산의 공유상태를 종료시키고 공동상속인별 상속분에 따라 그 배분 귀속을 확정시키는 일종의 청산행위이다.

이러한 상속재산 분할이 이루어지기 위해서는, 상속재산에 있어서 공유관계가 존재하여야 하고, 공동상속인이 확정되어야 하며, 피상속인의 유언이나 공동상속인 전원의 합의로써 상속재산 분할에 관한 금지가 없어야 한다. 상속재산의 분할을 청구할 수 있는 자는 상속을 승인한 공동상속인이며, 포괄적 수증자도 포함된다.

● 그렇다면 상속재산을 어떻게 나눌까?

재산상속은 피상속인의 사망으로 개시되며 재산상속인이 수

---

6) 두 사람 이상이 한 물건을 공동으로 소유함.

인인 때에는 상속재산은 그 공동상속인의 공유로 된다. 상속재산의 분할이라 함은 상속개시로 인하여 생긴 공동상속인간에 상속재산의 공유관계를 종료시키고 각 상속인에게 그의 상속분을 확정, 배분시키는 일종의 청산행위이다. 이렇게 상속재산을 분할하는 방법에는 세 가지가 있다.

첫째, 유언에 의한 분할이다. 피상속인은 유언으로 상속재산의 분할방법을 정하거나 이를 정할 것을 제3자에게 위탁할 수 있고 상속개시의 날로부터 5년을 초과하지 아니하는 기간 내의 그 분할을 금지할 수 있다.

둘째, 협의에 의한 분할이다. 공동상속인은 유언에 의한 분할방법의 지정이나 분할금지가 없으면 언제든지 그 협의에 의하여 상속재산을 분할할 수 있다. 협의는 공동상속인 전원의 동의가 있어야 하며, 그 분할되는 몫은 반드시 각자의 법정상속분에 따르지 않아도 된다. 그러나 상속인 중에 미성년자와 그 친권자가 있는 경우에는 친권자가 그 미성년자의 주소지를 관할하는 가정법원에 특별대리인 선임신청을 하여 그 선임된 특별대리인과 분할 협의를 하여야 한다.

셋째, 법원에 의한 분할이다. 공동상속인 사이에서 상속재산분할 협의가 성립되지 아니한 때에는 각 공동상속인은 가정법원에 분할을 청구할 수 있다. 여기에서 협의가 성립되지 아니한 때에는 분할방법에 관해서뿐만 아니라 분할여부에 관하여 의견이 일치하지 않는 경우도 포함된다. 이런 경우에는 각 공동상속인은 먼저 가정법원에 조정을 신청하여야 하며 조정이 성립되지 않으면 심판을 청구할 수 있는데 심판에 의한 분할방법은 현물분할을 원칙으로 한다. 가정법원은 현물로 분할할 수 없거나 분할로 인하여 현저히 그 가액이 감소될 염려가 있는 때에는 물건의 경매를 명하기도 한다.

이상에서 살펴본 바와 같이 상속재산의 분할에 관하여 피상속인이 특별히 유언을 남기지 않고 사망했다면 우선 가족(공동상속인)간의 원만한 협의에 의하여 해결하도록 하고, 협의가 성립되지 않을 때에는 다른 공동상속인을 상대로 그들의 보통재판적 소재지(상대방의 주거지를 말함)나 부동산 소재지에 있는 법원에 조정신청을 할 수 있다. 이와 관련하여 조정을 하지 아니하기로 하는 결정이 있거나 조정이 성립되지 아니한 경우에는 제소신청에 의한 방법으로 상속재산을 분할할 수 있다.

공동상속인 중 일부가 상속재산분할협의에 불응할 경우

변준영의 아버지는 유산으로 몇 필지의 토지를 남기고 얼마 전 사망하였다. 상속인으로는 변준영과 어머니, 남동생 1명, 출가한 누나 3명으로 모두 6명이 있는데, 어머니와 남동생은 변준영이 부모님을 모시고 있었다는 이유로 자기들의 상속지분을 변준영에게 양보하겠다고 하지만, 누나 3명은 자기들의 법정 상속분보다도 더 요구하고 있어 협의분할을 못하고 있다. 이 경우 어머니와 남동생, 변준영의 법정상속지분만이라도 상속등기를 할 수 있을까?

상속재산의 분할은 상속개시로 인하여 생긴 공동상속인간에 있어서 상속재산의 공유관계를 종료시키고 상속분에 응하여 그 배분, 귀속을 목적으로 하는 일종의 청산행위를 말하며, 각 공동상속인은 언제든지 협의로 상속재산을 분할할 수 있다. 재산상속의 협의분할은 공동상속인간의 일종의 계약으로서 공동상속인 전원이 참여하여야 하고 일부 상속인만으로 한 협의분할은 무효이다.

또한 법원의 등기실무에서도 재산상속으로 인한 소유권이전등기 신청시 상속을 증명하는 서면의 일부로서 공동상속인 모두의 이름이 쓰여진 상속재산 협의분할서를 첨부서류로 요구하고 있다. 따라서, 변준영의 경우에도 나머지 상속인 전원이 함께 모여 이에 동의하는 협의분할서를 작성하지 못한다면 그 지분만의 등기를 할 수는 없다. 판례도 등기공무원의 결정에 대한 이의제기에서 공동상속인 중 일부 상속인의 상속등기만은 할 수 없다고 결정한 바 있다.

그러므로 공동상속인간의 협의가 이루어지지 않을 때에는 공동상속인 중 1인이 법정상속지분으로 공동상속등기를 신청할 수 있으며, 이 경우 신청서에는 상속인 전원의 법정상속분이 표시되어야 한다. 이와 같이 법정상속분의 상속등기를 한 후 어머니와 남동생의 상속받은 지분을 변준영에게 이전하는 절차를 밟아야 하며, 이 경우 이전에 따른 증여세와 취득세가 부과된다.

● 상속재산 분할의 효과

상속재산의 분할은 상속 개시된 때에 소급하여 그 효력이 있다. 예를 들어 상속재산인 부동산·동산 및 채권을 3인의 상속인 갑·을·병이 공유하고 있다가 분할에 의하여 갑은 부동산, 을은 동산, 병은 채권을 가지게 되면 이는 상속개시 당시부터 각각 당해 목적물을 상속한 것이 되어 공유상태는 존재하지 않았던 것이 된다.

● 상속재산 협의분할은 등기 이전에 하는 것이 유리하다

갑작스런 아버지의 사망으로 수십억 원의 유산을 상속받게 된 차정환은 형제들과 상속재산을 나누는 문제에 대해 고민 중이다. 돌아가신 아버지는 유언을 하지 않아 형제들과 상속재산의 협의분할을 해야 하는데 이때 협의분할은 언제까지 해야 할까?

이 경우처럼 아버지가 유언을 하지 않고 사망하면 민법 규정에 의한 법정상속이 이뤄지며, 법정상속은 지분으로 상속되기 때문에 상속인이 여러 명 있는 경우에는 상속재산을 공유하게 된다. 재산을 공유하면 관리하거나 처분하는 데 불편이 따르기 때문에 공동상속인들이 협의해 상속재산을 분할하는 경우가 있는데, 이를 협의분할이라고 한다. 협의분할을 하면 지분에 변동이 생기는데, 이러한 협의분할이 상속재산의 등기·등록 전에 이루어졌느냐, 후에 이루어졌느냐에 따라 증여세 과세여부가 달라지므로 주의가 필요하다.

상속등기를 하기 전에 협의분할을 한 경우에는 원칙적으로 증여세 문제가 발생하지 않는다. 특정상속인이 법정상속분을 초과해 상속재산을 취득하게 되더라도 이는 공동상속인으로부터 증여받은 것으로 보지 않고 피상속인으로부터 상속받은 것으로 보기 때문이다.

그러나 법정상속분대로 상속등기를 해서 각 상속인의 상속지분이 확정된 후에 협의분할을 통해 특정상속인이 법정상속분을 초과해 상속재산을 취득하는 경우에는 그 초과된 부분에 상당하는 재산가액은 공동상속인 중 지분이 감소된 상속인으로부터 증여받은 것으로 본다. 다만, 법정지분대로 상속등기 등을 했다가 상속인간 협의에 의해 상속분을 재확정하는 등 상속세 신고기한 내에 경정등기를 하고 상속세를 신고한 경우에는 지분변동분에 대해 증여세를 과세하지 않는다.

　따라서 상속재산을 협의분할하고자 하는 경우에는 등기·등록·명의개서 등을 하기 전에 분할하되, 등기 등을 했다가 재분할을 하더라도 상속세 신고기한 내에 경정등기를 하고 변경된 내용대로 상속세를 신고해야 상속지분 변동분을 증여재산으로 보지 않는다.

Chapter 03

상속재산을 받을까? 포기할까?

● 상속재산 받기

상속인은 상속재산을 조사한 뒤 상속으로 인하여 물려받을 재산과 채무를 비교하여 상속개시가 있음을 안 날로부터 3월 내에 단순승인이나 한정승인 또는 포기를 할 수 있다. 여기서 단순승인은 상속 효과를 그대로 받겠다는 의사표현으로, 상속인이 단순승인을 한 때에는 제한 없이 피상속인의 권리 의무를 승계하며, 한정승인은 상속재산의 한도 내에서 피상속인의 채무와 유증을 변제하는 조건부 승인으로, 상속채무가 상속으로 얻게 되는 적극재산을 초과하는 경우에도 상속인 본인의 재산으로 이를 변제할 의무가 없다.

● 한정승인할 때 양도세문제 간과했다간 '낭패'

상속받을 재산보다 상속채무가 훨씬 많아 상속채무를 한도로 상속을 받는 한정승인을 하려 할 때 양도소득세 문제를 꼼꼼히 따져보지 않으면 뒤늦게 세금문제로 낭패를 볼 수 있다는 사실을 보여주는 사건이 발생했다. 한정승인으로 받은 상속재산에 대해 채권자들이 경매를 신청해 상속인 수중에는 상속재산이 한 푼도 들어오지 않게 되더라도, 경매로 팔린 상속재산에서 양도차익이 발생했다면 꼼짝없이 상속인 호주머니에서 양도소득세를 부담해야 하는 일이 발생한 것이다.

조세심판원은 김모씨가 상속 한정승인으로 받은 상속재산이 채권자들의 경매처분으로 전액 채무변제에 사용, 실질적으로 상속받은 재산이 없는데도 국세청이 양도소득세를 과세한 처분은 부당하다며 심판청구를 제기, 심리결과 이를 기각했다고 밝혔다. 심판원에 따르면 김씨는 지난 2008년 10월 아버지가 사망하자, 공동상속인인 어머니 그리고 형과 함께 334㎡의 대지와 연면적 248㎡인 지상 2층 주택을 상속했다. 김씨 등은 상속개시일로부터 3개월 뒤인 2009년 1월 상속재산보다 상속채무가 훨씬 많음을 이유로 상속 한정승인 신고를 했고, 한정승인 신고는 같은 해 2월 서울가정법원에 수리됐다.

상속재산은 상속인들에게 상속등기를 거쳐 지난 2010년 5월

채권자들의 임의경매절차에 의해 매각됐다. 매각대금은 전액 채권자들에게 배당됐고, 부동산이 팔리고도 한 푼도 건지지 못한 김씨 등은 이에 대해 양도세 신고를 하지 않았다. 국세청은 이에 대해 상속인이 상속재산의 경락대금을 배당받지 못했다고 하더라도 상속인이 상속재산을 상속하는 것과 상속재산에 대해 양도차익이 발생한 사실에는 변함이 없으므로, 상속받은 재산의 양도차익에 대해 상속인이 양도세 납세의무가 있다고 봤다.

이에 따라 국세청은 지난 3월 김씨에게 양도소득세뿐만 아니라 신고불성실 및 납부불성실 가산세까지 추징하기에 이르렀고, 김씨는 이에 불복해 심판원의 문을 두드리게 된 것이다. 심판원은 결정문에서 세법에서 말하는 양도는 자산이 유상으로 사실상 이전되는 것이라며 자산의 처분이 소유자의 자의에 의한 것인지 경매 등과 같이 자의에 의한 것이 아닌지 여부는 양도에 해당하는지 여부를 판단하는데 아무런 영향을 미치지 않는다고 밝혔다.

심판원은 특히 상속으로 취득한 상속재산이 경매된 경우 경락된 자산의 양도인은 상속인이라며 그 경락대금이나 양도소득도 상속인에게 귀속되는 것이라고 강조했다. 이어 양도소득세는 양도소득이 발생했는지에 따라 상속인에게 부과되는 것이지 상속채무가 아니며 상속인이 상속을 한정승인한 사실은 상속인의 상속재산에 대한 양도소득세 납세의무에 영향을 미치지 못 한다고 못 박았다. 심판원은 결국 재산이 상속된 이상 경락대금이 김씨에게 귀속되었다가 채무변제에 사용된 것으로 봐야 한다며 상속재산 매각으로 인한 양도소득이 김씨에게 귀속됐음을 전제로 양도소득세를 부과한 처분은 잘못이 없다고 결정했다.[7]

● 상속재산 경매시 양도세 부담을 피하려면?

상속을 통해 취득하게 되는 부동산의 취득가액은 그 상속개시일 현재 재산가액으로 하며, 그 평가는 시가에 의한다. 이 때 시가는 불특정다수인 사이에 자유로이 거래가 이루어지는 경우에 통상 성립된다고 인정되는 가액을 말하지만 실무적으로 사례가액을 찾아서 결정한다. 이 경우에 사례가액은 상속개시일 전·후 6개월(증여재산의 경우 전 6개월·후 3개월) 이내에 매매사실이 있는 경우에는 그 거래가액, 둘 이상의 감정기관(기준시가 10억원 이하의 부동산의 경우 하나 이상의 감정기관)이 평가한 감정가액이 있는 경우에는 그 감정가액의 평균액, 수용·경매 또는 공매사실이 있는 경우에는 그 보상가액·경매가액 또는 공매가액을 시가로 적용하고 사례가액이 없는 경우에는 정부가 고시한 기준시가에 의하여 평가한다.

아파트 등을 제외한 일반 주택이나 상가의 경우 그 사례가액

---

7) 심판례 조심2012서1489, 2012.08.30.

을 찾기 어려우며, 경매를 통해 매각될 경우에도 그 시기가 상속개시일로부터 6월이 지난다면 경매가액을 상속재산가액으로 평가받기 어렵다. 또한 상속세를 결정할 때 세무서에서는 납세자가 신고한 내용이 없으면 특별한 사정이 없는 한 정부가 고시한 기준시가에 의하여 결정할 수 있다. 이와 같이 실제 거래금액보다 낮은 기준시가로 상속재산이 평가된다면, 경매 시 양도차익이 발생하고 상속인은 상속재산의 경락대금에 대해 배당을 받지도 못하고 양도세가 부과될 수 있다.

그렇다면 이러한 상황을 방지하기 위해서는 어떻게 해야 할까? 피상속인은 상속재산보다 채무가 많아 한정상속을 신청한 경우에도 상속재산이 경매 등을 통해 처분될 것이 예상된다면, 상속세 신고를 통해 적극적으로 상속재산의 평가금액을 높여 양도차익을 줄여야 한다. 상속재산의 평가금액을 높이기 위해서는 상속개시일 현재 상속재산의 기준시가가 시가보다 낮게 고시되어 있다면 당해 상속재산과 면적·종류·용도·종목이 동일하거나 유사한 다른 재산에 대한 사례가액이 있는지를 확인하여 신고하여야 하며, 이러한 사례가액이 없거나 낮을 경우 감정기관에 평가를 의뢰하여 그 감정가액으로 신고할 수도 있다. 그 밖에 부채나 임대차계약의 내용, 저당권 등이 설정된 재산의 평가특례 규정 등을 활용하는 방안도 있다. 이러한 상속재산의 평가와 관련해서는 PART 07.에서 살펴보도록 하자.

사망한 부모의 빚을 물려받지 않을 수 있는지?

변준영의 아버지는 사업을 하다가 실패하여 많은 채무를 지고 채권자들로부러 독촉을 받아오던 중 얼마 전 사망하였다. 변준영의 능력으로는 아버지가 남긴 채무를 갚을 길이 없는데 어떻게 해야 할까?

부모가 사망하면 사망과 동시에 상속인인 자식들은 부모의 재산뿐만 아니라 채무도 모두 상속받게 된다. 토지 등 부동산이나 은행예금과 같은 적극적 재산뿐만 아니라, 부모가 다른 사람한테 부담하고 있는 차용금채무, 보증채무 등 소극적 재산도 모두 포괄적으로 상속받게 된다. 그런데 부모의 상속재산 중에서 적극적 재산보다 소극적 재산 즉 빚이 더 많은 경우 상속을 받지 않으려면 상속개시 있음을 안 날로부터 3월 내에 법원에 상속포기신고를 하면 된다. 상속을 포기하면 피상속인은 사망으로 일단 발생한 상속의 효력, 즉 권리의무의 승계를 부인하고 처음부터 상속인이 되지 않은 것과 같이 되며 상속을 포기한 후에는 이를 취소하지 못한다.

그 외의 방법으로는 부모가 남겨놓은 적극적 재산의 한도 내에서 부모의 채무를 변제하는 것을 조건으로 상속을 승인하는 한정승인을 할 수도 있다. 이 한정승인도 역시 상속개시 있음을 안 날로부터 3월 내에 상속재산의 목록을 첨부하여 법원에 한정승인의 신고를 하여야 효력이 발생한다. 다만 주의할 것은 상속포기나 한정승인을 한 경우에도 상속인이 상속재산을 처분한 때 또는 상속인이 한정승인 또는 포기를 한 후에 상속재산을 은닉·부정 소비하거나 고의로 재산목록에 기입하지 아니한 때에는 상속인이 단순승인을 한 것으로 간주된다.

만약 상속포기신고나 한정승인신고 등 아무런 조치를 취하지 아니하고 법이 정한 각 신고기간을 넘기면 부모의 권리, 의무를 그대로 상속받는 것으로 되어 부모가 지고 있던 빚도 상속인들이 모두 갚아야 한다. 변준영의 경우 아버지가 아무런 재산 없이 빚만 남겨두고 사망하였고 신고기간이 경과하지 않았다면 빨리 법원에 상속포기신고를 하는 것이 좋다. 그리고 변준영의 미성년인 딸에 대해서도 친권자인 변준영이 함께 상속포기신고를 하여야 한다. 왜냐하면 민법은 1. 피상속인의 직계비속, 2. 피상속인의 직계존속, 3. 피상속인의 형제자매, 4. 피상속인의 4촌 이내의 방계혈족의 순으로 재산상속순위를 정하고, 동 순위 상속인이 수인일 경우에는 최근친(最近親)[8]을 선순위로 한다고 규정하고 있기 때문이다. 즉, 변준영 및 변준영의 딸은 피상속인의 직계비속으로서 제1순위 상속인이나 변준영과 아버지 사이는 1촌이고, 변준영의 아버지와 변준영의 딸 사이는 2촌이기 때문에 변준영이 최근친으로서 선순위 상속인이 되는 것이고 변준영이 상속을 포기하였을 경우의 다음 순위의 상속인은 변준영의 딸이 되는 것이다. 그

─────────────────────────

8) 가장 가까운 일가친척

러므로 변준영의 딸이 상속포기신고를 안하는 경우 할아버지의 모든 채무를 부담할 수 있다.

재산이 채무보다 많을 경우	상속의 단순승인
재산과 채무액수를 모를 경우	상속의 한정승인
재산이 채무보다 적을 경우	상속포기

민법 제1019조 제1항에서는 상속인은 상속개시 있음을 안 날로부터 3월 내에 단순승인이나 한정승인 또는 포기를 할 수 있다고 규정되어 있으며, 같은 법 제1026조 제2호는 상속인이 제1019조 제1항의 기간 내에 한정승인 또는 포기를 하지 아니한 때에는 단순승인을 한 것으로 본다고 규정하고 있다.

그런데 헌법재판소는 민법 제1026조 제2호는 헌법에 합치되지 않는다고 결정한 바 있다. 그 이유는 상속인이 아무런 귀책사유 없이 상속채무가 적극재산을 초과하는 사실을 알지 못하여 고려기간 내(상속개시 있음을 안 날로부터 3월 내)에 한정승인이나 상속포기를 하지 못한 경우에도 상속인으로 하여금 피상속인의 채무 전부를 부담하게 하여 상속 채권자만을 보호한 것은 기본권 제한의 입법한계를 벗어난 것으로 재산권을 보장한 헌법 제23조 제1항 및 사적자치권을 보장한 헌법 제10조에 각 위반된다는 것이다.

그로 인해 민법 제1019조 제3항을 신설하여 같은 법 제1019조 제1항의 규정에 불구하고 상속인이 상속되는 채무가 그 재산을 초과하는 사실을 중대한 과실 없이 제1항의 기간 내에 알지 못하고 단순승인한 경우에는 그 안 날로부터 3월 내에 한정승인을 할 수 있다고 규정하였다.

● 상속포기 시 종신보험금을 받을 수 있을까?

계약자, 피보험자를 본인으로 하고 수익자를 상속인 또는 특정지정을 하는 경우 계약자가 사망하게 되면 계약자의 상속재산으로 보아 상속세를 계산하게 된다. 하지만 계약자가 자산보다는 부채가 많은 경우 민법상 상속포기를 하게 되는데 상속포기를 하는 경우 상속인들에게 사망보험금이 지급될 수 있는지 문제가 생긴다. 이 경우 기존의 채권자들이 상속보험금에 대해서 권리행사가 가능할까? 만약 채권자들이 권리행사가 불가능하다면 상속인들이 상속포기를 하더라도 사망보험금을 지급받을 수 있는 것일까?

피상속인(사망자)의 상속재산이 채무보다 많다면 상속인들이 피상속인의 재산에 대한 모든 권리와 의무의 승계를 부인하는 법률행위로서 상속인들은 상속개시가 있음을 안 날로부터 3월 내에 가정법원에 상속포기의 신고를 하면 된다. 여기서 한 가지 주의할 점은 직계비속 혼자 상속을 포기한다고 해서 모든 것이 해결되는 것이 아니라 직계비속과 배우자, 직계존속, 형제자매, 4촌 이내의 방계혈족까지 상속포기를 하여야 한다. 실무적으로는 직계비속과 배우자가 상속포기를 하면 부채가 직계존속 등으로 승계되므로 직계존속은 한정승인을 하면 된다.

상속인이 피상속인의 부채가 너무 많아서 상속을 포기하게 되면 최초부터 상속인이 아니었던 것으로 보기에 상속세 납부의무도 당연히 동순위자 또는 피상속인의 형제자매 등의 후순위자에게 넘어가게 된다. 상속인들이 서로 협의 분할하여 재산을 나누어 갖는 경우에 상속인 일방이 상속을 포기하여 본인이 재산을 가지지 않았으면 상속재산의 비율이 없기 때문에 상속세의 납세의무를 지지 않게 된다. 한편 상속인이 피상속인이 죽기 전에 사전에 증여를 받은 사실이 있다면 민법상 상속포기를 하였더라도 사전증여가액을 한도로 상속세납부의무 및 연대납부의무를 지게 된다. 만약에 사전증여재산에 대하여 연대납부의무를 지우지 않으면, 상속하지 않고 미리 증여하였다가 일정부분 상속에 대해서 일방적인 상속포기를 하면, 상속세도 내지 않고 채무에 대해서 책임도 지지 않기 때문에 이를 방지하기 위해서이다.

사업을 하던 피상속인이 계약자, 피보험자가 본인이 되어 종신보험을 가입한 뒤 사업실패를 하여 엄청난 부채를 떠안고 사망한 경우 상속인들은 빨리 피상속인의 재산을 파악하여 상속포기를 하여야만 피상속인의 부채를 책임지지 않게 된다. 그런데 피상속인의 사망으로 발생하는 종신보험은 상속포기 대상자산에 해당하는지 여부에 따라 상속인들의 희비가 엇갈린다. 민법상 보험금의 청구권은 상속인들의 고유재산으로 보는 것이 판례이다.

따라서 유족들의 고유재산이기 때문에 상속포기를 하더라도 피상속인의 민법상 상속재산에 포함되지 않는 것이다. 유가족들은 상속포기 후 보험금 청구를 하게 된다면 채권자들은 보험금압류 해제를 하여야 하고 보험회사는 보험금을 지급하여야 하는 것이다. 산업재해보상금과 국민연금에 대한 유족연금도 생명보험금과 마찬가지로 유가족의 고유재산으로 귀속되어 상속포기와는 상관없이 상속인들의 재산이 된다. 하지만 상속세 계산 시에는 상속재산에 포함되어 상속세 납세의무가 있다.

Chapter 04

상속재산을 받지 못했다면?

● 유류분제도란?

사유재산을 인정하는 사회에서 개인에게는 원칙적으로 자신이 소유하고 있는 재산을 자유롭게 처분하는 것이 인정된다. 따라서 각 개인은 자신의 재산을 생전에 자유롭게 처분할 수 있다. 그러나 이 원칙을 그대로 적용하게 되면 여러 가지 문제점이 생길 수가 있는데, 즉 유언자의 재산이라는 것도 가족들의 노력의 결과가 어느 정도 포함되어 있다고 보아야 할 경우가 많기 때문이다.

따라서 우리 민법은 이러한 경우에 있어서 개인재산처분의 자유, 거래의 안전과 가족생활의 안정, 가족재산의 공평한 분배라고 하는 서로 대립되는 요구를 타협, 조정하기 위해 1977년에 유류분 제도를 신설하였다. 즉, 상속이 개시되면 일정한 범위의 상속인은 피상속인재산의 일정한 비율을 확보할 수 있는 지위를 가진다. 이것을 유류분권이라고 하는바, 이 유류분권으로부터 유류분을 침해하는 유증, 증여의 효력을 빼앗는 반환청구권이라는 구체적, 파생적 권리가 생긴다.

유류분을 가지는 사람은 피상속인의 직계비속, 배우자, 직계존속, 형제자매이다. 그 중 유류분권을 행사할 수 있는 사람은 상속의 순위상 상속권이 있는 사람이어야 한다. 예컨대 제1순위 상속인인 직계비속이 있는 경우에는 제2순위 상속인인 직계존속은 유류분권을 행사할 수 없다. 태아도 살아서 출생하면 직계비속으로서 유류분권을 갖고 대습상속인도 피대습자의 상속분의 범위 안에서 유류분을 가진다. 유류분은 법정상속권에 기초하고 있는 것이므로 상속권의 상실원인인 상속인의 결격, 포기에 의하여 상속권을 상실한 때에는 유류분권도 당연히 잃게 된다. 상속인 중 유류분권자라도 그 유류분의 비율은 상속인별로 차이가 있으며, 반환의 청구권은 유류분 권리자가 상속의 개시와 반환하여야 할 증여 또는 유증을 한 사실을 안 때로부터 1년 내에 하지 아니하면 시효에 의하여 소멸하고 상속이 개시된 때로부터 10년을 경과한 때에도 소멸한다.

유류분 권리자와 비율

상속순위	권리자	비율
1순위	피상속인의 직계비속 (자녀, 손자 · 손녀 등)	1/2
2순위	피상속인의 직계존속 (부모, 조부모 등)	1/3
3순위	피상속인의 형제자매	1/3

유류분의 권리자는 피상속인의 직계비속 · 직계존속 · 형제자매 등 근친자에 한하며, 모든 상속순위자에게 인정되는 것은 아니다.[9] 또한 피상속인 배우자의 유류분 비율은 법정상속분의 1/2이다.

공동상속인 중 특별수익자가 있을 때 유류분 청구

차규택은 배우자와 두 아들을 남기고 2개월 전 사망하였다. 차규택은 죽기 2년 전 본인 명의의 대지와 주택을 큰아들에게 이전해 주면서 부인과 작은아들을 잘 돌볼 것을 부탁하였다. 그러나 큰아들은 아버지가 돌아가시자 어머니를 모시려 하지도 않고 생활비도 주지 않아 다른 재산이 없는 어머니는 생계유지가 막막해 유류분 청구를 하려고 한다. 이 경우 큰아들에게 이전한 증여재산도 유류분 청구의 대상이 될까?

민법 제1113조 제1항에서는 유류분은 피상속인의 상속개시시에 있어서 가진 재산의 가액에 증여재산의 가액을 가산하고,

---

9) 4순위 상속인인 피상속인의 4촌 이내의 방계혈족 제외

채무의 전액을 공제하여 이를 산정한다고 규정하고 있고, 동법 제1114조는 증여는 상속개시 전의 1년간에 행한 것에 한하여 제1113조의 규정에 의하여 그 가액을 산정한다. 당사자 쌍방이 유류분 권리자에 손해를 가할 것을 알고 증여를 한 때에는 1년 전에 한 것도 같다고 규정하여 원칙적으로 상속개시 전 1년간에 행한 증여에 한하여 유류분 재산에 포함하고 있다.

따라서 이 규정대로라면 차규택과 큰아들 사이의 증여는 2년 전에 이루어졌기 때문에 유류분 재산에 포함되지 않는다. 그러나 판례는 공동상속인 중에서 피상속인으로부터 특별수익자[10]가 있는 경우와 관련하여 공동상속인 중에 피상속인으로부터 재산의 증여에 의하여 특별수익을 한 자가 있는 경우에는 민법 제1114조의 규정은 그 적용이 배제되고, 따라서 그 증여는 상속개시 전의 1년간에 행한 것인지 여부에 관계없이 유류분 산정을 위한 기초재산에 산입된다고 하여 민법 제1114조를 배제하고 있다.

그러므로 차규택의 배우자와 작은아들은 각 상속지분의 2분의 1에 상당한 유류분을 청구할 수 있고 그 유류분 산정에 있어서 큰아들이 2년 전에 증여받은 대지와 주택을 포함하여 산정되어야 할 것이다. 한편 유류분 권리자의 증여 또는 유증재산의 반환청구권은 유류분 권리자가 상속개시와 반환하여야 할 증여 또는 유증을 한 사실을 안 때로부터 1년 내에 하지 아니하거나 상속이

---

10) 공동상속인 중에 피상속인으로부터 재산의 증여 또는 유증을 받은 자

개시한 때로부터 10년이 경과한 경우 시효가 소멸하므로 차규택의 배우자와 작은아들은 이 기간을 준수하여 유류분권을 행사하여야 할 것이다.

● 유증으로 인하여 생계수단이 없는 상속인 구제

> 차정환의 아버지는 장남인 차정환과 어머니 그리고 동생을 유족으로 남겨두고 3개월 전 사망하였다. 유산으로는 현재 가족이 살고 있는 시가 7억원 상당의 집 한 채와 14억원 상당의 토지가 있으나 아버지는 유언으로 집은 가족에게 물려주고 토지는 공익법인에 기부하였다. 가족들은 아버지의 높으신 뜻을 저버릴 생각은 없지만 생활을 이끌어 가기 어려운 상황에서 장남인 차정환이 가족들을 위해 상속재산의 일부를 돌려달라고 할 수 있을까?

위 사안의 경우에 상속이 개시되면 일정범위의 상속인은 피상속인 재산의 일정비율을 확보할 수 있는 유류분제도가 인정되고 있다. 민법은 유류분 권리자(차정환의 가족)가 받은 상속재산이 유류분을 침해하는 유증 또는 증여의 결과로 유류분보다 부족할 때에, 유류분 권리자가 자기의 유류분을 보전하는 방법을 인정하였다. 즉 유류분권은 구체적으로는 반환청구권으로 나타나며 유류분 권리자는 유류분에 부족한 한도에서 유증 또는 증여된 재산의 반환을 청구할 수 있다. 그러나 이 반환청구권은 반드시 행사하여야 하는 것은 아니며 유류분의 보전은 유류분 권리자의 자유로운 의사에 달려 있다.

민법 제1112조에 의해 피상속인의 배우자와 직계비속의 유류분은 그 법정상속분의 1/2이 된다. 실제로 각 지분별로 계산해보면 어머니의 법정상속분은 9억원(=21억원×3/7)이 되며, 차정환과 동생의 상속분은 각 6억원(2/7)이 된다. 그런데 유류분은 법정상속분의 1/2이므로 어머니의 유류분은 4억5천만원이 되고, 차정환과 동생의 유류분은 각 3억원이 된다. 한편, 실제로 상속되는 재산은 어머니의 경우 3억원(=7억원×3/7), 차정환과 동생의 경우 각 2억원(2/7)밖에 되지 아니하므로 어머니는 1억5천만원, 차정환과 동생은 각 1억원이 부족하게 된다. 따라서 차정환과 가족들은 각자 자신의 부족한 유류분 한도 내에서 공익법인에 재산반환을 청구할 수 있다. 다만 반환청구권은 상속의 개시 및 증여의 사실을 안 때로부터 1년 내에 행사하지 아니하거나, 상속이 개시된 때 즉 아버지의 사망일로부터 10년 내에 행사하지 아니하면 소멸하게 된다.

상속세 준비하기

• 등장인물 가계도 •

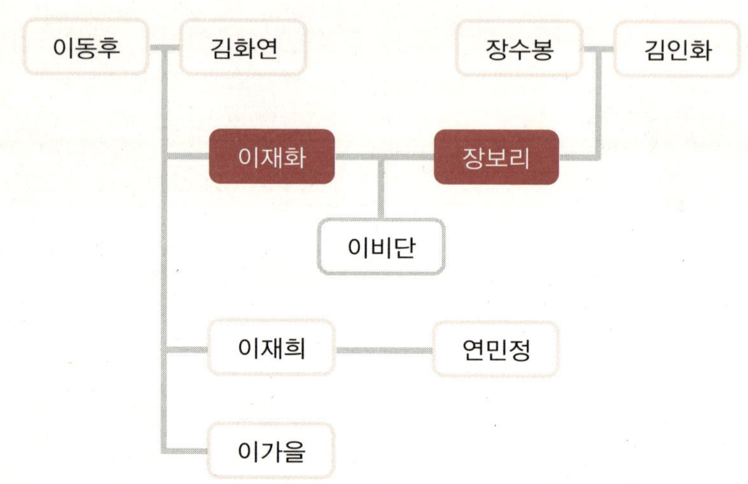

상속세 전문 세무사로 이동후를 도와 상속세를 준비하고 이재화와 함께 상속세 신고를 하면서 상속세에 대해 자세히 설명해 준다.

서세무사

건설회사를 운영하고 있으며, 오랜기간 사업에만 몰두하다 60대 중반에 이르러 회사의 담당세무사인 서세무사의 도움을 받아 상속세를 준비하던 중 뇌경색으로 사망한다.

이동후

이동후의 큰 아들. 아버지를 도와 영업부 부장으로 근무하다가 아버지의 사망으로 회사를 가업상속 받게 된다. 서세무사와 함께 상속세 신고를 준비하면서 상속세에 대해 하나씩 알아간다.

이재화

이재희　이동후의 둘째 아들

이가을　이동후의 막내 딸

김화연　이동후의 배우자. 남편 사별 후 건강이 악화된다.

장보리　이재화의 배우자

연민정　이재희의 배우자

장수봉　장보리의 아버지

김인화　장수봉의 배우자

이비단　이재화와 장보리의 외동딸

PART 1.에서는 민법상 상속에 대해 알아보았다. 이제부터는 상속세와 관련하여 자세하게 알아보자. 일반적으로 상속세의 경우 남의 이야기로 생각하고 그냥 넘어가는 경우가 많다. 하지만 서울에 20~30평대의 아파트를 보유하고 어느 정도의 금융자산과 퇴직금이 있다면 상속세 과세대상에 해당하는 경우가 많으며, 배우자가 없이 생활하다 돌아가시는 경우에는 서울에 20~30평대 아파트 한 채만 보유하더라도 상속세 과세대상이 된다. 또한 우리나라 일반 가계의 경우 전체 자산 중 부동산이 차지하는 비중이 대략 75%로 유동성이 매우 취약한 편으로 이러한 상태에서 가장이 사망하여 상속세가 최고 50%까지 부과될 경우 남은 가족의 입장에서는 25% 이하의 금융재산으로 상속세를 납부하기가 막막할 수밖에 없다. 그러므로 이러한 상속세에 대해 미리 준비하는 것이 필요하다.

PART 2.부터는 중소기업을 운영하던 이동후가 회사의 고문 세무사인 서세무사의 도움으로 상속세에 대해 대비하던 중 뇌경색으로 갑작스럽게 사망하여 큰아들인 이재화가 서세무사와 함께 상속세 신고를 준비하고 처리하는 과정을 이야기 형태로 풀어냈다.

영리하게 상속과 증여 활용하기

이동후는 6.25 전쟁이 일어난 1950년도에 태어나 어려운 유년기를 거치면서 어린 나이부터 공사장을 돌아다니며 기술을 배워 왔다. 열심히 일하면서 밤에는 야학을 통해 검정고시도 보고 열심히 기술을 익힌 덕분에 30대에는 작지만 조그마한 건설회사를 운영하면서 크고 작은 건설공사의 하청 일을 해왔다. 그러던 중 70~80년도 중동 건설 붐에 편승해 오일 달러를 벌었고 지금에 와서는 어엿한 중견기업의 사장이 되었다.

하지만 몇 년간 세계 경기 침체가 지속되면서 건설업 경기도 어려워져 신규 건설 수주가 감소하고 사업이 조금씩 침체되기 시작하였다. 하지만 이동후는 그동안의 인맥과 과거의 탄탄한 건설 수주실적을 통해 많지는 않지만 신규 물량을 수주하며 회사를 유지해 오고 있었다. 이동후는 그동안 정신없이 앞만 보고 달려왔지만 60대 중반에 이르게 되자, 주변을 다시 한 번 돌아보면서 정리가 필요하다는 생각에 세무자문을 해주고 있는 서세무사에게 연락을 취한다.

"세무사님, 잘 지내셨죠? 다름이 아니라 시간되실 때 만나뵙고 드릴 말씀이 있는데 언제 한번 시간 좀 내주시죠."

"네, 사장님, 알겠습니다. 시간 괜찮으시면 다음 주 초에 연락드리고 찾아뵙도록 하겠습니다."

몇 일이 지나고 서세무사는 이동후를 찾아간다.

"사장님, 안녕하세요. 갑자기 연락을 주시고 무슨 일 있으신가요?"

"무슨 일이 있는 건 아니고, 세무사님 얼굴 본 지도 오래된 거 같고 겸사겸사 식사나 같이 할까 해서 연락했습니다."

"네, 사장님. 그런데 요즘 사업은 좀 어떠신가요? 뉴스를 보면 건설업 경기가 어려운 거 같던데요?"

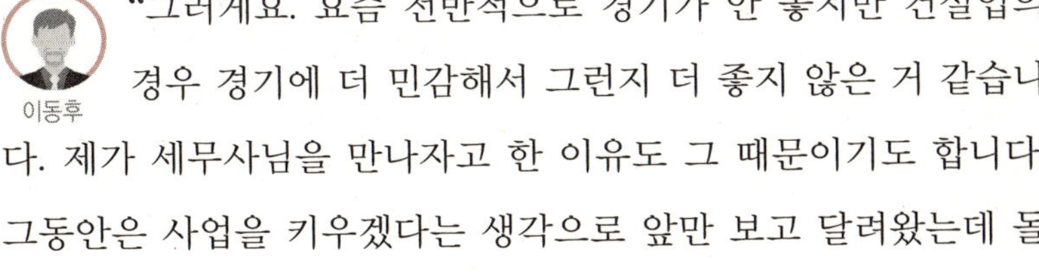

"그러게요. 요즘 전반적으로 경기가 안 좋지만 건설업의 경우 경기에 더 민감해서 그런지 더 좋지 않은 거 같습니다. 제가 세무사님을 만나자고 한 이유도 그 때문이기도 합니다. 그동안은 사업을 키우겠다는 생각으로 앞만 보고 달려왔는데 돌이켜보니 너무 앞만 보고 달려와서 미리 준비해 놓지 않은 일들이 한두 가지가 아닌 거 같습니다. 이제부터 세무사님의 도움을 받아 하나씩 준비를 해 나갔으면 합니다.”

“제가 도움이 될 일이 있다면 도와드려야죠.”

“감사합니다. 제가 나이가 들어 가다보니 친구들 중에 갑작스럽게 세상을 떠나는 친구들이 생기더군요. 그런데 이렇게 갑작스럽게 죽게 되면 남겨진 가족들이 상속세 때문에 곤욕을 치르는 경우를 봤습니다. 그런 일들을 보면 남의 일 같지가 않아서 저도 미리 준비가 필요하지 않을까 싶어서요.”

“맞습니다. 사장님 말씀처럼 우리나라의 경우 개인들의 재산이 주로 부동산으로 되어 있다 보니 고액의 부동산을 상속받으면서 상속세를 납부할 재원이 부족해 어려움을 겪거나, 상속세를 대비하지 않아 힘들게 일구어 놓은 재산의 많은 부분을 상속세로 납부해야 하는 경우가 있습니다. 그러므로 이에 대한 준비가 필요합니다.”

“그렇겠네요. 그럼 제가 무엇부터 준비해야 할까요?”

“상속세를 준비하시기 전에 먼저 우리나라 상속세 제도에 대해 간단히 알아보겠습니다.”

유산과세형의 상속세

"사장님, 우리나라의 상속세는 상속세 및 증여세법이 제정된 이래 지금까지 유산과세형을 채택하고 있습니다. 이 유형은 상속세가 소득세의 보완세로서 피상속인이 생전에 여러 가지 원인에 의하여 누락된 소득세 과세누락분을 정산해야 한다는 입장과 세무행정상 과세 편의성을 제고하기 위한 방법입니다. 이 방법 하에서 상속세는 상속재산 전체를 과세단위로 하므로 상속인이 한 명이든 여러 명이든 관계없이 상속재산 전체에 대하여 세액을 계산한 후 각 상속인의 상속지분에 따라 세액을 안분합니다. 그러므로 누진세율 구조 하에서는 유산과세형의 경우 세부담이 클 수밖에 없으므로 상속세를 미리미리 준비하는 것이 중요합니다."

구분	유산과세형	취득과세형
과세방법	피상속인의 유산총액에 과세 *공동상속의 경우에도 분할 전의 유산총액에 누진세율로 과세	상속인의 유산취득가액에 각각 과세 *공동상속의 경우 분할된 각 상속인의 유산취득가액에 각각 누진세율로 과세
세율이 적용되는 대상	피상속인의 유산총액	각 상속인이 취득한 유산가액

● 상속이 유리할까? 증여가 유리할까?

"그렇군요. 우리나라의 상속세가 유산과세형을 취하다보니 사전에 미리 증여를 통해서 재산을 줄이면 추후에 상속세가 줄어든다고 주변에서 많이들 이야기하던데. 그 말이 맞는 말이군요."

"그렇습니다. 일반적으로는 사전에 증여를 하게 되면 상속세 부담을 줄일 수 있는 경우가 많습니다. 하지만 그렇다고 해서 모든 경우에 세금이 줄어드는 건 아닙니다."

"그런가요? 간단한 문제가 아니군요. 그렇다면 상속이 유리한가요? 증여가 유리한가요?"

"결론부터 말하면, 일반적으로 증여가 상속보다는 유리한 점이 많습니다. 그 이유는 첫째로, 상속보다는 증여가 재산분배가 쉽습니다. 증여는 증여자가 생전에 일부재산을 무상으로 이전해주는 것이기 때문에 재산분배에 있어 잡음을 줄일 수가 있기 때문입니다. 반면, 상속의 경우에는 상속인이 여러 명이 되는 경우에는 자칫 상속 분쟁이 생겨 상속이 순탄하게 이루어지지 않을 수 있기 때문입니다. 둘째로, 증여가 상속세 계산을 할 때 도움이 된다는 점입니다. 사전증여를 통해서 상속대상 재산을 줄여 상속세 부담을 줄일 수 있기 때문입니다. 그러나 주의할 점은 상속개시일 이전 10년 이내에 사전증여한 재산은 향후 상속이 이루어지는 경우 상속재산에 포함되기 때문에 반드시 10년 단위로 증여를 하는 것이 필요합니다. 그럼, 여기서 한 가지 더 생각해 보면 10년 단위로 사전증여를 하는 경우 누구에게 해주는 것이 좋을까요?"

"글쎄요?"

이동후

"배우자에게 증여를 해주는 것이 가장 좋습니다. 왜냐하면 증여시 증여재산공제 혜택을 가장 많이 볼 수 있기 때문입니다. 현행 상속세 및 증여세법상에서는 배우자에게 증여를 해주는 경우 6억원을, 직계존비속의 경우 5천만원(직계비속이 미성년자인 경우에는 2천만원)을 공제받을 수 있습니다. 이처럼 증여는 10년 단위로 해줘야 하기 때문에 장기간에 걸친 계획이 필요합니다. 즉, 조금 늦었더라도 60대인 현재 시점에 재산 일부분을 증여해 주고 70대에 한 번 더 증여를 해주면 상속재산을 줄일 수 있어 절세효과를 볼 수 있습니다. 그리고 또 중요한 것이 상속세 재원마련입니다. 상속세 재원마련을 위해 돌아가신 분 명의로 보장성 보험[1]가입을 생각해 볼 수 있습니다. 왜냐하면 사후에 보험금이 발생하므로 상속세의 중요한 재원마련 수단으로 사용할 수 있기 때문입니다. 결론적으로, 상속과 증여는 서로 상충되는 개념이 아니라 서로 보완적인 관계에 있습니다."

---

[1] 사망·상해·입원·생존 등과 같이 사람의 생명과 관련하여 보험사고가 생겼을 때 피보험자에게 약속된 보험금을 제공하는 보험상품을 말한다.

● 상속은 장기계획으로 대비하자

"세무사님 말씀처럼 상속세 부담을 줄이기 위해서 미리미리 준비가 필요하겠네요."

이동후

"그렇습니다. 상속세는 사망을 한 경우 상속받은 재산에 대하여 내는 세금으로, 언제 사망을 할지 또 사망할 당시

서세무사

의 재산이 얼마나 될지 등을 알 수 없기 때문에 계획을 세우기가 쉽지는 않습니다. 그렇다고 아무런 대비도 하지 않고 있다가 갑자기 상속이 개시되면 안 내도 될 세금을 내야 하는 경우가 생기기 때문에 이에 대한 준비가 반드시 필요합니다. 그리고 현실적으로 상속세 계획은 자녀들이 세우기가 매우 곤란합니다. 부모가 생존해 계시는데 사망을 전제로 하여 계획을 세운다는 것은 불효를 저지르는 것으로 생각할 수도 있고, 부모재산의 분배처분 등에 대한 결정은 부모들이 하기 때문입니다. 자녀들이 할 수 있는 방법이

라야 상속이 개시되고 나서 세법에서 인정하고 있는 각종 공제제도를 최대한 활용하는 것인데 이는 근본적인 대책이 되지 못합니다. 따라서 상속세 계획은 부모들이 세워서 대비하는 것이 바람직합니다."

고려사항

1. 상속대상 재산 파악	재산의 종류와 규모 파악
2. 피상속인의 연령 및 건강상태	사망시점에 따른 세금계획 수립, 10년 단위로 실행
3. 다양한 절세방안 모색	대안 중 세부담을 최소화할 수 있는 방안 검토
4. 상황변화에 따른 계획의 수정	상속재산의 변동이나 세법변경 등의 내용에 따라 수정
5. 납부자금 대책	연부연납, 물납 등 검토, 사전증여 실행, 보장성보험 활용
6. 상속발생	상속재산분배 및 상속등기
7. 신고 및 사후관리	상속세 신고 및 상속세 조사 대비

첫째, 상속대상 재산 파악이 필요하다. 현재의 상황에서 상속세 과세대상이 되는 재산이 어떤 형태로 어느 정도의 규모로 구성되어 있는지를 파악한다. 그 이유는 부동산·예금·주식 등의 형태에 따라 평가방법이 다를 뿐만 아니라 다른 재산으로 바꾸어 보유하는 것이 유리한지 여부 등도 검토해야 하기 때문이다.

둘째, 피상속인의 연령 및 건강상태이다. 예측하기 어렵고 또한 예측하기도 싫은 것이지만 피상속인이 언제 사망할 것인지를 알아야 그에 맞추어 계획을 세울 수 있기 때문이다.

셋째, 현행의 법 테두리 안에서 상속세 부담을 가장 최소화할 수 있는 방안을 모색하는 것이 중요하다. 선택 가능한 절세방안이 한 가지뿐인 경우는 많지 않으므로 여러 가지 방안을 검토해서 가장 절세효과가 큰 방안을 선택해야 할 것이다. 그러나 실제로 절세방안을 결정함에 있어서는 절세효과 못지않게 피상속인의 주관적인 의지가 매우 중요하다. 예를 들어 회사의 주식을 2세에게 사전에 증여하고 증여세를 내는 것이 나중에 상속세를 내는 것보다 유리하더라도 피상속인이 경영권을 계속 가지고 있기를 원하는 경우에는 채택할 수 없기 때문이다.

넷째, 당초의 계획은 그 당시의 상황 하에서 수립된 것으로 시간이 지남에 따라 상속재산의 변동, 세법개정, 피상속인의 의중 변화 등 상황이 변하게 된다. 따라서 상황변화에 따라 계획도 수정하여야 한다.

다섯째, 상속세는 납세자 수가 많지는 않지만 피상속인이 평생에 걸쳐 모은 재산에 과세되기 때문에 과세되는 경우 수억, 수십억 등 고액 납세자가 많이 발생한다. 따라서 납부자금 대책을 마련해 놓지 않으면 상속재산을 처분해야 하거나 공매를 당하는 상황이 발생할 수도 있다. 자녀 명의로 보장성 보험을 들어 놓는다든지, 사전증여 등으로 세금을 납부할 수 있는 능력을 키워 놓는다든지 아니면 연부연납 또는 물납을 하도록 할 것인지 등 납부자금 대책이 검토되어야 한다.

이와 같이 상속세 계획은 검토해야 할 사항도 많고 절세 효과를 따져보는 것도 매우 복잡하다. 따라서 상속세 계획을 세우고 이를 시행할 때는 조세전문가의 도움을 받는 것이 좋다. 또한 상속세 계획은 단시일 내에 시행할 수 있는 것만으로는 효과가 크지 않고 10년 이상의 장기간에 걸쳐 시행해야 효과가 크므로 하루라도 빨리 계획을 수립하여 시행하는 것이 좋다.

Tip 상속세의 보완세로서의 증여세

자산의 무상이전에 대한 우리나라의 과세체계는 상속세와 증여세로 구분할 수 있다. 상속세는 피상속인의 사망이라는 사실로 상속된 재산에 대하여 부과하는 세목이고 증여세는 생전에 증여라는 의사표시에 의하여 무상으로 재산을 이전한 증여재산에 부과하는 세목으로서 상속세를 보완하는 세목이다. 상속세와 증여세는 결국 재산을 무상으로 이전한다는 점에서 그 의미가 동일한 세목이라고 할 수 있고 단지 상속세는 사후증여에 의하여 과세되고 증여세는 생전증여에 의하여 과세된다는 차이가 있을 뿐이다.

현행 상속세 과세가액에는 피상속인이 상속인에게 상속개시일 전 10년(상속인이 아닌 경우 5년) 이내에 증여한 재산가액을 합산하도록 규정하고 있다. 이처럼 우리나라 증여세는 피상속인이 생전에 증여한 재산가액을 가능한 상속세 과세가액에 포함시킴으로써 조세부담에 있어서의 상속세와 증여세의 형평을 유지함과 아울러 상속세의 부과대상이 될 재산을 미리 증여의 형태로 이전하여 상속재산을 분산 은닉시켜 고율의 상속세 적용을 회피함으로써 상속세의 부담을 부당하게 감소시키는 행위를 방지하려는 데 그 목적이 있다.

● 배우자 증여재산공제를 활용하여 자산을 분산취득해라

"배우자에게 증여를 해주는 것이 좋다고 하셨는데 그럼 제 명의의 부동산 일부를 배우자에게 증여해야겠네요."

"네, 사장님이 사모님에게 증여세 없이 증여할 수 있는 금액은 10년간 합산하여 6억이지만, 부동산을 사모님 명의로 변경할 경우 취득세는 납부하여야 하니 이 점은 고려하셔야 합니다. 그러므로 기존에 가지고 계신 부동산을 증여할 수도 있지만 추가로 부동산을 취득할 계획이 있으시다면 신규로 취득하는 부동산을 사모님 명의로 하시는 것도 방법이 될 수 있습니다."

"취득세가 발생하는군요. 그렇다면 안 그래도 요즘 정기예금이자율이 낮아서 임대목적으로 아파트를 하나 구입하려고 했는데, 새로 구입할 아파트를 배우자 명의로 해야겠네요."

"네. 그렇습니다. 만약 사장님이 아파트를 구입하셔서 월세를 받으신다면 임대소득이 발생하게 되고 주택임대소득의 경우 총수입금액이 2천만원 이하인 경우에는 소득세가 분리과세 되지만, 총수입금액이 2천만원을 초과하는 경우에는 다른 소득과 합산하여 신고하여야 합니다. 그러므로 주택임대에 따른 총수입금액이 2천만원 이하인 경우에는 종합소득세는 명의와 상관없이 동일하게 부과되나, 2천만원을 초과할 경우에는 소득이 있는 사장님보다는 사모님 명의로 할 경우 종합소득세 부담을 줄일 수 있습니다. 물론 이 경우 사모님에게 소득이 발생하여 건강보험료가 별도로 부과될 수 있어 감소되는 소득세 금액과 추가로 부과되는 건강보험료를 비교해 볼 필요가 있겠지만 추후에 절감되는 상속세를 고려한다면 사모님 명의로 구입하시는 것이 좋습니다."

이동후의 재산이 시가 15억원의 아파트가 있는 상태에서 임대소득을 위해 추가로 시가 6억원의 아파트를 구입한다고 가정했을 때 추가로 구입하는 아파트 명의를 누구로 하느냐에 따라 상속세가 어떻게 달라지는지 살펴보자. 단, 다른 재산과 부채는 없으며, 상속공제는 10억으로 가정한다.

구 분	사례 1	사례 2
이동후	21억원	15억원
배우자	−	6억원
합계	21억원	21억원
① 이동후의 사망시 상속세		
상속세 과세가액	21억원	15억원
상속공제	10억원	10억원
상속세 과세표준	11억원	5억원
세율	40%	20%
상속세 산출세액	280,000,000원	90,000,000원
상속세 신고세액공제2)	8,400,000원	2,700,000원

2) 2019년 1월 1일 이후 상속이 개시되거나 증여받는 분부터 신고세액공제율이 5%에서 3%로 인하됨.

구 분	사례 1	사례 2
상속세 신고납부세액(A)	271,600,000원	87,300,000원
② 배우자의 사망시 상속세		
상속세 과세가액	−	6억원
상속공제	−	5억원
상속세 과세표준	−	1억원
세율	−	10%
상속세 산출세액	−	10,000,000원
상속세 신고세액공제	−	300,000원
상속세 신고납부세액(B)	−	9,700,000원
합계 (A+B)	271,600,000원	97,000,000원

　　이와 같이 6억원 한도 내에서 배우자 명의로 재산을 취득하거나 재산을 증여해 주면 증여세를 물지 않으면서 나중에 자녀들에게 상속시 상속세 부담도 줄일 수 있다. 위 사례의 경우에는 상속세가 174,600,000원이나 절감된다. 또한 배우자 명의로 재산을 취득하게 되면 이동후가 사업을 하다가 부도 등의 사유로 세금을 체납하여 재산이 공매되는 등의 사유가 발생하는 경우에도 재산을 지킬 수 있다. 다만, 고의로 세금 등 채무를 면탈할 목적으로 재산을 배우자 명의로 돌려놓는 경우에는 채권자 등이 사해행위 취소소송을 제기하여 채권을 회수할 수 있으며, 이동후가 배우자에게 재산을 증여한 이후 10년 이내에 사망하게 된다면 증여한 재산가액이 상속재산가액에 합산되기 때문에 이러한 절세효과를 누릴 수 없게 된다.

부동산이 아닌 주식이나 예금 등의 경우에도 이자와 배당소득을 합산하여 2천만원을 초과하는 경우 다른 소득과 합산하여 종합소득세를 신고하여야 하므로 이러한 금융자산도 배우자와 분산하여 보유할 경우 위의 경우처럼 종합소득세와 상속세를 줄일 수 있다.

● 여럿에게 나누어 증여하기 ①
― 며느리를 사랑하면 증여세가 줄어든다

이동후는 서세무사의 조언에 따라 새로 취득할 부동산을 배우자의 명의로 구입하여 본인에게 집중되어 있는 재산을 분산시키는 노력을 하던 중에 2년 전 결혼한 작은아들이 이사를 하게 되자 도움을 주려 한다. 하지만 주위에서 소득수준에 비해 가격이 비싼 부동산을 취득할 경우 문제가 될 수 있다는 이야기를 듣고 서세무사를 찾는다.

"세무사님, 2년 전에 결혼한 작은아들이 이번에 전세계약이 만료되는데, 글쎄 전세금을 2억이나 올려달라고 하네요. 이번 기회에 주택을 구입할 수 있도록 도움을 주고 싶은데, 세무조사가 나올 수 있다고 들었습니다. 그 문제를 상의 드렸으면 합니다."

"잘 오셨습니다. 사장님이 말씀하신 내용을 자금출처조사라고 하는데요. 자금출처조사란 어떤 사람이 재산을 취득하였을 때 그 사람의 직업·나이 그동안의 소득세 납부실적·재산 상태로 보아 스스로의 힘으로 재산을 취득하였다고 보기 어려운 경우, 세무서에서 소요자금의 출처를 제시하도록 하는데요. 이 때 출처를 제시하지 못하면 이를 증여받은 것으로 보아 증여세를 징수하게 됩니다."

"세무사님 이야기를 들어보니, 작은아들은 오랫동안 유학 생활을 해서 그동안 소득이 많지 않은데, 자금출처조사가 나오기 전에 미리 신고하는 게 좋을 거 같네요. 그렇다면 세금을 줄일 수 있는 방법이 있을까요?"

"증여세는 동일인(직계존속인 경우 그 직계존속의 배우자 포함)에게서 받은 경우 10년 이내의 금액을 합산하여 과세합니다. 증여재산을 합산하는 이유는 쪼개서 증여하는 경우 낮은 세율이 적용되는 것을 막기 위해서입니다. 하지만 증여세는 수증자(재산을 증여받은 자)별로 기본공제 및 세율이 적용되므로 여럿에게 나누어 증여를 하면 증여세를 줄일 수 있습니다. 이 경우 단독으로 받는 경우보다 증여재산공제를 많이 받을 수 있을 뿐만 아니라 보다 낮은 세율을 적용받을 수 있기 때문입니다. 참고로 현행 상속세 및 증여세율은 과세표준이 1억원 이하일 경우 10%, 1억에서 5억원까지는 20%가 적용되고 있습니다."

그러므로 만약 이동후가 작은아들에게 주택구입자금으로 2억원을 증여한다고 가정할 경우 증여세는 19,400,000원이 되나, 아들인 이재희와 며느리인 연민정에게 각각 1억원씩 증여하는 경우에는 13,580,000원으로 5,820,000원의 세금을 줄일 수 있다. 부부간에는 10년 동안 합산하여 6억원까지 증여재산공제가 가능하므로 시아버지인 이동후로부터 1억원을 증여받은 연민정은 이 금액을 남편에게 다시 증여하여 이재희 단독명의로 해당 부동산을 구입하거나 해당 지분에 대해 공동명의로 부동산을 구입할 수 있다.

구분	작은아들에게 2억원을 증여하는 경우	작은아들과 며느리에게 각각 1억원씩 증여하는 경우	
증여재산가액	200,000,000	100,000,000	100,000,000
증여재산공제3)	50,000,000	50,000,000	10,000,000
증여세과세표준	150,000,000	50,000,000	90,000,000
증여세율	20%	10%	10%
산출세액	20,000,000	5,000,000	9,000,000
신고세액공제4)	600,000	150,000	270,000
납부할 증여세액	19,400,000	13,580,000	

만약 작은아들의 처가집이 금전적으로 여유가 있어 이동후가 이재희에게 1억원을, 이재희의 처가집에서 연민정에게 1억원을 증여할 경우에는 증여세가 9,700,0000원(10년 이내에 증여받은

---

3) 아들이 미성년자가 아니며 10년 이내에 증여받은 금액이 없을 경우
4) 증여받은 날이 속하는 달의 말일부터 3월 이내에 증여세 신고서를 제출하는 경우 세액공제 3% 적용

금액이 없어 5천만원 공제 적용시)으로 감소하게 된다.

Tip 자금출처조사에 대비하기

자금출처조사란 어떤 사람이 재산을 취득하거나 부채를 상환하였을 때 그 사람의 직업·나이 그동안의 소득세 납부실적·재산상태 등으로 보아 스스로의 힘으로 재산을 취득하거나 부채를 상환하였다고 보기 어려운 경우, 세무서에서 소요자금의 출처를 제시하도록 하여 출처를 제시하지 못하면 이를 증여받은 것으로 보아 증여세를 추가징수 하는 것을 말한다.

자금출처조사는 모든 경우마다 다 하는 것은 아니다. 통상 부동산을 취득하는 경우 등기소를 통해 당해 부동산의 취득내역이 국세청에 통보되는바 당해 부동산의 등기부등본상에 기재된 부동산의 실거래가액과 국세청에 신고된 소득 및 재산상태 등을 감안하여 자금출처조사를 하게 된다.

1) 자금출처조사 대상자의 선정

① 지방국세청장(조사국장) 또는 세무서장은 국세기본법 제81조의 6에 따라 대상을 선정하여 자금출처조사를 할 수 있다.

② 제1항에 따라 선정된 실지조사 대상자가 배우자 또는 직계존속과 직계비속으로부터 취득자금을 증여받은 혐의가 있는 경우에는 그 배우자 또는 직계존속과 직계비속을 조사대상자로 동시에 선정할 수 있다.

③ 지방국세청장(조사국장)은 조사업무량을 감안하여 세무서에서 조사하는 것이 필요하다고 판단되는 경우에는 세무서장에게 위임하여 조사를 실시할 수 있으며, 이 경우에는 조사진행 상황 및 결과를 매월 확인하여야 한다.

이 경우 10년 이내의 재산 취득가액 또는 채무상환금액의 합계액이 아래의 기준금액 미만인 경우에는 자금출처조사를 하지 않는다. 다만, 기준금액 이내라 하더라도 객관적으로 증여사실이 확인되면 증여세가 과세된다.

2) 자금출처조사 배제기준

구 분		취득재산		채무상환	총액한도
		주 택	기타재산		
세대주인 경우	30세 이상	1억5천만원	5천만원	5천만원	2억원
	40세 이상	3억원	1억원		4억원
세대주가 아닌 경우	30세 이상	7천만원	5천만원	5천만원	1억2천만원
	40세 이상	1억5천만원	1억원		2억5천만원
30세 미만인 자		5천만원	5천만원	5천만원	1억원

자금출처조사 대상자로 선정되거나 세무서에서 자금원천을 소명하라는 안내문을 받은 경우, 이때에는 증빙서류를 제출하여 취득자금의 출처를 밝혀야만 증여세 추징을 피할 수 있다. 취득자금의 80% 이상을 소명하지 않으면(예를 들어 취득자금이 10억원 이상인 경우에는 8억원 이상을 소명하여야 한다) 취득자금에서 소명금액을 뺀 나머지를 증여받은 것으로 보므로 소명자료는 최대한 구비하여 제출하여야 한다.

3) 자금출처로 인정되는 증빙서류

구분	자금출처로 인정되는 금액	증빙서류
근로소득	총급여액－원천징수세액	원천징수영수증
원천징수영수증	총지급액－원천징수세액	원천징수영수증
사업소득	소득금액－소득세상당액	소득세신고서 사본
이자·배당·기타소득	총지급액－원천징수세액	원천징수영수증
차입금	차입금액	부채증명서
임대보증금	보증금 또는 전세금	임대차계약서
보유재산 처분액	처분가액－양도소득세 등	매매계약서

특히 개인간의 금전거래의 경우에는 사적인 차용증, 계약서, 영수증 등만 가지고는 거래사실을 인정받기 어려우므로 이를 뒷받침할 수 있는 예금통장사본, 무통장입금증 등 금융거래 자료를 준비하는 것이 좋다.

> **Tip** 소득－지출 분석시스템(PCI시스템)
>
> 소득－지출 분석시스템은 일정기간의 소득금액과 재산증가액·소비
> 지출액을 비교분석하여 탈루혐의금액을 도출하는 시스템을 말한다. 이
> 시스템은 현재 다음과 같이 활용되고 있다.
> ① 기업주의 법인자금 사적사용 여부 검증
>   영리법인의 개인 사주가 회사자금을 임의로 유용하여 사적으로 소
>   비지출·재산증식하였는지 여부를 검증한다.
> ② 고액자산 취득 시 자금출처 관리 강화
>   취득능력이 부족한 자(소득이 없는 자·미성년자 등)가 고액의 부
>   동산 등을 취득 시 자금출처 관리에 사용된다.
> ③ 세무조사대상자 선정 시 활용
>   고소득 자영업자 세무조사 대상자 선정 시 분석시스템을 활용하여
>   신고소득에 비해 재산증가나 소비지출이 큰 사업자를 선정하는 데
>   활용된다.
> ④ 고액체납자 관리업무에 활용
>   고액체납자의 재산은닉 및 소비지출현황 파악에 활용된다.

● 여럿에게 나누어 증여하기 ②

－ 세금 낼 돈은 할아버지가 주자

이동후의 큰아들 이재화는 아버지를 도와 아버지 회사에 영업
부 부장으로 재직하고 있다. 이재화는 거주하고 있는 주택 이외
에 보유하고 있는 시가 3억원의 소형아파트를 매도하려 하였으
나 쉽게 매도가 되지 않자 고민 끝에 아파트 매각을 포기하고 대

학생인 딸 비단이에게 증여하기로 하였다. 이 경우 증여세가 얼마나 나올지, 또 이때 증여세를 줄일 수 있는 방법은 있는지 알아보기 위해 서세무사를 찾아간다.

"안녕하세요, 세무사님. 그동안 잘 지내셨죠? 오랜만에 뵙네요."

"안녕하세요, 부장님. 지난번에 사장님과 미팅이 있어서 회사에 간 김에 찾아뵙는데 외근 중이라고 하셔서 못 뵙고 그냥 왔네요. 부장님도 그동안 잘 지내셨죠."

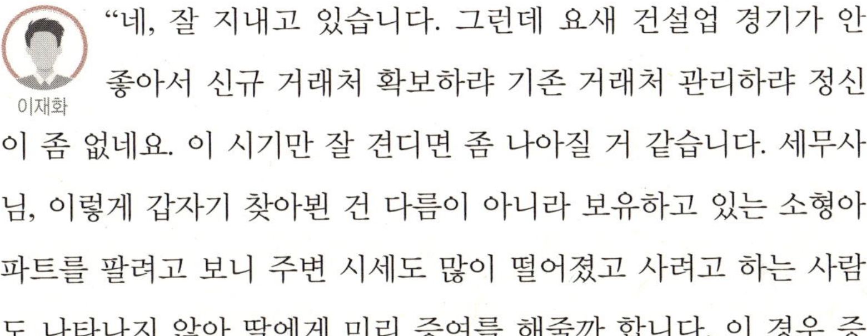

"네, 잘 지내고 있습니다. 그런데 요새 건설업 경기가 안 좋아서 신규 거래처 확보하랴 기존 거래처 관리하랴 정신이 좀 없네요. 이 시기만 잘 견디면 좀 나아질 거 같습니다. 세무사님, 이렇게 갑자기 찾아뵌 건 다름이 아니라 보유하고 있는 소형아파트를 팔려고 보니 주변 시세도 많이 떨어졌고 사려고 하는 사람도 나타나지 않아 딸에게 미리 증여를 해줄까 합니다. 이 경우 증여세가 얼마나 나오고 혹시 증여세를 줄일 수 있는 방법이 있는지 해서요."

"아파트 시세가 얼마나 되나요?"

"부동산에 3억2천에 내놨는데, 보러오는 사람은 간혹 있는데 팔리지는 않더라구요. 부동산에서는 제가 시세보다 높게 내놓았다며 시세는 3억 정도에 형성되어 있다고 들었습니다."

"현재 소형아파트의 시세가 3억원이라면 따님께 증여할 경우 증여세는 38,800,000원이 나옵니다. 그리고 등기 이전에 따른 취득세도 고려하셔야 합니다. 현재처럼 부장님이 아파트 2채를 가지고 있는 상태에서 1채를 따님에게 증여한다면 추후에 따님이 취업 또는 결혼을 하여 세대분리를 하게 된다면, 부장님과 따님은 1세대 1주택에 해당하기 때문에 추후에 아파트 양도시 양도소득세 비과세혜택을 받을 수 있습니다. 하지만 따님이 현재는 대학생 신분으로 소득이 없기 때문에 취득세와 증여세를 납부할만한 현금이 없다는 것이 문제입니다."

"취득세와 증여세는 제가 따로 현금으로 주면 안될까요?"

이재화

"만약 부장님이 따님의 세금을 대신 납부해주면 이 또한 증여에 해당되어 증여세를 추가로 납부하셔야 합니다. 동일인으로부터 10년 동안 증여받은 재산은 합산하여 누진세율이 적용되기 때문입니다. 현행 증여세율은 1억원까지는 10%, 1억원 초과 5억원 이하는 20% 세율이 적용됩니다. 따님은 3억원짜리 아파트를 증여받으면서 이미 10% 세율구간을 초과하여 20% 세율을 적용받았으므로 세금납부자금을 추가로 증여받을 때에는 10%가 아닌 20%에 해당하는 증여세를 추가로 부담해야 합니다."

"그렇군요. 그렇다면 증여세를 줄일 수 있는 방법은 없을까요?"

이재화

"이 경우 할아버지가 세금을 대신 내주면 됩니다. 할아버지가 납부할 세금을 증여해 주면 아버지와 동일인이 아니므로 아파트 증여가액과 합산되지 않아 10% 세율만 적용받기 때문입니다. 다만, 세대를 건너뛴 증여에 해당하여 증여세율에 30%[5])가 가산되어 13%가 적용되지만 부장님으로부터 증여받을 경우 적용되는 20%보다는 낮아 증여세 부담을 줄일 수 있습니다."

취득세와 증여세가 5천만원일 경우 증여세 추가액

구분	이재화가 증여하는 경우	이동후가 증여하는 경우
증여세과세표준	50,000,000	50,000,000
증여세율	20%	13%
산출세액	10,000,000	6,500,000
신고세액공제	300,000	195,000
납부할 증여세액	9,700,000	6,305,000

● 공시지가나 기준시가가 고시되기 전에 증여하자

"그리고 증여에 있어서 증여하는 시점이 중요합니다. 증여세가 부과되는 재산가액은 증여일 현재의 시가로 합니

---

5) 상속인이 미성년자로서 상속재산가액 20억원을 초과하여 받는 경우 40% 적용

다. 아파트의 경우 동일한 물건이 많아서 그에 대한 매매사례가액이 있어 시가 확인이 가능하지만 시가를 산정하기 어려운 토지나 상가 및 일반 주택의 경우에는 통상 1년에 한 번씩 고시하는 토지는 개별공시지가, 주택은 개별(공동)주택가격, 주택 이외의 건물은 국세청 기준시가(이하 '공시지가'라 함)를 부동산 가액으로 하여 증여세를 계산합니다. 즉, 증여일 현재 당해 연도의 공시지가가 고시되어 있으면 새로 고시된 당해 연도의 공시지가를 적용하지만, 당해 연도의 공시지가가 고시되어 있지 않으면 이미 고시되어 있는 전년도 공시지가를 적용하게 됩니다. 그러므로 동일한 연도에 동일한 부동산을 증여하더라도 당해 연도의 공시지가가 고시되기 전에 증여하느냐 고시된 후에 증여하느냐에 따라 세금이 달라지게 됩니다. 개별공시지가는 매년 5월 말까지, 개별(공동)주택가격은 매년 4월 말까지, 국세청 기준시가는 오피스텔 · 상업용 건물의 경우 매년 12월 말경에 고시하고 있으므로, 공시지가가 전년보다 높게 결정될 것으로 예상될 때에는 공시지가가 고시되기 전에, 전년보다 낮게 고시될 것으로 예상될 때에는 공시지가가 고시된 후에 증여하면 세금을 절감할 수 있습니다."

Tip 공시지가 고시

토지의 경우 개별공시지가를 결정 · 고시하기 전인 5월 초에 토지소재지 관할 시 · 군 · 구 또는 읍 · 면 · 주민센터에서 토지 소유자 등에게 공람을 거친 후 5월 31일경에 확정 고시한다. 그러므로 사전에 개별공시지가에 대한 열람을 통하여 증여하고자 하는 토지의 공시지가를 예측할 수 있다. 상업용건물 등의 국세청 기준시가는 매년 실지거래가액을 조사한 후 시세변동 및 가격편차를 감안하여 시가의 80% 수준에서 결정하고 있다. 그러므로 건물 가격이 전년도에 비하여 상승하였다면 금년도 기준시가도 상승할 것으로 보면 된다. 국세청 상업용건물·오피스텔의 기준시가도 소유자가 열람할 수 있으므로 사전에 고시될 기준시가를 확인할 수 있다.

일반적으로 개별공시지가나 기준시가는 특별한 경우를 제외하고는 매년 전년도보다 조금씩 높게 결정되고 있다. 따라서 부동산을 증여하고자 하는 경우에는 부동산가격이 하락하는 등 특별한 사유가 없는 한 고시일 이전에 증여하면 세금(증여세 및 취득세)을 줄일 수 있다. 개별공시지가·개별주택가격은 토지(건물)소재지 시·군·구청 홈페이지에 접속하여 검색해 볼 수 있으며, 국세청 기준시가는 국세청 홈택스 홈페이지를 방문하여 고시내용을 확인해 볼 수 있다. 공동주택가격은 국토교통부 공동주택가격 열람시스템 홈페이지에서 검색할 수 있다.

증여시 증거 남기기

서세무사

"이번 상황처럼 추후 증여세 부담할 세금을 미리 마련해주기 위해 사전에 미리미리 현금을 증여할 필요가 있습니다. 그리고 이렇게 증여를 하는 경우에는 증여를 했다는 증거를 남길 필요가 있습니다. 앞에서 말씀드린 바와 같이 타인으로부터 증여를 받으면 증여받은 달의 말일부터 3개월 이내에 증여세를 10년 내 동일인(직계존속의 경우에는 그 배우자 포함)으로부터 증여받은 금액을 합산하여 신고하여야 합니다. 하지만 이러한 신고를 하지 않는다면 사실상 증여재산공제액 범위 내에서 증여가 있었다 하더라도 그 사실을 객관적으로 입증하기가 어려우므로 증여사실을 인정받지 못할 수도 있습니다. 예를 들어 아버지가 미성년자인 아들이 나중에 결혼하여 집을 장만할 때 쓰라고 아들 명의로 2,100만원을 저축하였는데, 15년 후에 이자가 붙어 위 금액이 7,000만원으로 늘어났다고 가정했을 경우, 저축 당시 아버지가 증여세를 신고하고 증여받은 돈으로 증여세 10만원을 납부하였다면 15년 후에 아들이 위 저축액 7,000만원을 찾아서 집을 장만하는데 사용하더라도 아무런 문제가 없습니다. 즉, 증여사실을 인정받으려면 반드시 증여세를 신고해야 하며, 과세미달로 신고하는 것보다 납부세액이 나오도록 증여재산공제액보다 약간 많은 금액을 증여해서 언제, 누구로부터, 얼마만큼 증여받아, 증여세를 얼마나 냈는지 알 수 있게 신고서 및 영수증을 근거로 남겨놓는 것이 좋습니다."

상속재산이 10억원 이하일 경우 세금이 없다?

이동후는 어려운 경기상황에서도 회사를 유지해 오고 있었지만 경기불황이 장기화되어 가면서 주거래 업체인 대형 건설사들로부터 받은 어음이 줄줄이 부도가 나기 시작하고 하청업체의 대금을 제때에 지급하지 못하는 상황에 이르게 되었다. 또한 회사 직원들의 월급도 밀리기 시작하면서, 일부 사업부의 축소도 불가 피해졌다. 이렇게 어려운 상황이 지속되면서 이동후는 뇌경색으 로 쓰러지게 된다. 이로 인해 그동안 아버지를 도와 회사를 운영 하던 큰아들 이재화가 경영 전반에 나서게 된다. 이재화는 갑작 스런 아버지의 입원으로 어려워진 회사 운영을 수습하기에 정신 없이 하루하루를 보내고 있던 중 서세무사를 찾아 나서게 된다.

"세무사님, 안녕하세요."

이재화

"안녕하세요. 아버님의 병환은 좀 어떠신지요?"

서세무사

"아직 의식이 없으신 상태입니다. 병원에서는 마음의 준 비를 하라더군요."

이재화

"이거 뭐라고 위로의 말씀을 드려야 할지…"

서세무사

"걱정해 주셔서 감사합니다. 제가 그동안은 회사 일에 정 신이 없어서 미처 신경 쓰지 못하고 있었는데, 이제는 상 속에 대해서도 늦은 감은 있지만 준비가 필요할 거 같아서요. 상속 재산이 10억원 이하일 경우 상속세가 없다고 들었는데요. 그럼 저 희는 크게 신경 쓰지 않아도 될까요?"

이재화

이동후는 그동안 서세무사의 도움으로 재산의 상당부분을 배우자와 자녀들에게 이전하였으며, 남은 재산에 대해서는 회사를 살리기 위해 많은 부분이 투입되어 이동후 명의의 재산은 얼마 남지 않은 상황이었다.

"부모님이 돌아가시면 상속을 받지 못하는 사람들도 있지만 많은 사람들이 재산을 상속받게 되는데, 이 때 상속받은 재산에 대하여 상속세를 내야 하는지 궁금해 하시는 분들이 많습니다. 결론부터 말하자면 일반 사람들은 상속세에 대하여 크게 걱정을 하지 않아도 됩니다. 왜냐하면 과세관청에서는 상속공제 제도를 두고 있어 대부분의 사람들에게는 상속세가 과세되지 않기 때문입니다. 예를 들어 부모님 두 분 중 한 분이 돌아가신 경우에는 최소한 10억원을 공제해 주며, 한 분만 생존해 계시다가 돌아가신 경우에도 최소 5억원을 공제해 줍니다. 그러므로 상속재산이 배우자가 있는 경우에는 10억원, 배우자가 없는 경우에는 5억원 이하이면 상속세에 대하여 신경을 쓰지 않아도 됩니다. 다만, 여기서 5억원 또는 10억원은 상속인별로 상속받은 재산에서 각각 공제해 주는 것이 아니라 피상속인의 소유재산 합계액에서 한 번만 공제됨에 유의하여야 합니다. 그리고 아버님의 소유재산이 10억원(배우자가 없는 경우에는 5억원) 이하인 경우에도 사전증여 재산가액이 있는 경우에는 상속세가 발생할 수 있으니 이에 대한 확인이 필요합니다."

피상속인의 소유재산이 5억원[6] 이하인 경우에도 상속세신고가 필요한 경우

① 사전에 증여재산가액이 있는 경우
② 유증 또는 사인증여로 상속된 재산이 있는 경우
③ 상속포기에 의해 손·자녀에게 상속재산이 이전되는 경우
④ 향후 상속재산 처분 시 양도소득세가 나올 수 있는 상속부동산이
  있는 경우 등

● 상속 전에 증여를 하면 안 되는 경우

"세무사님, 아버지가 추후에 전원주택을 지으실 목적으로 1~2년 전에 시골에 땅을 조금 구입하셨는데, 지금 그 토지가 개발된다는 이야기가 나오고 있습니다. 머지않아 토지가 수용되면 보상금이 나올 수 있을 거 같은데 추후 상속재산에 합산되더라도 공시지가가 낮은 지금 시점에 미리 증여를 하는 건 어떨까요?"

"사장님 말씀대로 하면 유리할 수도 있지만 간단하게 생각하실 문제는 아닌 거 같습니다. 왜냐하면 세법에서는 상속공제한도를 두고 있기 때문입니다. 상속세 및 증여세법에서는 상속공제한도 계산시 상속세 과세가액에서 가산한 증여재산가액을 차감하여 계산하도록 하고 있습니다. 그러므로 상속 전에 증여

---

6) 배우자가 있는 경우에는 10억원

를 하는 경우 상속공제 한도금액이 작아지게 되어 오히려 상속세 부담이 커질 수 있습니다.”

예를 들어 상속재산가액이 공시지가 5억원의 해당 토지를 포함하여 10억원이라고 가정할 경우 사전에 증여를 하게 되면 상속공제 한도는 5억원이 되므로 10억원에서 5억원을 차감한 5억원에 대해 상속세를 부과하여야 한다.

> 상속공제 한도 : 1,000,000,000원－500,000,000원＝500,000,000원

만약 해당 토지에 대해 8억원의 보상금을 받는다면 해당 토지를 사전에 증여한 경우와 보상금을 상속으로 받은 경우 세금을 비교해 보자.

구 분	사전에 증여한 경우	상속으로 받는 경우
상속세 과세가액	10억원	13억원
상속공제	5억원	10억원
상속세 과세표준	5억원	3억원
세율	20%	20%
상속세 산출세액	90,000,000원	50,000,000원
상속세 신고세액공제	2,700,000원	1,500,000원
상속세 신고납부세액(A)	87,300,000원	48,500,000원

"또한 상속세 이외에 해당 토지를 사전에 증여할 경우에는 증여세가 부과되어 세부담은 더 커질 수 있습니다. 일반적으로 고액 자산가의 경우에는 증여를 통해 미리미리 재산을 이전하는 것이 일반적으로 세금부담을 줄일 수 있으나 상황에 따라 오히려 세부담이 늘어날 수 있으므로 사전에 조세전문가의 도움을 받아 계획을 세우는 것이 필요합니다."

상속세 절세를 위한 기본지식

첫째, 상속세 절세는 20년 전부터 미리 준비한다. 상속세와 증여세는 10년을 기준으로 합산해 세금을 부과한다. 상속세를 최소화하기 위해서는 긴 시간이 필요하다. 합산대상을 3번 이상 거치는 것이 좋기 때문에, 20년 전부터 상속세를 준비한다는 전략을 세워야 한다. 증여할 때는 가급적 현금보다는 부동산을 이용하는 것이 좋으며(부동산의 경우, 일반적으로 과표 산정시 시가보다 낮은 기준시가를 적용하기 때문), 현금으로 증여하는 경우에는 가급적 흔적(자진신고)을 남기는 것이 좋다. 세무서에서 파악하지 못하는 현금을 자진해서 신고하는 이유는 다른 재산 취득에 대한 자금출처조사를 대비하기 위해서이다. 또한 증여세는 수증자별로 기본공제 및 세율이 적용되므로 여럿에게 나누어 증여하면 증여세를 줄일 수 있다.

둘째, 10억원 이하의 상속재산엔 세금이 없다. 사망 당시 배우자만 살아있다면 기본적으로 10억원까지는 전혀 세금이 없다. 상속재산이 8억원 정도 있는 경우라면 사전에 증여하지 않는 것이 오히려 좋다(상속공제 : 배우자 5억원, 일괄공제 5억원). 상속재산 중에서 금융자산이 있는 경우에는 금융자산의 20%를 금융재산상속공제(2억원 한도, 현금으로 보유시 적용이 안 되므로 주의가 필요)로 공제할 수 있다.

셋째, 상속재산보다 빚이 많으면 한정승인을 신청해라. 피상속인의 채무가 많다면 3개월 이내에 상속포기나 한정승인을 해야 한다. 상속인은 상속개시가 있음을 안 날로부터 3개월 이내에 한정승인이나 상속포기를 가정법원에 신청할 수 있다. 만약, 아무런 신고도 하지 않는다면 피상속인의 재산과 부채를 포괄적으로 승계하는 것으로 인정한다. 다만, 상속인이 상속받은 채무가 상속받은 재산을 초과한다는 사실을 중대한 과실 없이 알지 못하고 상속이 이루어진 경우에는 채무가 더 많다는 사실을 안 날로부터 3개월 이내에 한정승인을 할 수 있도록 민법이 보완되었다.

넷째, 사망일 이전에 재산을 처분하거나 인출하지 마라. 사망일을 기준으로 소급해 1년 이내에 2억원, 2년 이내에 5억원 이상을 인출하거나 재산을 처분한 경우에는 사용처 미소명 금액에 대해 상속재산에 합산하도록 하고 있다. 만약 1년에 2억원에 미달하게 처분·인출하고 2년에 5억원에 미달하게 처분·인출하는 경우에는 상속인이 소명하지 않아도 된다. 여기서 인출 가능한 금액인 2억원과 5억원은 전체 재산을 기준으로 계산하는 것이 아니라, 재산 종류별(예금, 부동산, 기타재산, 채무)로 계산한다. 금융재산상속공제는 사망일을 기준으로 남아있는 순금융재산(총금융자산에서 금융부채를 차감한 금액)의 20%(2억원 한도)를 공제해주는데, 사망일 이전에 인출한 금액에 대해서는 금융재산상속공제를 받을 수 없다. 또한, 사망일 이전에 부동산을 처분하는 경우에는 부동산의 기준시가가 아닌 실거래가액으로 과세될 가능성이 크므로 주의해야 한다.

다섯째, 배우자상속공제는 30억원까지 가능하다. 배우자가 살아 있는 경우, 배우자가 실제로 얼마를 받았는지에 상관없이 5억원을 배우자 상속공제로 차감해서 상속세를 계산한다. 또한, 배우자가 실제 상속받은 금액에 따라 최고 30억원까지 공제 가능하다. 배우자상속공제를 최대한 받기 위해서는 협의분할시 법정상속지분만을 실제로 상속받으면 된다.

서울에서 3억 넘는 집 살 때 증여, 상속여부 써내야

투기과열지구에서 3억원 이상 주택을 구입하고서 실거래 신고하면서 자금조달계획서를 써낼 때 증여나 상속 금액을 상세히 기재해야 한다. 2018년 8·2 부동산 대책으로 인해 서울과 경기

과천, 분당 등 투기과열지구에서 3억원 이상 주택을 구입하면 실거래 신고를 하면서 자금조달계획서를 제출해야 한다.

그러나 이같은 조치에도 고가 주택 구입자가 주택 구입 자금을 마련하는 과정에서 증여나 상속을 받았는지 등을 확인하는 데 한계가 있었다. 자금조달계획서상 자금은 자기자금과 차입금 등으로 나뉘는데, 자기자금 내역에 증여·상속 항목이 추가됐다. 차입금 등 항목에서는 기존 금융기관 대출액에 주택담보대출 포함 여부와 기존 주택 보유 여부 및 건수 등도 밝히도록 상세화했다.

개정된 주택취득 자금조달 및 입주계획서 신고 서식은 국토교통부(www.molit.go.kr)와 부동산거래관리시스템(rtms.molit.go.kr) 홈페이지에서 확인할 수 있다.

Chapter 02

내가 모르는 상속재산을 찾고 싶어요

피상속인이 불의의 사고로 인하여 갑자기 사망하거나 평소에 상속인에게 재산에 관하여 알려주지 않은 경우 등 상속인이 상속재산에 대해 알 수 없는 경우가 종종 있다. 이런 경우에 상속인은 상속재산에 대한 정보가 없어 상속을 받는 데 어려움이 발생할 수 있는데 이 경우 상속재산을 찾는 방법을 알아보자.

뇌경색으로 쓰러진 이동후는 배우자인 김화연과 큰아들 이재화, 둘째아들 이재희, 막내딸 이가을을 남겨놓고 사망하게 된다. 이재화는 아버지 병환에 차도가 없자 어려워진 회사의 대표직을 오랫동안 비워둘 수 없어 대표직을 맡아 회사를 운영하고 있었다. 그러다 갑작스런 아버지의 죽음으로 장례를 치르고 점점 어려워지고 있는 회사 상황을 수습하기 위해 이재화는 정신없이 하루하루를 보내고 있던 중 회사에 서세무사가 찾아오게 된다.

"사장님, 안녕하세요."

"세무사님, 안녕하세요. 장례식장에서는 정신이 없어서 제대로 인사도 못 드렸습니다. 죄송합니다."

"아닙니다. 제가 좀 더 일찍 찾아뵈려 했는데, 찾아뵙는다는 게 좀 늦었습니다."

이재화는 좀 더 일찍 찾아오려 했다는 서세무사 말에 약간 의외라는 생각을 하며 질문을 던진다.

"세무사님, 혹시 무슨 일이 있으신가요?"

"그 동안 정신 없으셨죠? 그런데 혹시 상속세 준비는 하고 계신가요?"

그동안 이재화는 하청업체에 미지급된 공사대금으로 인해 멈춰버린 공사를 다시 진행하기 위해 하청업체 대금 지급문제와 아버지의 장례식으로 정신이 없어 사망신고만 한 채 상속세신고에 대해서는 생각하지 못하고 있었다. 이재화는 서세무사의 이야기를 듣고 상속세 신고준비를 해야겠다고 마음먹었지만, 평소 아버지의 재산이 어느 정도 되는지 알지 못했기 때문에 무엇부터 해야 할지 막막하기만 하다.

사망자 금융거래 조회하기

> 금융민원센터(www.fcsc.kr)가 제공하는 상속인 조회 서비스를 통해 피상속인의 금융재산 및 채무를 확인하기 위하여 여러 금융회사를 일일이 방문하여야 하는 데 따른 시간적·경제적 어려움을 덜어주기 위하여 금융감독원에서 조회신청을 받아 각 금융회사에 대한 피상속인의 금융거래여부를 확인할 수 있다.

① 조회범위 및 대상회사

　조회 서비스를 통해 상속인은 피상속인의 조회 신청일 기준으로 금융회사에 남아있는 피상속인 명의의 모든 금융채권, 금융채무 및 보관금품의 존재유무를 확인할 수 있다. 조회대상 금융회사는 예금보험공사, 은행, 한국신용정보원(신보·기신보, 한국주택금융공사, 한국장학재단, 미소금융중앙재단, NICE평가정보·KCB·KED, 캠코, 무역보험공사, 신용보증재단, 중소기업중앙회 포함), 종합금융회사, 한국증권금융, 카드회사, 리스회사, 할부금융회사, 상호저축은행, 신용협동조합, 새마을금고, 산림조합, 우체국, 한국예탁결제원, 대부업체, 국세청, 국민연금공단, 공무원연금, 사학연금, 군인연금, 건설근로자공제회가 있다.

② 접수처

　금융감독원 본원 금융민원센터 및 각 지원, 전 은행(수출입은행, 외은지점 제외), 농수협단위조합, 우체국, 삼성생명 고객프라자, 한화생명 고객센터, KB생명 고객프라자, 교보생명 고객프라자, 삼성화재 고객프라자, 유안타증권, 상속인이 피상속인의 사망일이 속한 달의 말일로부터 6개월 이내 자치단체를 방문하여 사망신고와 동시에 상속재산 조회신청을 할 수 있다.

③ **조회절차**

이렇게 조회 서비스를 신청하면 금융감독원은 접수대행기관에서 접수된 조회신청서를 취합하여 각 금융협회에 조회를 요청하고 각 금융협회에서 소속 금융회사에 피상속인 등의 금융거래여부 조회 요청을 한다. 그러면 금융회사는 피상속인 등의 금융거래여부 및 예금액·채무액을 해당 금융협회 등에 통보하고 각 금융협회 등은 조회완료 사실을 신청인에게 문자메시지 등을 이용하여 통보한다. 조회 결과는 접수일로부터 3개월까지 금융감독원 홈페이지(www.fss.or.kr)에서 일괄 확인 및 각 금융협회 홈페이지에서 개별 확인할 수 있으며, 조회결과를 받은 후 예금 등 금융자산 인출 문의는 해당 금융회사에 하면 된다.

④ **처리기간**

신청일로부터 20일 이내(각 금융협회별로 처리기간이 상이함)

⑤ **신청서류**

상속인이 직접 신청할 경우에는 사망일 및 주민등록번호가 기재된 기본증명서, 사망진단서, 사망자 기준 가족관계증명서(최근

3개월 내 발급, 주민등록번호 기재) 또는 가족관계증명서 열람(지자체에서 접수하는 경우), 상속인 신분증이 필요하다. 대리인이 신청할 경우에는 위 서류 이외에 상속인의 위임장(인감증명서 첨부 → 인감도장 날인, 본인서명사실확인서 첨부 → 서명), 인감증명서 또는 본인서명사실확인서, 대리인의 신분증이 필요하다. 사망자가 외국인인 경우에는 사망사실·상속관계 등을 확인할 수 있는 외국기관 발행 문서를 문서인증 및 번역인증을 받아 제출하여야 한다. 이때, 문서인증은 외국 발행 문서의 국내효력 인정을 위해 필요하며 아포스티유 확인 또는 영사 확인 방법으로 가능하며, 번역인증은 외국어로 표기된 외국기관 발행 문서에 대한 번역본을 공증인 또는 한국공관의 번역인증을 받아 제출하면 된다.

대리인 위임장 및 신청서 서식은 e-금융민원센터 홈페이지(민원신청 → 상속조회안내 → 하단의 위임장 다운로드 및 신청서 다운로드 클릭)를 통해 다운받을 수 있으며, 기타 문의사항은 금융감독원 민원상담전화(국번없이 1332)를 이용하면 된다.

● 사망자 소유토지 조회하기

국토교통부(www.molit.go.kr)가 제공하는 조상 땅 찾기 서비스를 통하여 사망자가 생전에 소유한 토지 현황을 조회할 수 있다.

관련자료 조회 방법은 민원24(www.minwon.go.kr) 접속 후 검색창에 '조상 땅 찾기(띄어쓰기 주의)'로 검색을 하면 된다.

① **조회범위**

지적전산자료를 검색하여 민원신청일 기준으로 토지(임야)대장에 등재된 토지 소유현황을 확인하여 제공한다. 단, 채권확보·담보물권 확보 등 이해관계인이나 제3자에 대한 개인정보는 공공기관의 개인정보보호에 관한 법률에 의하여 제공하지 않는다.

② **접수처**

사망자의 주민등록번호가 있는 경우에는 국토교통부나 시·군·구 지적업무부서에 방문하여 신청하며, 사망자의 주민등록번호가 없는 경우에는 사망자의 토지가 있을 것으로 추정되는 시·도 지적업무부서에 방문하여 신청한다.

③ **신청서류**

상속인이 직접 신청할 경우에는 사망자의 제적등본 또는 가족관계증명서, 신청인의 신분증이 필요하며, 대리인이 신청할 경우에는 위 신청서 이외에 상속인의 위임장(날인 또는 서명), 위임자 및 대리인의 신분증 사본 각 1부씩이 필요하다.

대리인 위임장 및 개인 신청자용 지적전산자료 이용신청서는 국가정보센터 운영규정 별지서식 4, 5호(담당부서는 국토교통부 국가공간정보센터 : 1899-6523이며, 개별 민원에 대한 문의 사항은 접수·처리기관에 연락)를 이용하면 된다.

이재화는 서세무사의 도움으로 아버지의 금융자산과 부동산을 확인할 수 있었다. 아버지의 재산과 금융채무를 확인해 보니 회사와 관련하여 자금을 융통하기 위해 개인소유 부동산을 담보로 받은 금융기관 대출금이 있지만 다행이 부채가 상속재산보다는 크지 않았다.

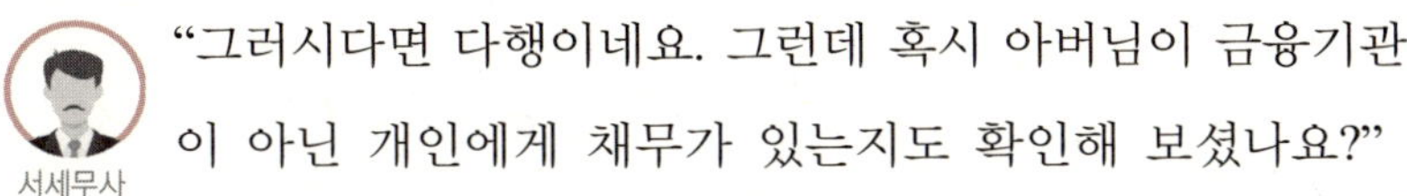

"세무사님의 도움으로 아버지의 재산과 부채를 확인할 수 있었습니다. 감사합니다. 아버지 재산을 확인해 보니 아버지 재산이 부채보다 많아 부동산을 처분하면 급한 불은 끌 수 있을 거 같습니다."

"그러시다면 다행이네요. 그런데 혹시 아버님이 금융기관이 아닌 개인에게 채무가 있는지도 확인해 보셨나요?"

"그 부분은 확인해보지 못했는데요. 그런데, 아버지는 평소에 가족들이 걱정할까봐, 그런 부분까지는 말씀을 잘 하지 않으셔서 제가 정확히 알고 있지는 못합니다. 그럼, 어떻게 해야 할까요?"

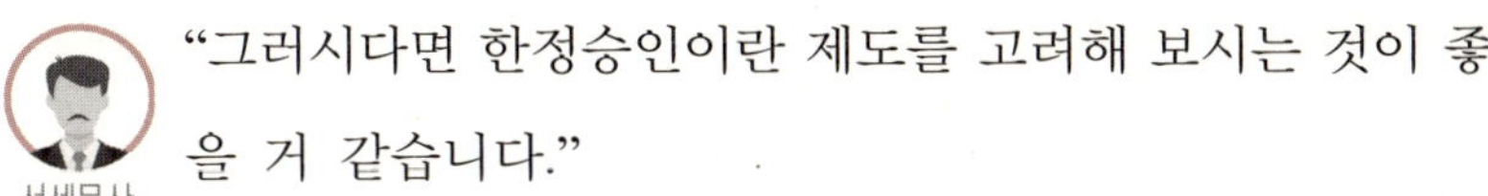

"그러시다면 한정승인이란 제도를 고려해 보시는 것이 좋을 거 같습니다."

"한정승인이요?"

Chapter 03

상속의 절차를 알려 주세요

구 분	기한	신고처
사망신고	1개월 이내	시·군·구·읍·면·동 주민센터
상속의 포기 및 한정승인	3개월 이내	가정법원
상속등기(취득세신고·납부)	6개월 이내	시·군·구/등기소
상속세 신고·납부	6개월 이내	세무서

사망신고 ─ 1개월 이내

사망신고는 사망의 사실을 안 날부터 1개월 이내에 동거하는 가족이 관할 시·군·구·읍·면·동 주민센터를 방문해 직접 신고하거나 우편으로 신고할 수 있다.

① 접수처

동 주민센터 신고 시에는 사망자 기준 주민등록지 관할 동 주민센터에 할 수 있으며, 구청에 신고 시에는 주소지 상관없이 어디서나 가능하다.

② 신청서류

사망신고서(직접 작성), 사망진단서 또는 사체검안서 등 사망의 사실을 증명하는 서류, 신분증(신고인, 제출인, 우편제출의 경우 신고인의 신분증을 앞뒤로 복사해서 제출), 사망자의 가족관계등록부의 기본증명서(가족관계등록 관서에서 전산정보로 확인이 가능한 경우에는 제출 생략)

③ 사망신고 기한

사망한 날로부터 1개월 이내(기간 내 미신고할 경우 과태료 부과)

■ 상속의 포기 및 한정승인 – 3개월 이내

사망한 자의 재산이 채무보다 적거나 하는 사유로 상속을 포기하거나 한정승인을 해야 하는 경우에는 상속개시 있음을 안 날로부터 3개월 이내에 관할법원에 상속포기신고나 한정승인신고를 하면 된다. 상속을 포기하면 피상속인은 사망으로 일단 발생한 상속의 효력, 즉 권리의무의 승계를 부인하고 처음부터 상속인이 되지 않은 것과 같이 되며 상속을 포기한 후에는 이를 취소하지 못한다. 한정승인은 사망한 자의 재산 한도 내에서 사망한 자의 채무를 변제하는 것을 조건으로 상속을 승인하는 제도이다. 만일, 3개월 이내에 아무런 의사표시를 하지 않을 경우에는 단순승인한 것으로 간주되어 사망한 자의 재산과 채무가 모두 상속되므로 주의가 필요하다.

그러므로 상속재산이 채무보다 많을 경우에는 단순승인을, 상속재산과 채무액수를 모를 경우에는 한정승인을, 상속재산이 채무보다 적을 경우에는 상속포기를 하면 된다.

① 상속포기

상속포기를 하려는 사람은 상속개시가 있음을 안 날로부터 3개월 이내에 피상속인의 최후 주소지 관할 가정법원(최후 주소지가 외국에 있는 경우에는 서울가정법원)에 상속포기 신고(상속재산포기 심판청구)를 하여야 한다. 상속포기는 상속개시 전에는 할 수 없으며, 한번 상속포기를 한 경우에는 일반적으로 취소할 수 없다. 상속포기심사는 서류심사를 원칙으로 하며, 가정법원은 신고가 적법한 이상 수리하여야 한다. 만약 상속포기 심판청구가 요건 불비로 수리되지 아니한 경우에는 이를 고지받은 날로부터 14일 이내에 즉시 항고할 수 있다.

여기서 선순위 상속인이 전원 상속포기를 하면 다음 상속순위자가 상속인이 되기 때문에 선순위자들이 모두 상속포기를 하면 4순위인 피상속인의 4촌 이내의 방계혈족에게까지 상속이 미치게 된다. 따라서 상속포기는 한정승인보다 편리하고 비용이 적게 들지만, 상속포기를 하려면 1순위부터 4순위까지 모두 상속포기를 해야 하므로 실무적으로 선순위 상속인들 중 1인이 한정승인을 하고 나머지 동 순위자들이 상속포기를 하거나, 선순위 상속인들 모두 한정승인을 신청하는 방법을 생각할 수 있다. 이때 필요서류는 다음과 같다.

피상속인		1. 폐쇄가족관계등록부에 따른 기본증명서 1통 2. 가족관계증명서 1통 3. 말소된 주민등록등본 1통
상속인	일반	1. 가족관계증명서 1통 2. 주민등록등본 1통 3. 인감증명서 1통 4. 인감도장(심판청구서에 날인)
	미성년자	1. 가족관계증명서 1통 2. 주민등록등본 1통 • 법정대리인(부모 모두) 1. 가족관계증명서 1통 2. 인감증명서 1통 3. 인감도장(심판청구서에 날인)
	재외국민	1. 주민등록등본 대체서면(번역문 첨부) −재외국민 등록부등본 또는 대한민국 영사의 거주사실확인서 또는 본국 공증인의 주소공증서면

외국인		2. 인감증명서 대체서면(번역문 첨부) 　－위임장에 대한민국 영사의 인증이나 본국 공증인의 서면공증
		1. 주민등록등본 대체서면(번역문 첨부) 　－본국 관공서의 주소증명서면 또는 공증인의 주소 공증서면 2. 인감증명서 대체서면(번역문 첨부) 　－위임장에 본국 관공서(대사관)의 인증이나 본국 공증인의 서면공증

＊상속인이 직계비속이 아닌 경우에는 가계도 추가로 필요하며, 인감증명서 대신 본인서명사실확인서를 제출할 경우에는 서명으로 하되, 같은 필체로 서명

상속포기의 청구인은 상속인이어야 한다. 미성년자 등 무능력자의 경우에는, 법정대리인이 대리하여야 하지만 상속포기가 법정대리인과의 관계에서 이해상반행위에 해당하는 때에는 특별대리인을 선임하여야 한다.

수수료는 청구서에는 청구인별 각 5,000원의 수입인지를 붙여야 하며, 송달료는 취급은행에 납부하고 납부서를 첨부하여야 한다.

> 대한민국 법원 전자민원센터(help.scourt.go.kr)에 접속 후 양식 찾기에서 "상속재산포기심판청구"로 검색하면 양식을 다운로드받을 수 있다.

② **한정승인**

한정승인을 하려는 사람은 상속개시가 있음을 안 날로부터 3

개월 이내에 상속재산의 목록을 첨부하여 피상속인의 최후 주소지 관할 가정법원(최후 주소지가 외국에 있는 경우에는 서울가정법원)에 한정승인 신고(상속한정승인 심판청구)를 하여야 하며, 상속재산 중 이미 처분한 재산이 있는 때에는 그 목록과 가액을 함께 제출하여야 한다. 한정승인을 신청한 경우에는 일반적으로 이를 취소할 수 없다. 다만, 상속인이 상속채무가 상속재산을 초과하는 사실을 중대한 과실 없이 상속 개시가 있음을 안 날부터 3개월 이내에 알지 못하고 단순승인을 한 경우 그 사실을 안 날부터 3개월 이내에 가정법원에 특별한정승인신고를 하여야 한다.

한정승인심사는 서류심사를 원칙으로 하며, 가정법원은 신고가 적법한 이상 수리하여야 한다. 만약 한정승인 심판청구가 요건 불비로 수리되지 아니한 경우에는 이를 고지받은 날로부터 14일 이내에 즉시 항고할 수 있다. 여기서 상속한정승인 심판청구서에 첨부하여야 하는 상속재산의 목록은 상속재산 전부를 말하는 것으로서 소액의 채권이나 추심가능성이 적은 채권이라도 포함하여 세밀하게 작성하여야 한다. 고의로 재산목록에 기재를 누락한 때에는 단순승인을 한 것으로 간주될 수 있으므로 주의하여야 한다. 그리고 고의 누락이 아닌 한 한정승인 수리 후라도 경정신청에 의해 추가할 수 있다.

심판 종료 후에는 한정승인을 한 날로부터 5일 이내에 일간신문에 한정승인 사실과 2개월 이내 채권 또는 유증을 신고할 것과 기간 내에 신고가 없으면 청산에서 제외된다는 내용의 공고를 하여야 하고 그 신고기간이 경과하면 채무청산절차를 거쳐야 한다. 한정승인을 한 자는 채권신고기간이 만료되기 전에 일반상속채권자와 유증받은 자에 대하여 채권변제를 거절할 수 있으며, 이를 어기고 변제를 한 경우 한정승인자는 손해가 발생한 다른 수유자나 채권자에 대해 배상해야 한다. 한정승인을 한 자는 채권신고기간이 만료된 후 그 기간 내에 신고한 채권자와 신고하지 않았더라도 자기가 알고 있는 채권자에 대하여 각 채권액의 비율에 대하여 상속재산으로 변제를 하여야 한다. 하지만 우선권 있는 채권자의 권리를 해하지는 못하므로 변제하고 남은 금액이 있을 때 비로소 수유자에게 변제할 수 있으므로 결국 변제순서는 우선권이 있는 채권자가 가장 우선하고 그 뒤로 일반상속채권자, 수유자 순이 된다.

상속포기의 경우 선순위 상속인이 전원 상속포기를 하면 다음 상속순위자가 상속인이 되기 때문에 선순위자들이 모두 상속포기를 하면 4순위인 피상속인의 4촌 이내의 방계혈족에게까지 상속이 미치게 되므로 실무적으로 한정승인을 선택하는 경우가 많으나, 상속재산에 부동산이 있는 경우에는 취득세와 양도소득세를 부담해야 할 수 있으므로 신중히 고려해야 한다. 이때 필요서류는 다음과 같다.

피상속인		1. 폐쇄가족관계등록부에 따른 기본증명서 1통 2. 가족관계증명서 1통 3. 말소된 주민등록등본 1통
상속인	일반	1. 가족관계증명서 1통 2. 주민등록등본 1통 3. 인감증명서 1통 4. 인감도장(심판청구서에 날인)

	미성년자	1. 가족관계증명서 1통
		2. 주민등록등본 1통
		
		• 법정대리인(부모 모두)
		  1. 가족관계증명서 1통
		  2. 인감증명서 1통
		  3. 인감도장(심판청구서에 날인)

	재외국민	1. 주민등록등본 대체서면(번역문 첨부)
		  −재외국민 등록부등본 또는 대한민국 영사의 거주사실확인서 또는 본국 공증인의 주소공증서면
		2. 인감증명서 대체서면(번역문 첨부)
		  −위임장에 대한민국 영사의 인증이나 본국 공증인의 서면공증

	외국인	1. 주민등록등본 대체서면(번역문 첨부)
		  −본국 관공서의 주소증명서면 또는 공증인의 주소 공증서면
		2. 인감증명서 대체서면(번역문 첨부)
		  −위임장에 본국 관공서(대사관)의 인증이나 본국 공증인의 서면공증

기타		상속재산목록 1. 피상속인의 재산현황 : 부동산소재지 기재, 계좌(잔액기재)

	2. 피상속인의 채무현황 : 채권자명, 채무액 기재
	• 입증서류 −부동산 : 등기부등본 −자동차 : 자동차등록원부 −예 금 : 잔액증명서 −부 채 : 부채증명서, 소장사본
특별한정승인시 추가서류	피상속인의 채권자로부터 받은 채무변제독촉장, 소장, 지급명령 등 채무와 관련된 문서

* 상속인이 직계비속이 아닌 경우에는 가계도 추가로 필요하며, 인감증명서 대신 본인서명사실확인서를 제출할 경우에는 서명으로 하되, 같은 필체로 서명

한정승인의 청구인은 상속인이어야 한다. 미성년자 등 무능력자의 경우에는, 법정대리인이 대리하여야 한다.

수수료는 청구서에는 청구인별 각 5,000원의 수입인지를 붙여야 하며, 송달료는 취급은행에 납부하고 납부서를 첨부하여야 한다.

> 대한민국 법원 전자민원센터(help.scourt.go.kr)에 접속 후 양식 찾기에서 "상속한정승인 심판청구서"로 검색하면 양식을 다운로드 받을 수 있다.

Tip 상속포기 및 한정승인의 효력

가정법원으로부터 상속포기나 한정승인이 수리되었다고 하더라도 그 효력까지 확정되는 것은 아니다. 가정법원에서는 신고가 형식적 요건을 구비했는지 여부만을 심판하므로 실체적인 요건을 갖추었는지 여부는 민사소송에서 판단을 받게 된다. 채권자는 민사소송을 통해 상속포기나 한정승인의 무효를 주장하면서 상속인에게 모든 상속채무에 대해

변제를 청구할 수 있으므로 채권자로부터 소송이 제기되면 그 소송에 대해 항변이 필요할 수 있다는 점에 유의해야 한다.

상속등기하기 - 6개월 이내

상속으로 인하여 부동산을 취득할 경우 피상속인이 사망한 달의 말일로부터 6개월 이내(납세자가 외국에 주소를 둔 경우에는 9개월)에 취득세를 신고하여야 하며, 상속등기는 기한의 정함이 없으나, 일반적으로 상속으로 인한 취득세 신고시 함께 진행하면 된다.

상속등기를 하기 위해서는 부동산소재지 관할 시·군·구 세무과에 방문하여 취득세 고지서를 발급받은 후 은행에서 취득세 및 등기신청수수료를 납부하고 국민주택채권을 구입하여야 한다. 구입하여야 할 국민주택채권 및 등기신청수수료는 부동산 소재지 관할 등기소에서 확인 가능하다. 이렇게 납부한 영수증 등을 가지고 부동산 소재지 관할 등기소에 상속으로 인한 소유권이전등기 신청서를 첨부서류와 함께 제출하면 된다. 상속부동산 소재지가 여러 곳일 경우에는 부동산 소재지마다 이러한 절차가 필요하다.

필요서류

피상속인	제적등본 1통	구청/ 주민자치센터
	가족관계증명서 1통	
	기본증명서 1통	
	혼인관계증명서 1통	
	친양자입양관계증명서 1통	
	말소자 주민등록초본 1통	
상속인	기본증명서 1통	
	가족관계증명서 1통	
	주민등록등본 1통	
	인감증명서 1통	
	인감도장 1통	
	토지, 임야, 건축물 대장 1통	
	상속재산분할협의서 1통 위임장(신청인이 상속인이 아닐 경우) 1통	직접 작성

* 발행일로부터 3월 이내
** 발급통수는 상속부동산 소재지 관할 구청에 따라 필요함.

● 상속세 신고하기－6개월 이내

상속세 납부의무가 있는 상속인은 피상속인이 사망한 달의 말일부터 6개월 이내(피상속인이 외국에 주소를 둔 경우에는 9개월)에 피상속인의 주소지 관할세무서에 신고하여야 한다. 다만,

피상속인이 외국에 주소를 둔 경우에는 국내에 있는 재산의 소재지를 관할하는 세무서에 하며, 상속재산이 둘 이상의 관할구역 안에 있을 경우에는 주된 재산의 소재지를 관할하는 세무서에 신고하여야 한다. 상속인은 상속세에 대하여 상속재산 중 각자가 받을 재산의 비율에 따라 상속세를 납부할 의무가 있으며, 상속인 각자가 받았거나 받을 재산을 한도로 하여 연대하여 납부할 의무를 진다. 그러므로 상속인 중 일부가 상속세를 납부하지 않을 경우 과세관청은 다른 상속인에게 상속받은 재산을 한도로 해서 납부하지 않은 상속세를 청구할 수 있다.

필요서류

1	피상속인의 제적등본	시·구·읍·면·동 주민센터
2	각 상속인의 가족관계등록부	시·구·읍·면·동 주민센터
3	사망진단서	사망병원(의사)
4	상속재산분할협의서(미작성시 추후 작성가능)	상속인간 작성
5	상속부동산인 토지, 건물 등기부등본	등기소(인터넷)
6	상속 임대부동산의 임대차계약서, 부가세 신고서 사본	보관분 사본
7	퇴직금 입금내역	근무회사
8	보험관련 수령내역 또는 해약환급금 지급명세	보험회사
9	피상속인 은행거래내역(최근 5년 또는 10년 이내)	금융기관
10	상속인 은행거래내역(최근 5년 - 생략가능)	금융기관

11	2년 내 처분재산의 매매계약서, 사용처 입증서류	보관분 사본
12	10년 내 증여재산의 증여세 신고서 사본	보관분 사본
13	공과금, 장례비 영수증 / 감정평가시 그 영수증	보관분 사본
14	차량등록증 사본(매각시 매매계약서 사본)	보관분 사본
15	기타 채무입증서류, 기타 재산(회원권) 입증서류	보관분 사본
16	상장주식 증권계좌(최근 5년)	증권회사
17	비상장주식 평가서류(최근 3년간 재무재표)	주식발행법인
18	사업소득세 신고내역 (부가가치세, 소득세 신고서)	보관분 사본

● 부가가치세 및 종합소득세 신고하기

① 부가가치세

피상속인이 부가가치세가 과세되는 개인사업을 운영하던 중 사망할 경우에는 부가가치세 신고가 필요하다. 이 경우 해당사업장을 상속인이 승계하느냐, 폐업하느냐에 따라 부가가치세 신고일이 달라지게 된다. 우선 상속인이 피상속인이 운영하던 사업장을 승계할 경우에는 상속인임을 확인할 수 있는 서류(사망진단서, 가족관계등록부 등)를 첨부하여 사업장관할 세무서에 사업자등록정정신고를 하여 대표자를 변경하고 부가가치세 신고일에 부가가치세를 신고하면 된다. 개인사업자의 경우 부가가치세 신고일은 다음과 같다.

구 분	1기 확정신고	2기 확정신고
기 간	1/1 ~ 6/30	7/1 ~ 12/31
납부기한	7월 25일까지 신고 · 납부	다음해 1월 25일까지 신고 · 납부

하지만 피상속인이 운영하던 사업장을 폐업할 경우에는 지체없이 폐업신고를 하여야 하고, 폐업신고서 이외에 폐업일(피상속인의 사망일)이 속하는 달의 말일부터 25일 이내에 부가가치세를 신고 · 납부해야 하며, 신고 · 납부를 하지 않을 경우에는 가산세가 적용되므로 주의가 필요하다.

② **종합소득세**

사업을 영위하는 자가 사망할 경우에는 상속인은 그 상속개시일(사망일)이 속하는 달의 말일부터 6개월이 되는 날까지 사망일이 속하는 과세기간에 대한 피상속인의 과세표준을 신고하여야 한다. 하지만 1월 1일과 5월 31일 사이에 사망하여 직전연도 발생한 소득에 대해서 신고기한인 5월 31일까지 종합소득세 신고를 하지 않은 경우에는 사망한 연도의 직전과세기간에 대한 소득세도 상속개시일로부터 6개월이 되는 날까지 소득세를 신고할 수 있다. 상속인은 피상속인의 소득금액에 대한 소득세 납세의무를 지며, 이때 피상속인의 소득금액에 대한 소득세와 상속인의 소득금액에 대한 소득세는 각각 구분하여 계산하여야 한다.

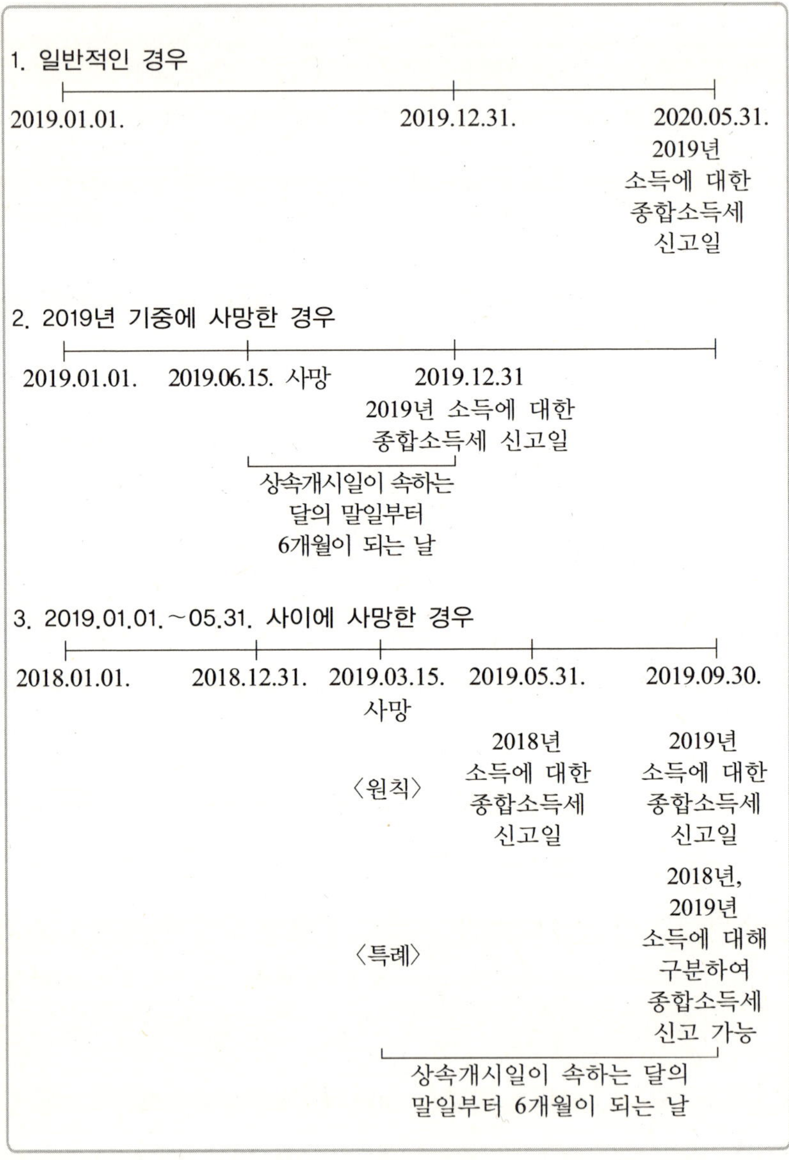

1. 일반적인 경우
2019.01.01.
2019.12.31.
2020.05.31.
2019년
소득에 대한
종합소득세
신고일

2. 2019년 기중에 사망한 경우
2019.01.01.
2019.06.15. 사망
2019.12.31
2019년 소득에 대한
종합소득세 신고일
상속개시일이 속하는
달의 말일부터
6개월이 되는 날

3. 2019.01.01.~05.31. 사이에 사망한 경우
2018.01.01.
2018.12.31.
2019.03.15.
2019.05.31.
2019.09.30.
사망
〈원칙〉
2018년
소득에 대한
종합소득세
신고일
2019년
소득에 대한
종합소득세
신고일
〈특례〉
2018년,
2019년
소득에 대해
구분하여
종합소득세
신고 가능
상속개시일이 속하는 달의
말일부터 6개월이 되는 날

상속세가 부과되는 재산

상속세 부과 대상이 되는 재산의 범위와
상속재산 중 상속세를 내지 않아도 되는 재산에는 어떤 것이 있는지 알아보자

상속재산에는 무엇이 있나요?

　이재화는 건설회사를 운영하고 계시던 아버지의 갑작스러운 죽음으로 회사 일을 수습하기 위해 정신없이 하루하루를 보내고 있던 중 회사의 고문으로 있는 서세무사의 도움으로 금융거래와 소유 토지를 조회하여 아버지의 재산과 부채를 확인할 수 있었다. 다행히 돌아가신 아버지의 재산이 부채보다 많았지만, 금융기관을 통해 조회가 되지 않는 개인 차입금이 추가로 있을지 모른다는 걱정에 한정승인이란 제도를 이용한다. 이재화는 가정법원에 한정승인을 신청하고, 급한 일도 어느 정도 마무리되어 상속세 신고를 위해 서세무사 사무실이 있는 역삼동으로 찾아간다.

　"세무사님, 안녕하세요."

이재화

"안녕하세요, 사장님."

이재화는 얼마 전 주주총회를 통해 아버지의 뒤를 이어 대표이사로 취임하였다.

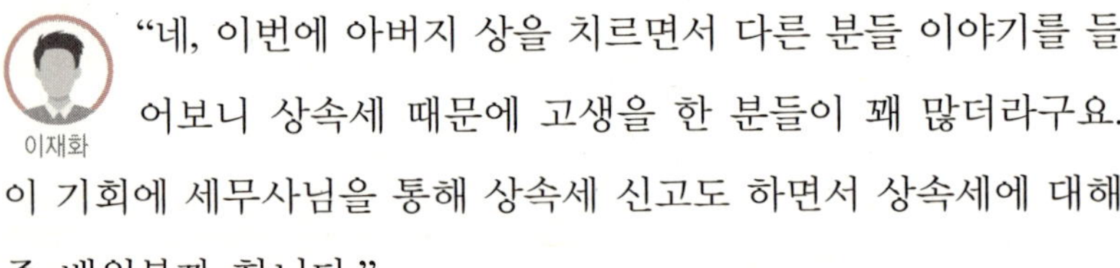

"세무사님 덕분에 큰 실수 없이 한정승인 신고를 할 수 있었습니다. 감사합니다. 오늘 이렇게 세무사님을 찾아뵙게 된 건 다름이 아니라 세무사님이 지난번에 말씀하신 상속세 신고 준비를 해야 할 것 같아서요."

"이제 아버님이 돌아가신 지도 3개월이 지났네요. 남은 3개월 동안 자료를 잘 정리해서 상속세 신고를 하셔야 합니다."

"네, 이번에 아버지 상을 치르면서 다른 분들 이야기를 들어보니 상속세 때문에 고생을 한 분들이 꽤 많더라구요. 이 기회에 세무사님을 통해 상속세 신고도 하면서 상속세에 대해 좀 배워볼까 합니다."

이재화는 아버지의 상을 치르면서 보니 먼저 부모님이 돌아가신 친구들이 상속을 받으면서 많은 어려움을 겪었다는 이야기를 듣게 되었다. 그리고 아버지가 운영하시던 건설업의 특성상 거래처 부도가 많아, 만약을 대비해 재산의 많은 부분이 어머니 명의로 되어 있었고, 어머니도 아버지의 갑작스런 사망으로 기력이 많이 쇠약해지신 상태였다. 이재화는 상속세에 대해 미리미리 준비해둘 필요성을 느끼고 서세무사에게 도움을 청한다.

서세무사

"그렇다면, 우선 상속세의 계산구조부터 살펴보는 게 좋을 것 같습니다."

상속세 계산구조

(+) 본래상속재산가액	민법상의 상속재산
(+) 간주상속재산가액	보험금, 신탁재산, 퇴직금 등
(+) 추정상속재산가액	법정요건을 충족하는 처분재산가액 또는 부담채무액
총 상속재산가액	
(−) 비과세 상속재산가액	금양임야 및 묘토, 지정문화재 등
(−) 공과금, 장례비, 채무액	
(+) 상속개시 전 증여재산가액	상속인에게 증여한 재산으로서 10년 이내의 것
(−) 과세가액 불산입재산	공익법인 출연재산가액 등
상속세 과세가액	
(−) 상속공제금액	배우자상속공제, 일괄공제, 금융재산상속공제 등 1) 일괄공제 : 5억원 2) 배우자공제 : 5억원~30억원 3) 금융재산상속공제 : 금융재산가액의 20%, 2억원 한도
(−) 감정평가수수료	
상속세 과세표준	
(×)　　세율	10%~50%의 5단계 초과누진세율
상속세 산출세액	세대생략상속에 대한 할증세액 가산
(−) 세액공제	증여세액공제, 신고세액공제(3%)
(−) 문화재 등 징수유예세액	
(+) 가산세	신고불성실가산세, 납부불성실가산세
신고납부세액	

"이렇게 계산된 상속세는 피상속인이 사망한 달의 말일부터 6개월 이내(피상속인이 외국에 주소를 둔 경우에는 9개월)에 피상속인의 주소지 관할세무서에 신고·납부해야 합니다. 그러면 상속재산에는 어떤 것이 있는지 살펴보도록 하겠습니다."

상속재산, 어떤 것들이 있나?

"상속인이 상속받는 재산에는 피상속인에게 귀속되는 재산으로서 금전적으로 환가할 수 있는 경제적 가치가 있는 모든 물건과 재산적 가치가 있는 법률상 또는 사실상의 모든 권리를 포함합니다. 그러므로 금융재산과 부동산뿐만 아니라 특허권 및 영업권과 같은 무체재산권도 상속재산에 해당합니다. 다만, 피상속인에게만 귀속되어 피상속인의 사망으로 인하여 소멸되는 것은 상속재산에서 제외합니다."

"눈에 보이지 않는 권리도 상속재산에 포함되는군요. 상속세 신고 시 빠뜨리지 않도록 주의해야겠네요."

상속재산의 범위

> 상속세 과세대상 재산＝민법상 상속재산＋유증·사인증여한 재산가액＋의제(추정)상속재산가액

① 민법상 상속재산

상속개시일 현재 피상속인이 소유하고 있던 재산으로서 재산적 가치가 있는 권리를 포함한다. 따라서 부동산, 동산, 주식, 출자지분, 국공채 등 유가증권, 지상권[1], 광업권, 무체재산권[2], 어업권, 일반금전채권, 시설이용권, 회원권 등 모든 종류의 물건과 권리가 포함된다. 다만, 피상속인에게만 귀속되어 피상속인의 사망으로 인하여 소멸되는 것은 제외한다.

② 의제상속재산

본래 상속재산이 아니더라도 일정한 재산은 이를 상속재산으로 간주하여 상속세를 과세한다.

보험료	피상속인의 사망으로 인하여 지급받는 생명보험 또는 손해보험의 보험금으로서 피상속인이 보험계약자가 된 보험계약에 따라 지급받는 것
신탁재산	피상속인이 신탁한 재산과 피상속인 신탁으로 인하여 타인으로부터 신탁의 이익을 받을 권리를 소유하고 있는 경우에는 해당 이익에 상당하는 가액
퇴직금 등	퇴직금 · 퇴직수당 · 공로금 · 연금 또는 이와 유사한 것으로서 피상속인에 지급될 것이 피상속인의 사망으로 인하여 지급되는 것

---

1) 타인의 토지에 건물, 기타 공작물이나 수목을 소유하기 위하여 그 토지를 사용하는 물권을 말한다.
2) 유체물에 대한 배타적 지배권인 물권에 반하여 무체적 이익에 대한 배타적 지배권의 총칭이다. 특허권 · 실용신안권 · 상표권 · 의장권 · 저작권 등이 있다.

③ 추정상속재산

　피상속인이 피상속인의 재산을 처분하였거나 채무를 부담한 경우로서 해당금액이 상속개시일 전 1년 이내에 2억원 이상인 경우나 상속개시일 전 2년 이내에 5억원 이상인 경우에는 이를 상속인이 상속받은 것으로 추정하여 상속세 과세가액에 산입한다.

“피상속인이 생전에 처분한 재산과 부담한 채무를 상속재산으로 본다구요? 이건 좀 이해가 안 되는데요?”

“추정상속재산은 피상속인이 상속개시일 전에 상속재산을 처분한 경우 그 처분대금이 과세자료의 노출이 쉽지 않은 현금으로 상속인에게 증여 또는 상속됨으로써 상속세의 부당한 경감을 도모할 우려가 있으므로 이를 방지하기 위하여 입증책임을 실질적으로 전환한 규정입니다. 용도가 객관적으로 명백하지 않은 금액이 있는 경우 상속인이 그 용도를 입증하지 못하는 한 이를 상속인이 상속받은 재산으로 추정하되, 상속인이 용도를 입증하면 그 적용이 배제되는 것입니다.”

상속세 과세가액에 산입할 금액

$$\begin{array}{l}\text{재산처분·인출} \\ \text{·채무부담으로} \\ \text{인해 얻은 금액}\end{array} - \begin{array}{l}\text{용도가} \\ \text{입증된} \\ \text{금액}\end{array} - \text{Min}\left[\begin{array}{l}\text{재산처분 등으로} \\ \text{인해 받은 금액}\times 20\%, \quad 2\text{억원}\end{array}\right]$$

④ 증여재산

피상속인이 사망하기 전에 재산을 증여함으로써 상속세의 누진부담을 회피하는 것을 막기 위해 상속개시일 전 10년 이내에 피상속인이 상속인에게 증여한 재산과 상속개시일 전 5년 이내에 피상속인이 상속인 외의 자에게 증여한 재산의 경우에는 상속재산에 포함하여 상속세를 계산한다.

무상이전 원인별 과세구분

상속	민법 규정에 의하여 사망 또는 실종선고를 받은 자의 권리·의무를 일정한 자에게 포괄적으로 승계시키는 것	상속세 과세
유증	유언자의 유언에 의하여 유산의 전부 또는 일부를 무상으로 타인에게 증여하는 행위	
사인증여	증여자의 생전에 당사자 합의에 의하여 증여계약이 체결되어 증여자의 사망을 정지조건으로 효력이 발생하는 증여	
증여	일방이 자기의 재산을 무상으로 상대방에게 준다는 의사표시를 하고 상대방이 이를 승낙함으로써 효력이 발생하는 계약	증여세 과세

● 상속재산에 포함되는 경우와 포함되지 않는 경우

상속재산에 포함되는 경우는 다음과 같다.

① 물권, 채권, 영업권 및 무체재산권뿐만 아니라 신탁수익권, 전화가입권 등 법률상 근거에 불구하고 경제적 가치가 있는 것

② 상속개시일 현재 배당금, 무상주를 받을 권리

③ 상속개시 전 피상속인이 부동산 양도계약을 체결하고 잔금을 영수하기 전에 사망한 경우에는 양도대금 전액에서 상속개시 전에 영수한 계약금과 중도금을 차감한 잔액

④ 상속개시 전 피상속인이 부동산 양수계약을 체결하고 잔금을 지급하기 전에 사망한 경우에는 이미 지급한 계약금과 중도금

⑤ 상속개시일 현재 피상속인이 명의신탁한 사실이 명백히 확인되는 재산

⑥ 피상속인이 생전에 토지거래계약에 관한 허가구역에 있는 토지를 허가받지 아니하고 매매계약을 체결하여 매매대금의 잔금까지 수령한 경우 당해 토지

⑦ 피상속인이 타인과 함께 합유3) 등기한 부동산은 그 부동산 가액 중 피상속인의 몫에 상당하는 가액

---

3) 수인이 조합체로서 물건을 소유하는 형태로 민법상 법률의 규정으로 합유관계가 성립하는 것은 조합재산과 수탁자가 수인 있는 경우의 신탁재산의 두 경우이고, 기타는 계약에 의하여 합유가 성립한다. 합유물의 처분 또는 변경함에는 합유자 전원의 동의가 있어야 하며, 조합체의 해산 또는 합유물의 양도로 인하여 종료한다.

⑧ 부친이 사망한 후에 부친 소유의 부동산을 자녀의 명의로
  증여 등기한 경우 당해 재산

상속재산에 포함되지 않는 경우는 다음과 같다.

① 질권, 저당권 또는 지역권과 같은 종된 권리

② 피상속인이 상속개시일 현재 명의수탁하고 있는 재산임이
  명백히 확인되는 경우 당해 재산

③ 배당기준일 현재 생존하고 있던 주주가 주주총회의 잉여금
  처분결의 전에 사망한 경우로서 상속개시 후에 잉여금의
  처분이 확정된 경우 당해 배당금

④ 상속개시일 현재 피상속인에게 귀속되는 채권 중 전부 또
  는 일부가 상속개시일 현재 회수 불가능한 것으로 인정되
  는 경우 그 가액

⑤ 상속개시일 현재 피상속인 명의로 소유하고 있는 부동산이
  상속개시 전에 이미 제3자에게 처분된 사실이 객관적으로
  확인되는 부동산

⑥ 피상속인에게 귀속되는 소득 중 상속개시일 현재 인정상여
  등과 같이 실질적 재산이 아닌 경우

"세무사님, 쉽게 설명해 주셔서 감사합니다. 그래도 저처
럼 상속세를 처음 접하는 입장에서는 용어도 낯설고 어렵
게만 느껴지네요."

이재화

“네. 다른 세금들도 마찬가지겠지만 상속세는 특히 더 복잡해서 검토해야 할 부분이 많습니다. 그래서 반드시 사전에 전문가와 상담이 필요합니다.”

“세무사님, 그런데 이번에 아버지 명의의 부동산을 조회해 보니 종중재산이 아버지 명의로 되어 있는 걸 알게 되었습니다. 종중재산은 아버지 명의로는 되어 있지만 실제 아버지 재산이 아닌데 이러한 종중재산도 상속재산에 포함해야 하나요?”

피상속인 명의로 되어 있는 종중재산 신고해야 할까?

“이러한 종중재산은 피상속인이 상속개시일 현재 명의수탁하고 있는 재산임이 명백히 확인되는 경우에만 당해 재산에 대하여 상속세가 과세되지 않습니다. 그러므로 해당 부동산이 처음부터 종중이 소유한 재산인지 여부를 구체적으로 확인할 수 있는 종중회의록, 종중재산 목록, 재산세 납부내역의 증거자료가 필요하며 상속세 신고시 이러한 서류를 제출할 필요가 있습니다.”

① 심사상속 1999－0248(1999.09.17.)에서는 종중재산이라는 증빙으로 종중 결의문 사본 및 상속인들의 상속포기각서를 제시하고 있으나, 이는 사인 간에 임의대로 작성할 수 있는 문서로서 증거능력을 갖추었다고 보기에는 부족하다

고 하여 상속재산에 포함하였다.

② 조심 2013중 0996(2013.05.16.)에서도 쟁점토지 부동산등기 부등본상 1958.3.3.부터 3인의 공동소유로 되어 있고, 청구인이 제시하는 묘지도와 현장사진 등에 의하면 봉분이 있는 것으로 나타나지만 객관적이고 신빙성 있는 자료 없이 여럿이 공동으로 소유하고 있었다거나 봉분이 있다고 하여 이를 종중소유의 것이라고 단정을 짓기는 어려운 점, 피상속인은 쟁점부동산에 대하여 자신의 명의로 매년 재산세를 납부하였을 뿐만 아니라 관할 지방자치단체의 장에게 이를 중종소유의 재산으로 신고한 사실이 없는 점 등을 종합하여 볼 때, 쟁점부동산이 청구인 소유가 아닌 종중소유의 재산이라고 인정하기는 어렵다고 보았다.

③ 국심 1999중 2045(2000.01.10.)에서는 서울지방법원과 고등법원의 판결문내용을 보면 분할전 토지는 원래 종중소유였는데 일제시대에 명의신탁하였다가 한국전쟁으로 공부가 멸실되어 종중은 1971.7.27. 3인 명의로 그 소유권보존등기를 경료한 것이므로 그 때 분할전 토지를 3인 명의로 명의신탁하였다고 봄이 상당하고 종중의 명의신탁계약해지의 의사표시가 1996.8.1.에 도달한 사실이 기록상 분명하며, 상속인들인 청구인들도 쟁점토지가 종종소유임을 인정하여 위 소송에서 청구인들 소유임을 다툰 사실이 없는 점

등으로 보아 처분청이 쟁점토지를 청구인들의 상속재산으로 보아 상속세를 과세한 처분은 잘못이라고 인정하였다.

"세무사님, 위 사례를 보니 종중재산에 대해 과세관청이 다른 입장을 보이고 있네요."

"네, 그렇습니다. 상속인이 적극적으로 입증할 책임이 있으므로 종중재산이라는 객관적인 증거자료를 구비해 놓기 위해서 관할구청에 신고를 통해 재산세를 종중명의로 납부하는 방법이 필요합니다."

🔴 생명보험금과 퇴직금을 빠뜨리지 마라

"세무사님, 아버지가 돌아가시면서 보험금이 나온 게 있는데 이것도 신고해야 되나요?"

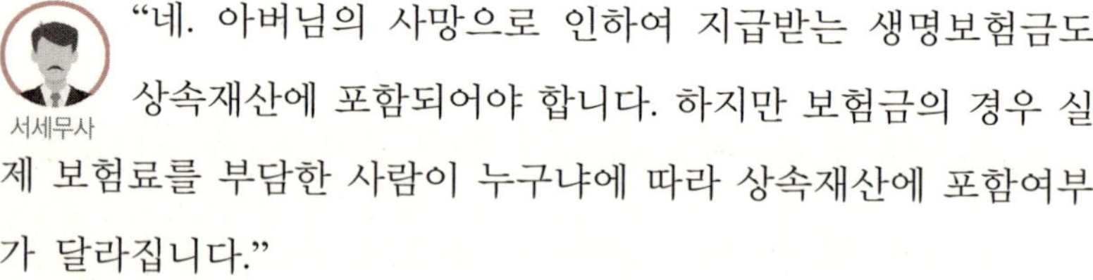

"네. 아버님의 사망으로 인하여 지급받는 생명보험금도 상속재산에 포함되어야 합니다. 하지만 보험금의 경우 실제 보험료를 부담한 사람이 누구냐에 따라 상속재산에 포함여부가 달라집니다."

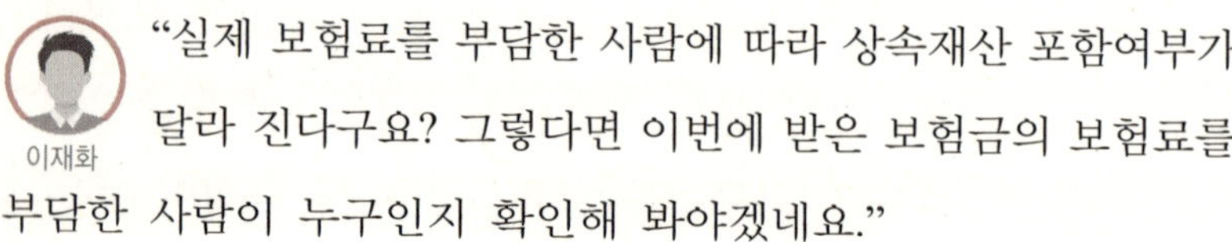

"실제 보험료를 부담한 사람에 따라 상속재산 포함여부가 달라 진다구요? 그렇다면 이번에 받은 보험금의 보험료를 부담한 사람이 누구인지 확인해 봐야겠네요."

흔히 상속재산이라 하면 상속개시 당시 피상속인이 소유하고 있던 부동산이나 예금 등만 해당하는 것으로 알고 있는 경우가 있다. 하지만 상속세 및 증여세법에서는 본래의 상속재산뿐만 아니라 생명보험금 및 퇴직금도 상속재산으로 간주하고 있다.

① 생명보험금

피상속인의 사망으로 인하여 지급받는 생명보험 또는 손해보험의 보험금으로서 피상속인이 보험계약자가 된 보험계약에 의하여 지급 받는 것은 상속재산으로 본다. 그리고 보험계약자가 상속인이 아니더라도 피상속인이 사실상 보험료를 지불하였을 때에는 피상속인을 보험계약자로 보아 이를 상속재산으로 본다. 피상속인의 사망으로 상속인이 보험금을 받을 경우 보험금이 상속재산에 포함되는지 여부를 간략하게 살펴보면 아래와 같다.

계약자	실제 보험료 부담인	상속재산 포함여부
피상속인	피상속인	상속재산 포함
피상속인	상속인	상속재산 포함하지 않음
상속인	피상속인	상속재산 포함
상속인	상속인	상속재산 포함하지 않음

즉 실제 보험료를 누가 부담했는지 여부가 보험금의 상속재산 여부를 판단하는 데 중요한 기준이 되는 것이다. 또한 이때 상속재산으로 보는 보험금은 피상속인이 부담한 보험료만을 상속재산에 포함하는 것으로서 구체적인 계산방식은 아래와 같다.

$$\text{상속재산으로 보는 보험금} = \text{보험금} \times \frac{\text{피상속인이 부담한 보험료 합계액}}{\text{피상속인의 사망시까지 불입된 보험료 총합계액}}$$

② **퇴직금 등**

퇴직금·퇴직수당·공로금·연금·기타 이와 유사한 것으로서 피상속인에게 지급될 것이 피상속인이 사망함으로 인하여 상속인에게 지급되는 것은 상속재산으로 본다. 다만, 국민연금법·공무원연금법·사립학교교직원연금법·군인연금법 등의 규정에 따라 지급받는 유족연금·유족일시금·유족보상금 등은 상속재산으로 보지 아니한다.

상속세를 신고할 때에는 위와 같은 간주상속재산도 빠짐없이 챙겨서 신고하여야 한다. 상속세를 신고하지 않거나 신고해야 할 금액보다 적게 신고한 경우에는 신고세액공제 3%를 적용받지 못할 뿐만 아니라 10%~40%의 신고불성실가산세 및 1일 0.025%인 납부불성실가산세를 물어야 하기 때문이다.

"세무사님의 말씀을 듣고 아버지 보험금을 확인해 보니 아버지가 납입하신 것도 있고, 다행이 어머니가 납입하신 것도 있었습니다. 그렇다면 아버지가 납입한 보험료만 상속재산에 포함시키고 어머니가 납입하신 건 상속재산에서 제외시키면 되겠네요?"

"네, 하지만 이때도 고려해야 할 사항이 있습니다. 사장님의 어머니는 그동안 소득이 없으셨던 걸로 알고 있습니다. 그래서 실제 보험료를 납입한 분이 누구인지 확인이 필요합니다. 어머니가 증여세가 과세되지 않는 사회통념상 인정되는 생활비 범위 내에서 금액을 쪼개서 보험료를 지급하셨다면 생활비를 받은 시점에 어머니에게 증여를 한 것이 되어 어머니의 개인재산을 형성하게 됩니다. 그러므로 어머니가 생활비로 부담한 보험료는 어머니의 직접적인 소비행동으로 보아 상속재산에 포함되지 않습니다. 하지만 그 금액이 사회통념상 인정되는 생활비 범위를 초과한다면 생활비 지급시점에 증여로 보아 사전증여재산에 해당되어 상속재산에 포함되고, 그로 인한 보험차익 또한 증여로 보아 상속재산에 포함될 수 있습니다."

보험금 가입 방법에 따라 세금이 달라진다?

"이처럼 보험금에 대한 상속세 적용은 간단하지 않습니다. 그럼에도 불구하고 상속을 대비해 보험을 많이 이용하는 이유는 우리나라의 경우 자산 가치 중 부동산의 비율이 매우 높기 때문입니다. 현행 상속세 및 증여세법은 연부연납과 물납이 허용되지만, 짧은 기간 내에 부동산을 적정가격으로 처분하기 어려울 뿐만 아니라 해당 부동산으로 상속세를 납부할 경우 그 가치를 적정하게 인정받지 못해 재산상 손해를 볼 수 있습니다. 이러한 이유로 상속세 납부재원을 마련하기 위해 보장성보험을 이용하는 경우가 많으며, 이 경우 가입방법에 따라 부담되는 세금이 달라질 수 있으므로 주의가 필요합니다."

피상속인인 이동후를 피보험자로 하여 이동후가 보험료를 납부할 경우, 실제 상속이 개시되면 해당 보험금이 상속재산가액에 포함되어 상속세가 늘어나게 된다. 이처럼 상속세가 늘어나는 것을 막기 위해서는 보험료를 이동후가 아닌 배우자 또는 아들인 이재화가 납부하여야 한다. 하지만 보험료를 납부할 만한 경제적 능력을 갖추지 못한 상태에서 보험료를 납부한다면 자금출처조사가 나올 수 있으므로 주의가 필요하다. 따라서 이런 경우에는 사전증여 등을 통해 미리 자금출처에 대한 입증을 확보해 놓는 것이 필요할 수 있다. 일반적으로 보험금 납입재원을 위해 자녀에게 현금 등 금융자산을 증여하고 해당 자산에서 매달 자동이체로 보험료를 납부하는 경우가 많은데, 현행 상속세 및 증여세법에서는 보험금 수령인이 타인으로부터 재산을 증여받아 보험료를 불입하고 보험사고(보험만기 포함)가 발생하여 수령한 보험금은 당초 증여와 별도로 그 보험료 불입액에 대한 보험금상당액에서 당해 보험료 불입액을 차감한 금액을 보험금 수령인의 증여재산가액으로 하여 증여세를 부과하고 있다.

$$증여재산가액 = 보험금 \times \frac{재산을\ 증여받아\ 불입한\ 보험료}{총불입보험료} - 재산을\ 증여받아\ 불입한\ 보험료$$

예를 들어 1억원을 현금으로 증여받아 보험에 전액 불입한 후 10년 뒤 1.5억원의 보험금을 수령하였다면 0.5억원(=1.5억원×1억원/1억원-1억원)에 대해 증여로 보아 추가로 증여세가 부과된다. 이는 보험금 납입재원 마련을 위해 증여한 자산에 대해 증여세가 부과되고, 해당 자산으로 불입한 보험차익에 대해서도 세금이 부과되는 것이다. 2004년 이전에는 이러한 과세범위를 금전으로 한정하고 있어, 증여받은 부동산을 임대하여 발생한 임대소득으로 보험료를 납입할 경우에는 보험차익부분에 대해 추가적인 세금 부담이 없었으나, 2004년 이후부터는 과세범위를 재산으로 확대하여, 금전뿐만 아니라 증여받은 부동산의 임대소득을 재원으로 보험료를 납입할 경우에도 보험차익에 대해 추가적으로 세금이 부과된다. 이처럼 보험금 납입재원이 증여받은 재산일 경우 추후에 수령하는 보험차익에 대해서도 세금이 부과되지만 현금 등 금융자산보다 임대수익이 발생하는 부동산을 선호하는 이유는 일반적으로 부동산의 경우 추후 가치가 상승할 가능성이 있어 사전증여를 통해 상속세부담도 줄일 수 있기 때문이다.

교차보험에 가입하자

"상속세 때문에 보험에 가입하는 사람들이 많다고 들었는데, 간단하지는 않네요."

이재화

"네, 앞에서 말씀드린 바와 같이 주로 보험의 경우 추후 상속세 납부를 위한 재원을 마련하기 위한 수단으로 많이 이용되고 있습니다. 이처럼 상속세를 대비하기 위해 보험가입이 필요한 상황이라면 상속세를 줄일 수 있는 방법으로 가입하는 것이 필요합니다. 이러한 방법으로 교차보험을 생각해 볼 수 있습니다."

서세무사

상속재산가액이 부동산 20억원과, 사망보험금이 10억원인 종신보험이 있는 남편인 이동후가 먼저 사망했다고 가정을 하고, 먼저 계약자와 피보험자를 동일인으로 보험을 가입한 경우이다. 이동후는 계약자와 피보험자를 이동후로, 이동후의 배우자인 김화연은 계약자와 피보험자를 김화연으로 하고 수익자를 법정상속인으로 하여 종신보험에 가입하였다면, 이동후의 사망으로 수령한 사망보험금 10억원은 상속재산가액에 포함되어 총 상속재산가액은 30억원이 된다. 이 경우 상속공제가 10억원(배우자공제 및 일괄공제)이라 가정하면 김화연은 20억원에 대해 620,800,000원을 내야 한다.

하지만 계약자와 피보험자를 달리하여, 이동후는 계약자와 수익자를 이동후로 피보험자를 김화연으로 하고, 김화연은 계약자와 수익자를 김화연으로 피보험자를 이동후로 하는 교차보험 형태로 종신보험을 가입한다면 이동후가 사망할 경우 사망보험금은 10억원으로 똑같지만 이러한 사망보험금은 상속재산가액에 포함되지 않기 때문에 상속세가 달라지게 된다. 이 경우 총 상속재산가액은 25억원4)으로 상속공제 10억원 차감하면 부과되는 상속세는 426,800,000원으로 감소하게 된다. 이처럼 같은 보험료를 부담하고도 가입방식에 따라 세금은 크게 달라질 수 있으므로 세심한 주의가 필요하다.

사망	계약자 (불입자)	피보험자	수익자	상속재산 포함여부
이동후 (피상속인)	이동후 (피상속인)	이동후 (피상속인)	김화연 (상속인)	상속재산 포함
이동후 (피상속인)	김화연 (상속인)	이동후 (피상속인)	김화연 (상속인)	상속재산 포함하지 않음
김화연 (피상속인)	김화연 (피상속인)	김화연 (피상속인)	이동후 (상속인)	상속재산 포함
김화연 (피상속인)	이동후 (상속인)	김화연 (피상속인)	이동후 (상속인)	상속재산 포함하지 않음

---

4) 이재화가 상속개시일까지 배우자인 김화연을 피보험자로 하여 납부한 보험료와 그에 대한 이자수입 상당액을 합한 금액은 상속재산에 해당하므로 이 금액을 5억원으로 가정할 경우 상속재산은 부동산 20억원에 보험금 5억원을 합한 25억원이 된다.

보험계약자	보험계약 한쪽의 당사자로서 자기 명의로 보험계약을 체결하고 보험료를 납입할 의무를 지는 자. 그러나 명목상의 보험계약자와 실제보험료 불입자가 다를 수 있다.
보험수익자	보험사고가 발생하였을 때 보험자(보험회사 등)로부터 보험의 목적인 보험금을 받게 되는 사람으로서 보험계약자에 의하여 지정된 자. 보험수익자는 계약자 자신 또는 피보험자 혹은 다른 제3자의 경우가 있을 수 있다.
피보험자	보험사고가 되는 당사자. 즉 보험의 대상으로서 보험에 가입되어 있는 자 또는 보험사고가 발생함으로써 손해를 입을 수 있는 자. 이 경우 피보험자는 보험의 목적에 불과하여 보험계약에 의하여 어떤 권리도 취득하지 않는다.

🔴 교통사고 보험금도 상속재산에 해당할까?

장수봉은 ㈜인중무역의 임원으로 재직하다가 업무상 해외출장을 위해 공항버스를 타고 이동하던 중 버스전복사고로 사망하였다. ㈜인중무역은 직원의 출장 중 위험에 대비하기 위해 해외출장 직원을 대상으로 여행자 보험을 가입하고 있으며, 가입한 해외여행자보험(계약자 : 회사, 해외출장직원 포괄계약)에서 사망사고 보상금을 보험회사가 유가족에게 지급하였다(보험계약자·불입자 : 회사, 피보험자 : 직원). 또한 장수봉은 수익자를 상속인으로 하여 생명보험에 가입하여 그동안 직접 보험금을 불입하고 있었으며, 사망으로 인하여 상속인인 김인화와 장보리가 보험금을 수령하였다. 하지만 가해차량 보험사와는 현재 보험금지급소송 중에 있어 이에 대한 손해배상금은 확정되지 않고 있다. 이 경우 상속재산가액에 포함되는 보험금에는 어떠한 것이 있으며, 만약 상속세 신고기한 동안 보험사와 소송중인 보험금지급액이 확정되지 않는 경우에는 어떻게 해야 할까?

㈜민중무역이 업무상 해외출장 중 사망으로 인해 장수봉에게 산업재해보상보험법에 따라 지급하는 유족보상연금 · 유족보상일시금 · 유족특별급여 또는 진폐유족연금이나 근로자의 업무상 사망으로 인하여 근로기준법 등을 준용하여 사업자가 그 근로자의 유족에게 지급하는 유족보상금 또는 재해보상금과 그밖에 이와 유사한 것은 상속재산가액에 포함하지 않는 것이다.

하지만 피보험자 장수봉, 보험금 불입자 ㈜민중무역, 보험금 수익자 상속인인 경우로서 보험회사로부터 상속인이 직접 받은 보험금은 보험금의 불입자가 장수봉이 아니므로 피상속인의 상속재산에 해당하지 아니하나, 회사로부터 보험금을 증여받은 것으로 보아야 한다. 이처럼 보상금을 수령할 권리가 있는 자가 수령할 보상금을 다른 사람이 수령하게 되는 경우에는 증여한 것으로 보아 증여세가 과세되는 것이다.

그리고 피상속인이 사망으로 인하여 지급받는 생명보험 또는 손해보험의 보험금으로서 피상속인이 보험계약자가 된 보험계약(보험계약자가 피상속인이 아닌 경우에도 피상속인이 실질적으로 보험료를 납부한 경우 포함)에 의하여 지급받는 보험금은 상속재산에 포함하므로, 장수봉이 보험계약자로 불입한 생명보험에 대해 장수봉의 사망으로 인하여 받는 보험금은 상속재산에 포함한다. 그러나 장수봉의 교통사고로 인해 상속인이 가해자로부터 받은 보상금 또는 가해차량 보험회사로부터 받은 위로금 성격의 보험금(사망위로금 등)은 상속재산에 포함되지 않으므로 신고 의무 또한 없다. 그러므로 상속세 신고 시 이를 고려할 필요가 없는 것이다. 다만, 추후에 보험금 지급소송에서 상속인이 승소하여 패소한 보험회사가 판결내용에 따라 상속인에게 보험금 이외에 지연배상금을 지급할 경우 이 또한 상속재산에는 포함하지 않으나 보험금과 달리 당해 지연배상금은 기타소득에 해당하는 것이다. 만약, 장수봉이 업무 외의 사유로 사망한 경우라면 상속인이 ㈜민중무역으로부터 노동조합 및 노동관계조정법 등 단체협약에 따라 위로금 성격으로 지급받는 금액은 상속재산에 해당하게 되고, 회사 및 노동조합으로부터 지급받은 경조금 및 상조금은 사회통념상 통상 필요하다고 인정되는 범위 내에서 증여세가 비과세되는 것이다.

피상속인의 퇴직금청구권

"사장님, 전년도 회사 결산서를 살펴보니 회사에 아버님의 퇴직급여충당금으로 5억원이 설정되어 있던데 혹시 이 금액을 회사로부터 수령하셨나요?"

"회사 결산서에는 아버지의 퇴직금이 계상되어 있지만, 아버지는 회사 사정을 감안해서 퇴직금은 받지 않겠다고 평소 이야기해 오셨습니다. 그리고 현재 회사사정이 어느 정도 안

정은 되었지만 아직 안심할 상황도 아니구요. 현실적으로 회사에서 퇴직금 지급은 어려울 거 같은데 이런 경우에도 퇴직금을 상속재산에 포함시켜야 하나요?"

"상속재산에는 아버님의 사망으로 아버님에게 귀속되는 재산으로서 금전적으로 환가할 수 있는 경제적 가치가 있는 모든 물건과 재산적 가치가 있는 법률상 또는 사실상의 모든 권리를 포함하므로 회사로부터 지급받을 퇴직금이 있다면 상속재산에 포함되어야 합니다. 하지만 주식회사의 업무집행권을 가진 이사 등 임원은 회사로부터 일정한 사무 처리의 위임을 받고 있는 것으로, 사용자의 지휘감독 아래 일정한 근로를 제공하고 소정의 임금을 지급받는 고용관계에 있는 것이 아니어서 근로기준법상의 근로자로 볼 수 없어 근로기준법이 정한 퇴직금청구권이 있다고 볼 수는 없습니다. 다만, 상법 제388조에서는 이사의 보수는 정관에 그 금액을 정하지 아니한 때에는 주주총회의 결의로 이를 정한다고 규정하고 있고, 회사 정관에도 임원의 보수 또는 임원의 퇴직금은 주주총회의 결의로 정한다고 규정하고 있으므로, 아버님의 퇴직금에 관하여 주주총회에서 그 금액, 지급방법, 지급시기에 관하여 결의하였다면, 망인이나 그 상속인은 회사에 대하여 퇴직금의 청구권을 행사할 수 있을 것이나, 퇴직금에 관한 주주총회의 결의가 있었음을 인정할 증거가 없다면 회사에 대해 퇴직금청구권의 행사는 불가능할 것입니다. 결국 아버님의 퇴직금에 관하여 주주총회에서 어떠한 결의가 없었다면, 비록 회사가 아버님의 퇴직금 적립금 상당액을 산정하여 법인 경비로 처리하였다고 하더라도, 그러한 사정만으로 일반 근로자와 마찬가지로 퇴직금을 청구할 권리가 당연히 발생되었다고 보기는 어렵다고 할 것입니다."

Tip 퇴직금청구권

퇴직금청구권이 성립한 경우라도 회사가 파산, 화의, 회사정리 혹은 강제집행 등의 절차개시 등을 받아 채무초과의 상태가 상당기간 계속되면서 달리 융자를 받을 가능성도 없고 재기의 방도도 서 있지 않는 등 사정에 의하여 상속개시일 현재 사실상 채권을 회수할 수 없는 상황에 있는 것이 객관적으로 인정될 경우에는 그 금액을 상속재산에 산입하지 않을 수 있다.

부동산 매매 진행 중 사망하였다면

"세무사님, 안녕하세요. 급한 일이 있어서 전화 드렸습니다. 어제 부동산에서 연락이 왔는데 아버지가 돌아가시기 전에 종로에 있는 아버지 명의의 단독주택을 14억원에 팔기로 하고 계약금 10%를 받으셨다고 합니다. 이런 경우에는 어떻게 해야 하나요?

이동후는 회사운영자금 확보를 위해 사망하기 전에 거주하고 있는 주택을 매도한 것이었다. 이재화는 20여년간 아버지를 동거봉양해왔다면, 이 경우 상속세 신고 시 매매 진행 중인 주택을 상속재산에 포함해야 할까? 포함한다면 동거주택 상속공제는 가능할까? 그리고 양도소득세는 어떻게 내야 할까?

① 상속재산에 포함해야 할까?

일반적으로 매매 진행 중인 부동산을 상속재산에 포함할 것인지 여부는 사망시점이 잔금을 받기 전인지 아니면 받은 후인지에 따라 다르게 취급된다. 세법에서는 매매를 원인으로 부동산의 소유권을 이전하는 경우에는 잔금청산일이나 소유권이전 등기일 중 빠른 날로 보기 때문이다. 따라서 사망시점에 아직 등기이전이 되지 않았지만, 잔금청산이 이루어졌다면 소유권이 이전된 것이므로 소유권에 따라 상속재산에 포함시키면 된다. 다만 소유권이전등기도 이루어지지 않고 잔금지급까지 되지 않았다면 과연 어디까지를 상속재산으로 보아야 할 것인지가 문제가 된다.

위 사례에서 이동후와 같이 매도하는 사람이 잔금을 받기 전에 계약금만 지급받은 상태에서 사망하였다면 양도대금 전액에서 사망 전에 받은 계약금을 차감한 잔액이 상속재산가액이 된다. 결국 부동산이 아직 소유권이 이전되기 전이므로 부동산가액(매매계약금액＝시가)을 상속재산으로 포함시키고, 이미 받은 계약금은 소유권이전등기가 되기 전까지는 매도인이 미리 받은 일종의 채무이므로 이 채무를 차감한 것과 동일하다. 단, 이미 받은 계약금이 이동후의 예금계좌에 남아 있다면 이 금액은 이동후의 금융재산으로 상속재산에 포함된다.

만일 위 사례에서 매수인이 계약금을 이동후에게 지급한 상태에서 사망했다면 매수인의 상속인들은 이미 지급한 계약금만을 상속재산에 포함하면 된다. 이 역시 부동산소유권이 아직 이전되지 않은 상태이므로 부동산은 당연히 상속재산에 포함해서는 안 되며, 이미 지급한 계약금은 일종의 채권으로서 상속재산에 포함된다.

매매계약 이행 중 사망한 경우 상속재산

구 분	사망 전에 잔금이 청산된 경우		사망 전에 잔금이 청산되지 않은 경우	
	매도자	매수자	매도자	매수자
매도자 사망시5)	부동산 전체가 상속재산이 아님	-	양도대금-(계약금＋중도금)	-
매수자 사망시	-	부동산 전체가 상속재산임	-	계약금＋중도금

② **동거주택 상속공제는 가능할까?**

거주자의 사망으로 상속이 개시되는 경우로서 피상속인과 상속인(직계비속인 경우로 한정)이 상속개시일부터 소급하여 10년 이상(상속인이 미성년자인 기간은 제외) 계속하여 하나의 주택에서 동거하고 피상속인과 상속인이 상속개시일부터 소급하여 10

---

5) 이 경우 매도자가 수령한 금액에 대해서는 별도의 판단이 필요하다.

년 이상 계속하여 1세대 1주택(고가주택 포함)에 해당하며(이 경우 무주택인 기간이 있는 경우에는 해당 기간은 1세대 1주택에 해당하는 기간에 포함), 상속개시일 현재 무주택자로서 피상속인과 동거한 상속인이 상속받은 주택인 경우에는 상속주택가액(담보된 피상속인의 채무를 차감한 가액)의 100분의 80(공제한도 5억원)에 상당하는 금액을 상속세 과세가액에서 공제한다.

이처럼, 매매가 진행되고 있는 도중에 이동후가 사망한 경우에는 동거주택 상속공제가 가능한지 여부에 따라 상속세 금액에 큰 차이가 발생할 수 있다. 위 사례처럼 상속개시 전 피상속인이 주택의 매매계약을 체결하고 잔금을 영수하기 전에 사망한 경우, 위 요건을 모두 충족하였다면 동거주택 상속공제 규정을 적용받을 수 있다. 이 경우 해당 상속재산의 가액은 양도대금 전액에서 상속개시 전에 수령한 계약금을 차감한 가액으로 한다.

동거주택 상속공제액의 계산

> (매매가액 14억원 − 계약금 1.4억원)×80/100＝10.08억원
> 공제한도액이 5억원이므로 5억원이 동거주택 상속공제액이 된다.

③ 양도소득세는 어떻게 내야 할까?

계약금만 받고 사망한 경우이므로 원칙적으로 사망일 현재 피상속인인 이동후 소유의 부동산으로 볼 수 있으므로 이동후는 양

도소득세를 내야 할 의무가 없다. 그럼 이동후의 아들인 이재화에게 양도소득세가 부과될까?

이재화는 부동산을 상속받은 것이 되어, 절차도 이재화의 명의로 상속등기를 하고 매매계약서를 재작성하여 매매계약을 완료하고 등기이전을 해줄 것이다. 따라서 이재화가 부동산을 매각한 것이므로 양도소득세를 신고·납부하여야 한다. 다만, 상속으로 취득한 자산의 취득가액은 상속세 과세가액이 되므로 이 경우 취득가액은 14억원이 되어 양도가액과 동일하게 되므로 양도차익이 없어 양도소득세는 발생하지 않는다. 하지만, 상속등기 시 발생한 취득세 및 부동산 중개수수료 등 경비로 인해 손실이 발생하므로 당해 연도 중에 다른 부동산을 매각하는 경우 양도차익이 발생한다면 해당금액에서 차감시킬 수 있기 때문에 관련증빙을 챙겨 양도소득세를 신고하는 것이 좋다.

공용도로를 상속받은 경우

상속재산 중 불특정다수인이 공용하는 사실상 도로 및 하천·제방 등은 상속재산 또는 증여재산에 포함되나, 평가기준일 현재 도로 등 외의 용도로 사용할 수 없는 경우로서 보상가격이 없는 등 재산적 가치가 없다고 인정되는 때에는 그 평가액을 영으로 한다.

이처럼 토지가 공용도로로 재산적 가치가 없는 경우에 그 평가금액을 영으로 할 수 있으나 관할관청으로부터 도로개설공사로 인하여 토지수용보상 계획이 있어 재산적 가치가 있는 경우와 도로가 불특정다수인이 공용하는 것이 아닌 인근 상점 또는 피상속인 소유 토지를 접근하기 위해 제한적으로 이용되고 있고, 더욱이 관할관청이 그 재산적 가치가 있다고 보아 재산세를 부과하고 있는 경우 등 해당 부동산의 재산적 가치를 확인할 수 있는 경우에는 공시지가 등으로 평가하여야 한다.

상속세가 과세되지 않는 재산

● 과세되지 않는 상속재산, 어떤 것들이 있나?

서세무사 "상속세 과세대상 재산 중에서는 공익성 내지 사회 정책적 목적으로 상속세를 비과세하거나 상속세 과세가액에 포함시키지 않는 제도가 있습니다."

이재화 "그런 게 있나요? 그럼 이번 상속세 신고시 그런 재산이 있는지 잘 살펴봐야겠네요."

서세무사 "그렇습니다. 상속세 신고시 이러한 제도를 잘 확인해야 상속세를 줄일 수 있습니다. 그럼 이렇게 상속세가 과세되지 않는 상속재산에는 어떤 것들이 있는지 살펴보겠습니다."

비과세되는 상속재산에는 국가·지방자치단체·공공단체에

유증을 한 재산, 국가지정문화재 및 시·도지정문화재와 해당 문화재가 속해 있는 보호구역 안의 토지, 분묘에 속한 9,900㎡ 이내의 금양임야 및 1,980㎡ 이내의 묘토인 농지, 족보와 제구, 정당에 유증 등을 한 재산, 사내근로복지기금·우리사주조합·공동근로복지기금 및 근로복지진흥기금에 유증 등을 한 재산, 사회통념상 인정되는 이재구호금품, 치료비, 불우한 자를 돕기 위하여 유증 등을 한 재산, 상속인이 상속세 과세표준 신고기한 이내에 국가·지방자치단체 또는 공공단체에 증여한 재산이 있다.

"공익법인의 출연재산 및 공익신탁재산은 상속세 과세대상에 해당하지만 사회 정책적 목적을 위해 상속세 과세가액에 포함하지 않고 있습니다. 요즘은 평생 모은 재산을 자식에게 전부 물려주기보다는 장학재단을 설립하거나 학교에 기부하는 사례가 늘고 있는데요. 상속세 및 증여세법에서는 피상속인 또는 상속인이 종교·자선·학술 기타 공익을 목적으로 하는 사업을 영위하는 공익법인에게 출연한 재산에 대하여는 상속세 신고기한 내에 출연한 경우에 한하여 상속세 과세가액에 산입하지 않도록 규정하고 있습니다."

그러므로 피상속인의 유지를 받들어 공익법인 등에 재산을 출연하고자 한다면 상속세 신고기한(상속개시일이 속하는 달의 말일부터 6월) 내에 출연하여 세금을 절감할 수 있다. 만약 위 기간을 지나 출연하게 되면 좋은 일을 하고도 세금은 세금대로 물어

야 한다. 한편, 정부에서는 공익법인에 대한 조세지원이 탈세수
단이나 조세회피수단으로 악용될 소지를 없애기 위해 공익사업
이 본래의 목적대로 충실히 수행되고 있는지 사후관리를 철저히
하고 있으며, 상속인이 출연받은 공익법인 등의 이사 현원의 1/5
을 초과하여 이사가 되거나 이사의 선임 기타 사업운영에 관한
중요사항을 결정할 권한을 가지고 있는 경우에는 공익법인에 재
산을 출연했더라도 상속세를 과세하고 있다. 따라서 공익법인에
재산을 출연할 때에는 요건을 충분히 검토한 후 그 요건에 맞추
어 출연해야 한다. 공연히 상속세를 줄여보겠다고 공익사업에 출
연하는 것으로 위장하였다가는 나중에 신고불성실가산세(10%~
40%)와 납부불성실가산세(1일 0.025%)까지 붙여 세금을 추징당
할 수 있다.

Tip 공익법인이란

1. 공익법인

공익법인은 불특정다수의 이익(공익)을 사업목적으로 하고 있는 법인
으로 법인세법상 비영리법인 중 상속세 및 증여세법 시행령 제12조 각
호에 열거된 공익사업을 영위하는 법인을 말한다.
① 종교의 보급, 기타 교화에 현저히 기여하는 사업
② 초·중등교육법 및 고등교육법에 의한 학교 및 유아교육법에 따른
　 유치원을 설립·경영하는 사업
③ 사회복지사업법의 규정에 의한 사회복지법인이 운영하는 사업
④ 의료법에 따른 의료법인이 운영하는 사업
⑤ 법인세법 제24조 제2항에 해당하는 기부금을 받는 자가 해당 기부
　 금으로 운영하는 사업

⑥ 법인세법 시행령 제36조 제1항 제1호 각 목의 규정에 의한 지정 기부금단체 등 및 소득세법 시행령 제80조 제1항 제5호에 따른 기부금대상 민간단체가 운영하는 고유목적사업. 다만, 회원의 친목 또는 이익을 증진시키거나 영리를 목적으로 대가를 수수하는 등 공익성이 있다고 보기 어려운 고유목적사업은 제외한다.

⑦ 법인세법 시행령 제36조 제1항 제2호 다목에 해당하는 기부금을 받는 자가 해당 기부금으로 운영하는 사업. 다만, 회원의 친목 또는 이익을 증진시키거나 영리를 목적으로 대가를 수수하는 등 공익성이 있다고 보기 어려운 고유목적사업은 제외한다.

2. 공익법인으로 보지 않는 사례

① 법인으로 보는 단체로 승인받은 법인 중 종중, 동창회, 영업자 단체 등
② 국가기관, 정당, 조합법인
③ 영리기업의 사업자단체(주무관청의 허가여부에 불구함)
④ 사내근로복지기금
⑤ 인가받지 아니한 유치원이 수행하는 사업
⑥ 공원묘지, 납골당

3. 공익법인 설립 시 세금문제

법인 설립 시 초·중등교육법에 의한 학교, 사회복지사업법에 의한 사회복지법인, 의료법에 의한 의료법인 등은 상속세 및 증여세법에서 열거하는 법률에 근거로 하여 설립되어 설립과 동시에 공익법인에 해당될 수 있으나, 민법 제32조 등에 의해 설립된 대다수의 비영리법인은 법인 설립 절차 이외에 지정기부금단체로 지정을 받아야 상속세 및 증여세법상 공익법인이 될 수 있다. 이처럼 비영리법인이 지정기부금단체로 지정되지 못해 상속세 및 증여세법상 공익법인에 해당되지 않을 경우에는 설립 시 출연받은 재산에 대해 상속세가 발생하게 된다.

Tip 비영리법인 설립 후 지정기부금단체로 지정받기

1. 추천방법

지정기부금단체로 지정받고자 하는 법인은 관련서류를 준비하여 설립 시 주무관청에 지정기부금단체 추천을 요청하고 주무관청에서는 관련서류를 검토한 후 매분기 종료일 2개월 전6)까지 추천서를 공문으로 기획재정부 법인세제과로 제출한다.

1) 추천시 제출서류

① 주무관청장의 관인이 날인된 지정기부금단체 추천서(주무관청이 작성)

② 법인설립허가서 사본(사회적협동조합의 경우 사회적협동조합 설립 인가증)

③ 법인등기사항 증명서

④ 정관

⑤ 지정일이 속하는 사업연도부터 향후 5년 동안 기부금을 통한 사업 계획서

⑥ 최근 3년간 결산서 및 해당 사업연도 예산서7)

2) 신청 절차

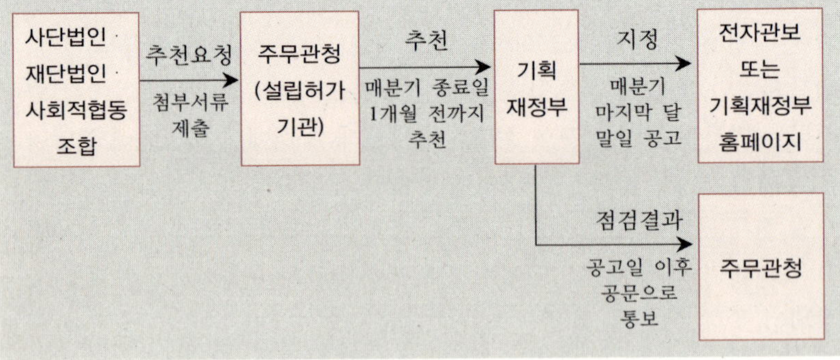

---

6) 매분기별 추천기한 : 1월 31일, 4월 30일, 7월 31일, 10월 31일

2. 추천 대상법인

① 정관의 내용상 수입을 회원의 이익이 아닌 공익을 위하여 사용하고, 사업의 직접 수혜자가 불특정 다수인 것이 인정될 것

② 정관에 해산시 잔여재산을 국가, 지방자치단체 또는 유사한 목적을 가진 다른 비영리법인[8]에게 귀속하도록 한다는 내용이 기재될 것

③ 인터넷 홈페이지(카페, 블로그 인정 안 됨)[9]가 개설되어 있고, 홈페이지를 통해 연간 기부금 모금액 및 활용실적을 공개한다는 내용이 정관에 기재되어 있을 것

④ 지정일이 속하는 연도와 그 직전 연도에 해당 비영리법인의 명의 또는 그 대표자의 명의로 특정정당 또는 특정인에 대한 공직선거법 제58조 제1항에 따른 선거운동[10]을 한 것으로 권한 있는 기관이 확인한 사실이 없을 것

⑤ 지정이 취소되거나 지정이 제한된 경우에는 지정취소를 받은 날 또는 지정기간 종료일부터 3년이 경과할 것

3. 지정기간

지정일이 속하는 연도의 1월 1일부터[11] 6년간

---

7) 설립 후 3년이 안 된 경우 : 제출이 가능한 사업연도의 결산서와 해당 사업연도 예산서, 주무관청에 추천을 신청하는 날이 속하는 달의 직전 월까지의 월별 수입·지출 내역서 제출

8) 정관에 상기 문구를 그대로 인용하여 규정 [잘못된 사례] 유사한 다른 비영리단체, 유사한 다른 법인, 유사법인 또는 유사한 다른 단체

9) 주무관청은 홈페이지 주소를 확인하여 추천서(기부금의 용도 및 관리방법 란)에 기재

10) 당선되게 하거나 되지 않게 하기 위한 행위

11) 연도 중에 지정을 받은 경우 해당 연도 전체를 지정기간으로 인정

● 상속재산 중 금양임야나 묘토인 농지가 포함되어 있는지 살펴라

"그리고 상속재산 중에 선산이나 조상들의 묘지가 있는 농지가 포함되어 있는지 확인이 필요합니다. 일정 요건을 충족하는 금양임야와 묘토인 농지에 대해서는 상속세가 과세되지 않기 때문입니다. 다만, 금양임야와 묘토인 농지의 재산가액의 합계액이 2억원을 초과하는 경우에는 2억원까지만 비과세됩니다."

① **금양임야**

금양임야란 묘지를 보호하기 위하여 벌목을 금지하고 나무를 기르는 묘지 주변의 임야를 말하는 것으로서, 피상속인이 제사를 모시고 있던 선조의 분묘(무덤) 주변의 임야이어야 하며, 제사를 주재하는 상속인(공동으로 제사를 주재하는 경우에는 그 공동 상속인 전체)을 기준으로 9,900㎡까지만 비과세된다.

② **묘토인 농지**

묘토라 함은 묘지와 인접한 거리에 있는 것으로서 제사를 모시기 위한 재원으로 사용하는 농지를 말하며, 피상속인이 제사를 모시고 있던 선조의 묘제(산소에서 지내는 제사)용 재원으로 사용하는 농지이어야 한다. 해당 농지는 제사를 주재하는 자에게 상속되어야 하며, 제사를 주재하는 상속인을 기준으로 1,980㎡까지만 비과세된다.

이처럼 비과세되는 분묘가 속한 금양임야 및 묘토인 농지에서 분묘는 피상속인이 제사를 주재하고 있던 선조의 것을 말하므로 상속개시 후에 금양임야와 묘토로 사용하기로 한 경우에는 비과세 되지 않는다.

③ 족보와 제구

족보는 한 가문의 계통과 혈통 관계를 적어 기록한 책이며, 제구는 제사·예배에 실제로 사용되는 물건으로 상속세가 비과 세되는 족보와 제구에는 단순히 상품 또는 골동품으로서 소장하 고 있는 것은 제외된다.

"선산이 있는 집안의 종손이 상속을 받는 경우에는 상속 재산 중 금양임야 및 묘토가 있는지 확인이 필요하며, 특 히 선산이 대도시 주변에 있어 해당 재산가액이 클 경우에는 최대 2억원까지 상속세를 비과세 받을 수 있습니다. 따라서 상속재산 중에 조상의 무덤이 있는 선산이 포함되어 있는 경우에는 최소한 비과세 대상 면적만이라도 제사를 주재하는 자에게 상속을 해주 어야 상속세를 절감할 수 있습니다. 그리고 여러 명의 상속인이 공동으로 금양임야를 상속받은 경우에는 제사를 주재하는 상속인 의 지분만 비과세하고, 그 이외의 상속인이 받은 금양임야의 지분 가액은 상속세 재산가액에 산입하여야 합니다."

비과세 되는 금액＝Min[①＋②, 2억원]＋③

① 9,900㎡ 이내의 금양임야

② 1,980㎡ 이내의 묘토인 농지

③ 족보와 제구(1천만원 한도)

PART 04

상속세 계산의 첫걸음

Chapter 01

거주 여부에 따라 달라지는 세금

● 상속세 과세가액의 계산

"상속세 과세가액이란 상속세 과세대상이 되는 재산에서 상속인에게 승계되는 채무의 가액을 차감한 금액을 말하며, 이는 상속세 계산의 기초가 됩니다. 그러나 세법에서는 생전증여재산과 같이 상속개시시점에서 보면 상속재산에 해당하지 아니하는 재산가액을 가산하기도 하고, 일정한 채무는 피상속인이 부담하고 있는 것이 밝혀지더라도 공제대상에서 배제하는 한편, 상속개시 전 처분한 재산이나 부담한 채무의 금액은 피상속인이 상속해 준 것으로 보고 있습니다. 이처럼 상속세 과세가액 산정 시에는 조세 및 사회 정책적 필요에 의하여 일정 범위의 재산가액을 가산하거나 차감함으로써 과세범위를 조정하고 있습니다."

(＋) 본래상속재산가액	민법상의 상속재산
(＋) 간주상속재산가액	보험금, 신탁재산, 퇴직금 등
(＋) 추정상속재산가액	법정요건을 충족하는 처분재산가액 또는 부담채무액
총 상속재산가액	
(－) 비과세 상속재산가액	금양임야 및 묘토, 지정문화재 등
(－) 공과금, 장례비, 채무액	
(＋) 상속개시 전 증여재산가액	상속인에게 증여한 재산으로서 10년 이내의 것
(－) 과세가액 불산입재산	공익법인 출연재산가액 등
상속세 과세가액	

피상속인이 거주자인 경우와 비거주자인 경우

"이러한 상속세 과세가액의 범위는 피상속인이 거주자인 경우와 비거주자인 경우에 따라 다르므로 주의해야 합니다. 세법은 국내에 주소를 두거나 183일 이상 거소(居所)를 둔 사람을 거주자로 구분하면서, 거주자가 사망한 경우에는 거주자의 국내외 모든 상속재산에 대하여 상속세를 과세하지만, 거주자가 아닌 비거주자가 사망한 경우에는 국내에 있는 비거주자의 재산에 대하여만 상속세를 과세할 수 있습니다."

피상속인이 거주자인 경우 상속세 과세가액은 본래의 상속재산 가액에 사전증여재산의 가액을 더하고, 여기에 상속개시 전 처분재산이나 부담한 채무 금액 중 사용처가 불분명한 금액을 더한 금액에서 상속세 및 증여세법 제14조에서 규정하는 공과금, 장례비용, 채무 등을 공제한 금액으로 한다.

> 상속세 과세가액＝①＋②＋③－④
> ① 본래의 상속재산
> ② 사전증여재산의 가액
> ③ 상속개시 전 처분재산 산입액
> ④ 상속재산에서 차감하는 공과금·장례비용·채무 등

피상속인이 비거주자인 경우에는 국내에 소재하는 상속재산에 국내에 있는 증여재산만을 가산하여 상속세 과세가액을 산정하고, 공제금액도 당해 상속재산에 관한 공과금, 당해 상속재산을 목적으로 하는 유치권·질권 또는 저당권으로 담보된 채무 및 피상속인이 사망 당시 국내에 사업장이 있는 경우로서 비치·기장한 장부에 의하여 확인되는 사업장의 공과금 및 채무만을 공제한다.

> 상속세 과세가액＝①＋②－③
> ① 국내에 소재하는 상속재산
> ② 국내에 소재한 사전증여재산의 가액
> ③ 당해 재산과 관련된 공과금·채무 등

거주자 · 비거주자의 상속세 적용 차이

구 분		거주자	비거주자
신고기한		상속개시일이 속하는 달의 말일부터 6개월 이내	상속개시일이 속하는 달의 말일부터 9개월 이내
과세대상재산		국내 · 외의 모든 상속재산	국내에 소재하는 상속재산
공제금액	공과금	상속개시일 현재 피상속인이 납부하여야 할 공과금으로서 납부되지 않은 금액	국내 소재 상속재산에 대한 공과금, 국내 사업장의 사업상 공과금
	장례비용	피상속인의 장례비용	공제 안 됨
	채무	모든 채무 공제	국내 소재 상속재산을 목적으로 유치권 · 질권 · 저당권으로 담보된 채무, 국내 사업장의 사업상 채무
과세표준계산	기초공제	공제	공제
	가업상속공제	공제	공제 안 됨
	영농상속공제	공제	공제 안 됨
	기타인적공제	공제	공제 안 됨
	일괄공제	공제	공제 안 됨
	배우자공제	공제	공제 안 됨
	금융재산상속공제	공제	공제 안 됨
	재해손실상속공제	공제	공제 안 됨
	동거주택상속공제	공제	공제 안 됨
	감정평가수수료공제	공제	공제

거주자일까? 비거주자일까?

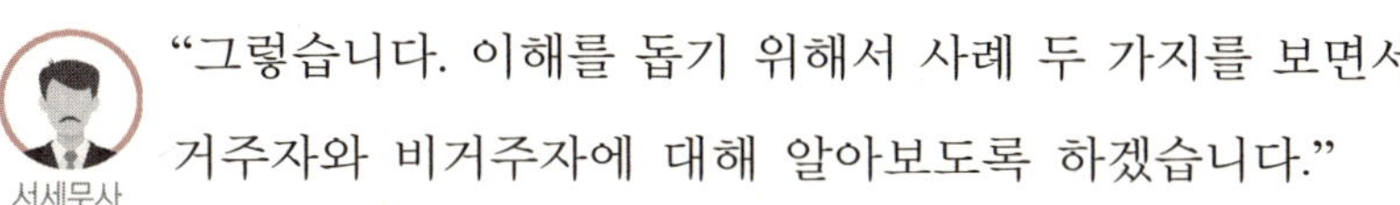

"비거주자는 국내에 소재하는 재산에 대해서는 상속세가 부과되지만 배우자공제도 안 되고 장례비용도 공제되지 않는군요. 그럼 세금 차이가 많이 날 수 있겠네요?"

"그렇습니다. 이해를 돕기 위해서 사례 두 가지를 보면서 거주자와 비거주자에 대해 알아보도록 하겠습니다."

사례 ①

오복녀는 남편과 캐나다로 이주하였다가 7년이 지난 후 캐나다에서 사용하던 생활용품 등을 모두 정리하여 한국에 발송하고 영주목적으로 귀국하였다. 그러나 한국에 귀국한 후 16일 만에 남편이 사망하였고 오복녀는 남편이 사망 후 남긴 재산에 대해 상속세 신고를 하면서 국내에 영주목적으로 귀국을 하였으니 거주자로 판단하고 기초공제 및 배우자공제를 적용하였다. 하지만 세무서에서는 오복녀의 상속세신고에 대하여 상속조사를 하면서 오복녀의 남편을 비거주자로 판단하여 배우자공제를 배제하고 상속세 세액을 다시 계산한 뒤 통보를 해왔다. 과연 오복녀의 남편은 비거주자일까?

오복녀가 배우자공제를 받기 위해서는 먼저 오복녀의 남편이 '거주자냐? 비거주자냐?'의 판단이 이루어져야 한다. 세법에서는 거주자와 비거주자의 정의를 명시하고 있는바 오복녀가 배우자공제를 받기 위해서는 세법에서 요구하는 다음의 거주자요건을 충족하여야 한다.

① 국내에 주소를 두거나 183일 이상 거소를 둔 개인

② 계속하여 183일 이상 국내에 거주할 것을 통상 필요로 하
는 직업을 가진 때

③ 국내에 생계를 같이하는 가족이 있고, 그 직업 및 자산상태
에 비추어 계속하여 183일 이상 국내에 거주할 것으로 인
정되는 때

위 사례에서 세무서는 오복녀의 남편이 캐나다영주권을 포기
하지 않았고 국내에 주민등록을 등재하지 않는 등 국적회복을 위
한 제반조치를 이행하지 않은 사실로 보아 영주목적의 귀국이 아
닌 병치료 목적의 일시적 귀국으로 판단하여 배우자공제를 부인
하였다. 그러나 오복녀는 세무서의 처분이 너무나 억울한 생각이
들어 심사청구를 신청하였고, 심사청구에서는 오복녀의 사연을
심리하면서 오복녀의 남편이 비록 귀국 후 캐나다 영주권을 포기
하지 않고 주민등록절차를 이행하지는 아니하였지만 귀국하면서
이사물품으로 사용하던 생활용품 등 68상자의 물품을 국내로 발
송하였고 귀국 후 아들의 건강보험에 피부양자로 등재한 점, 상
속재산으로 임대건물이 있어 국내에 생계수단이 있는 등의 제반
사항을 참고할 때 오복녀 부부의 귀국을 영주목적으로 보아 배우
자공제를 적용할 수 있도록 하였다.

"상속세 상담을 하다 보면 납세자들은 자신들에게 유리한 방향으로 거주자, 비거주자를 판단하는데 실무적으로는 매우 까다로운 문제로 사실관계를 꼼꼼히 따져 보아야 합니다."

서세무사

사례 ②

국내 대기업 임원으로 정년퇴임한 차규택은 안정된 노후와 만성 질병인 천식 치료 등을 이유로 캐나다로 투자이민을 떠났다. 하지만, 2~3년 캐나다에서 생활하는 동안 교포들과 어울리는 게 생각보다 쉽지 않았고, 고국이 그리워지기 시작해 다시 국내에 들어오기로 결심하고 귀국 전 미국여행 중에 불의의 교통사고를 당해 사망했다. 졸지에 남편을 잃은 부인은 더 이상 캐나다에 머무를 이유가 없어졌기에 국내로 돌아왔는데, 남편이 남기고 간 유산에 대해 상속세 신고를 해야 한다는 이야기를 들었다. 이 경우 차규택은 거주자일까? 비거주자일까?

이와 같이 거주자와 비거주자의 구분은 명확하지 않다. 오래 전에 사업이나 여러 가지 이유로 해외로 이주하였던 해외동포들이 나이가 들어감에 따라 고국이 그리워 시민권 내지 영주권을 포기하고 국내로 들어오고 있는 반면에, 국내에서 계속 거주하고 있던 거주자들은 정년퇴직 후 안정된 삶이나 질병치료 또는 자녀의 교육을 위하여 해외 이민을 가는 경우도 많기 때문이다. 세법에서는 상속개시일 현재 국내에 주소를 두거나 183일 이상 거소를 둔 개인을 거주자로 정의한다. 하지만 이는 단순한 세법상 규정이며 현실에서는 상속개시일 현재 피상속인의 재산상태 및 생활관계 현황 등에 의하여 거주자와 비거주자를 구분하여야 한다.

차규택은 캐나다에는 거주하던 주택과 약간의 예금만이 있었고, 국내에는 상가건물과 원래 거주하던 고급아파트 및 예금 등 대부분의 재산이 있었다. 그런데 상속세 신고를 위해 세무사와 상담하던 중 차규택의 부인은 깜짝 놀랄 일이 생겼다. 차규택의 부인은 이제부터 캐나다 생활을 정리하고 국내에 들어와 살려고 마음먹었지만, 세법상 상속개시일 현재 차규택은 국내에 주소나 거소를 두고 있지 아니하여, 비거주자로 판단할 수밖에 없다는 것이었다. 이 경우 배우자상속공제는 물론이고, 일괄공제 및 장례비도 공제받을 수 없고, 단지 기초공제 2억원만 공제가 가능하여 거주자일 경우보다 상속세가 10억원 가까이 늘어날 수밖에 없는 상황이 된 것이다.

이와 관련된 심판례를 살펴보면,

① 국심 2001서 2091(2002.01.14.)에서는 77세의 노령으로 지병인 폐결핵 치료를 위하여 미국으로 해외 이주한 조○○씨에 대하여 대부분의 생애를 국내에서 살았고, 또한 대부분의 재산이 국내에 있는 것은 인정하지만, 3명의 상속인(자녀) 전부가 사망일 이전부터 계속하여 미국에 거주하고 있었던 점 등을 이유로 비거주자로 판단하였다.

② 이와는 반대로 조심 2013서 1395(2013.05.30.)에서는 피상속인이 생계를 같이 하는 동거가족과 캐나다에서 거주하였으므로 생활관계의 중심지가 캐나다라고 처분청이 주장

하나, 청구인의 자녀(4명)는 모두 독립된 가정을 이루고 있고 캐나다 거주시 본인 명의 밴쿠버 자택에서 생활하였으며, 한국 거주시에는 본인 명의 아파트에서 차녀와 같이 생활하는 등 한국과 캐나다에서 각각 다른 자녀와 동거는 했을지언정 가족과 생계를 같이 했다고는 볼 수 없다. 그리고 캐나다로 이민하여 캐나다 영주권을 취득한 이후에도 국내 체류기간이 비교적 장기이고, 청구인이 국내에 2개의 주택을 소유하여 거소의 목적으로 사용하고 있는 점, 청구인의 자산이 대부분 금융재산으로 대부분 국내 금융기관에 예치되어 있는 점 등을 종합하여 거주자로 판단하였다.

③ 국심 2002부 3100(2003.02.05.)에서는 해외 이주한 피상속인을 비거주자로 보았으나, 피상속인이 재혼한 부인과 사이에 둔 당시 7세의 나이 어린 딸이 국내학교에 취학 시 받을 마음의 상처 등을 고려한 교육목적의 일시적인 이주이며, 국외 이주 후에도 국내부동산(5건)을 전혀 처분한 사실이 없으며, 추후 국내에서 거주할 목적 하에 아파트를 분양 신청하여 분양대금을 납부하여 오던 점, 출국 이후에도 국내거주지로 사용한 아파트의 자치회장직을 실질적으로 수행하여 오던 점, 위암 발병 후 즉시 국내에 돌아와 치료를 받아 온 점 등을 들어 부득이 이민의 형식을 취한 경우로 인정하여 거주자로 판단하였다.

④ 그 외 조심 2017서 3590(2018.10.16.)에서는 청구인은 국내에서 계속하여 주민등록상 주소를 두고 있고, 중국에서 영주권 등을 취득한 사실이 없는 점, 청구인의 배우자는 중국에서 발생한 소득의 대부분을 매년 국내로 송금하였고, 청구인은 그 중 일부를 증여받아 국내에서 가족과 함께 생활할 아파트를 취득한 점에 비추어 청구인이 중국으로 출국한 이후 다시 국내에서 거주할 것을 예정하고 있다고 보이고, 청구인의 항구적 주거가 중국으로 이전되었다고 인정하기 어려우므로 거주자로 판단하였다.

이재화

"거주자인지, 비거주자인지 판단여부에 따라 세금차이가 큰데, 그 판단은 쉽지 않네요."

서세무사

"그렇습니다. 실무적으로 거주자와 비거주자의 판단은 매우 까다로운 문제이므로 조세전문가와 상담을 통해 사실관계를 꼼꼼히 따져서 판단해야 합니다."

확인되지 않는 재산에 상속세가 부과된다

상속 추정

"상속세에서는 피상속인이 재산을 처분하였거나 채무를 부담한 경우로서 다음 중 어느 하나에 해당하는 경우에는 이를 상속인이 상속받은 것으로 추정합니다. 이는 상속개시일 당시 해당 재산은 존재하지 않지만 피상속인이 상속개시일 전에 상속재산을 처분하거나 부채를 발생시켜 과세포착이 어려운 현금으로 바꾸어 상속할 경우 상속세의 부당한 경감을 도모할 우려가 있으므로 이를 방지하기 위한 데 있습니다."

재산 처분의 경우	피상속인이 재산을 처분하거나 피상속인의 재산에서 인출한 금액이 다음 중 어느 하나에 해당하는 경우로서 용도가 객관적으로 명백하지 않은 경우

	① 상속개시일 전 1년 이내에 재산종류별로 계산하여 2억원 이상인 경우 ② 상속개시일 전 2년 이내에 재산종류별로 계산하여 5억원 이상인 경우
채무 부담의 경우	부담한 채무의 합계액이 다음 중 어느 하나에 해당하는 경우로서 용도가 객관적으로 명백하지 않은 경우 ① 상속개시일 전 1년 이내에 2억원 이상인 경우 ② 상속개시일 전 2년 이내에 5억원 이상인 경우

여기서 '재산종류별'이란 현금·예금·유가증권, 부동산 및 부동산에 관한 권리, 그 외의 기타 재산의 구분에 따른 것을 말하며, 채무는 소정기간 내의 것인 한 발생 원인을 불문하고 합산하여 한도금액을 결정한다. 그리고 '용도가 객관적으로 명백하지 않은 경우'란 다음 중 어느 하나에 해당하는 경우를 말한다.

① 피상속인이 재산을 처분하여 받은 금액이나 피상속인의 재산에서 인출한 금전 등 또는 채무를 부담하고 받은 금액을 지출한 거래상대방(이하 "거래상대방"이라 한다)이 거래 증빙의 불비 등으로 확인되지 아니하는 경우

② 거래상대방이 금전 등의 수수사실을 부인하거나 거래상대방의 재산상태 등으로 보아 금전 등의 수수사실이 인정되지 아니하는 경우

③ 거래상대방이 피상속인의 특수관계인으로서 사회통념상 지출사실이 인정되지 아니하는 경우

④ 피상속인이 재산을 처분하거나 채무를 부담하고 받은 금전

등으로 취득한 다른 재산이 확인되지 아니하는 경우

⑤ 피상속인의 연령·직업·경력·소득 및 재산상태 등으로 보아 지출사실이 인정되지 아니하는 경우

이는 실질적인 입증책임을 납세자에게 전환한 규정으로, 납세자가 용도가 객관적으로 명백하지 않은 금액의 용도를 입증하지 못하는 경우 과세관청이 그 금액이 현금으로 상속된 사실을 입증하지 않더라도 이를 상속인이 상속받은 재산으로 추정하되, 상속인이 용도를 입증하면 그 적용을 배제한다는 의미이다.

용도불명금액이 다음의 기준금액에 미달하는 경우에는 문제가 되지 않지만, 기준금액 이상인 경우에는 그 기준금액을 차감한 금액을 용도가 객관적으로 명백하지 않은 것으로 추정하여 상속세 과세가액에 산입한다.

> • 용도불명금액＝재산처분·인출·채무부담으로 인해 얻은 금액－용도가 입증된 금액
> • 기준금액＝Min[① 재산처분 등으로 인해 받은 금액×20%, ② 2억원]
> • 상속세 과세가액에 산입할 금액＝용도불명금액－기준금액

즉, 납세자가 처분대금의 80%(그 나머지 20%의 금액이 2억원을 초과하는 경우에는 2억원을 제외한 금액) 이상만 그 용도를 입증하면 전체 처분금액에 대하여 위 규정의 적용을 피할 수 있게 되며 그에 미치지 못하더라도 위 각 금액 중 적은 금액을 차감

한 잔액에 대해서만 과세를 당하게 되는 것이다.

상속재산가액의 계산

① 재산처분 (부담채무) 가액	② 사용처 소명 금액	③ 미 소명 금액	④ '①'금액의 20%와 2억원 중 적은 금액	⑤ 상속추정 여부 ③>④	⑥ 재산처분 (부담채무) 가액 (③-④)
				여 · 부	

Tip 예금인출금 적용기준

당해 기간 동안 예금의 입·출금이 계속된 경우, 상속개시일 전 1년 또는 2년 이내에 인출된 예금을 상속세 과세가액에 산입함에 있어서, 상속세 과세가액에 산입한 처분가액의 계산방법은 피상속인의 각 예금계좌에서 인출한 금액의 합산액에서 인출 후 입금된 금액의 합산액을 제외한 나머지 금액을 처분가액으로 보되, 다만 입금액이 인출금과 관계없이 별도로 조성된 금액임이 확인되는 경우에는 그 금액을 인출금에서 제외하지 아니하나 이에 대한 입증책임은 과세관청에 있다.

예금의 인출금액=총인출액-총입금액+별도로 조성된 입금금액

사망 직전에 양도한 부동산

"세무사님, 안녕하세요. 2년 이내에 처분한 부동산이 있는지 확인 해보니 작년에 아버지가 보유하고 있던 지방의

아파트를 2억원에 처분하신 걸 알게 됐습니다. 이 사실은 어머니도 모르고 계셔서 세무사님께 미처 말씀드리지 못했네요.”

“그러시다면, 해당 양도대금이 통장에 남아 있을까요?”

서세무사

“양도대금에 대한 금융거래는 명확하지 않습니다. 아마 아버지가 회사 운영자금이 부족해서 개인적으로 사채를 쓰신 걸로 알고 있는데 아마 사채를 상환하는 데 쓰시지 않았나 싶습니다. 그런데, 그에 대한 차용증이나 금융자료를 찾을 수가 없습니다. 어떻게 해야 할까요?”

이재화

“지난번에 말씀드린 바와 같이 세법에서는 상속이 일어나기 전에 상속재산을 현금화시킨 다음 재산을 은닉하는 행위를 막기 위해 일정한 요건의 재산을 상속재산으로 추정하도록 하고 있습니다. 그로인해, 재산을 처분한 후 그 금액이 어디에 사용되었는지에 대한 소명의무를 상속인에게 부여하고 있으므로 양도대금을 아버님이 사용하셨지만, 1년 이내에 처분금액이 2억원 이상이므로 사장님이 그 자금사용처를 입증하여야 하며 입증하지 못할 경우 상속재산가액에 포함시킬 수밖에 없습니다.”

서세무사

일반적으로 상속인이 피상속인의 재산관리에 관여를 하지 않는 상황에서 사용처를 알아내기는 쉽지 않다. 그러므로 현명한 부모라면 이런 일에 대해 미리 대비해두어야 하지만 현실적으로 쉬운 일은 아니다. 위 사례처럼 피상속인이 처분한 재산가액이 금융기관이 아닌 개인에게 차입한 채무를 상환하는 데 사용하였고, 차용증 또는 금융거래내역 등이 없다면 상속인들이 증명하기란 쉽지 않을 것이다. 세법에서는 이에 대한 증빙서류를 명확하게 제시하지 못한다면, 그 용도가 객관적으로 명백하지 아니한 것으로 보아 상속세 과세가액에 포함시키고 있어 억울하게 세금을 납부해야 하는 경우가 발생할 수 있다.

사망 전 인출금이 상속인에게 지급된 경우

"그렇군요. 그리고 아버지 통장거래내역을 살펴보니 아버지가 2년 전에 동생이 이사하면서 주택구입자금으로 2억원을 준 내용을 확인했습니다. 해당 금액이 1년은 넘었고 2년은 안되었지만 2년 이내에 5억원 이상에 해당하지 않으니 상속세 신고 시 포함하지 않아도 되는 건가요?"

이재화

"그렇지 않습니다. 많은 사람들이 사장님이 말씀하신 것처럼 상속개시일 전에 피상속인 예금에서 상속인에게 금전을 송금한 사실이 명백하게 나타나는 경우에도, 이 금액이 1년 이내에 2억원, 2년 이내에 5억원 이하이면 그 사유를 묻지 않고 과세를 하지 않는 것처럼 오해를 하는 경우가 많습니다. 또는 용도를 입증하지 못한 금액이 인출금액의 20% 이하이면 과세를 하지 않는 것처럼 생각하기도 합니다. 하지만, 상속개시일 전에 피상속

서세무사

인 예금에서 상속인에게 금전을 송금한 사실이 명백하게 나타나는 경우에는 그 금액이 단돈 10원이어도 증여사실이 확인되면 증여세를 과세하고 상속재산에 포함시켜 상속세를 다시 계산하게 됩니다. 그러므로 피상속인이 상속인에게 상속개시 전에 증여한 주택구입자금에 대한 증여세(미신고에 따른 가산세 포함)뿐만 아니라 해당금액을 상속재산가액에 포함하여 상속세 신고를 하여야 합니다. 이 경우 상속세 납부 시, 기한 후 신고를 통해 납부한 증여세는 세액공제로 차감시켜 줍니다."

추정상속재산으로 보는 기준금액에 해당하지 않는다면 사실상 그 금액의 사용처를 상속인이 입증할 필요는 없으나, 이처럼 과세관청에서 그 자금흐름의 성격이나 형태로 보아 상속인에게 흘러들어 갔을 것으로 판단되면 상속인의 계좌를 조회하거나 자금의 흐름을 추적하고, 그 결과 사전 증여한 사실이 확인되면 증여세 및 상속세가 추징될 수 있으니 주의해야 한다.

● 사망 전 인출금이 타인에게 지급된 경우

"세무사님 말씀을 들어보니 상속세 신고 전에 용도가 객관적으로 명백하지 않은 금액이 얼마나 되는지 반드시 확인해 봐야겠네요."

이재화

“사장님 말씀대로 해당 금액을 상속세 신고 전에 반드시 확인하여 상속재산에 포함시켜야 할 것이 있는지 확인해 보아야 합니다. 이를 누락할 경우 과소 신고분에 대한 신고세액공제 적용배제와 가산세 부담이 발생하기 때문입니다.”

“알겠습니다. 그렇다면 사망 전 인출금이 상속인이 아닌 제3자에게 지급된 경우에는 어떻게 해야 하나요? 상속인이 상속받은 것이 아니니 제외하고 신고하면 될까요?

“아닙니다. 상속재산의 처분금액이 제3자에게 입금된 사실이 밝혀졌을지라도 제3자에 대한 채무의 존재나 재산출연의 원인관계 등 자금거래에 대한 증빙서류를 명확하게 제시하지 못한다면, 해당 계좌에서 인출된 금액의 용도가 객관적으로 명백하지 않으므로 상속세 과세가액에 포함됩니다.”

Chapter 03

장례비용과 채무를 공제받자

상속세 공제금액

"상속세 과세가액의 범위는 전에 말씀드린 바와 같이 피상속인이 거주자인 경우와 비거주자인 경우에 따라 다르며, 용도가 객관적으로 명백하지 않은 경우 상속재산에 포함될 수 있으니 주의가 필요합니다. 그리고 이러한 총 상속재산에서 공과금, 장례비용, 채무를 차감하여 상속세 과세가액을 계산하게 됩니다."

공과금은 상속개시일 현재 피상속인이 납부할 의무가 있는 것으로서 상속인에게 승계된 조세·공공요금 및 국세기본법에 따른 공과금을 말한다. 다만, 상속개시일 이후 상속인의 귀책사유로 납부 또는 납부할 가산금·체납처분비·벌금·과료·과태료 등은 공과금의 범위에 포함하지 아니한다. 피상속인이 거주자인 경우에는 상속개시일 현재 피상속인이나 상속재산에 관련된 공과금은 모두 공제가 되나, 비거주자인 경우에는 해당 상속재산에 관한 공과금만 공제되는 점이 다르다.

장례비용에는 시신의 발굴 및 안치에 직접 소요된 비용과 묘지구입비, 공원묘지사용료, 비석, 상석 등 장례에 직접 소요된 비용을 포함한다. 장례비용은 증빙서류가 전혀 없어도 최저 500만원을 인정하며, 실제 장례에 소요된 금액이 아무리 많고 증빙서류에 의해 입증된다 하더라도 최고 1천만원(봉안시설 · 자연장지를 사용하는 경우 최고 1,500만원)까지만 인정한다. 그러므로 봉안시설 · 자연장지 사용비용과 그 외의 장례비용이 500만원을 초과하는 경우에는 관련증빙을 구비하여야 한다.

채무는 상속개시 당시 피상속인이 부담하여야 할 확정 채무를 말한다. 이는 명칭여하 불구하고 피상속인이 부담하여야 할 부채를 말하므로 보증채무, 연대채무 등이라도 피상속인이 부담할 확정채무인 경우에는 채무로 인정하여 공제를 해준다. 다만, 상속개시 전 10년 이내에 피상속인에게 진 증여채무[1]와 상속개시 전 5년 이내에 피상속인이 상속인 이외의 자에게 진 증여채무는 채무로서 공제하지 않는다. 상속재산의 가액에서 차감하는 채무는 상속개시 당시 피상속인의 채무로서 다음 어느 하나에 의하여 상

---

[1] 증여의사를 표시하는 증여계약을 체결하였으나 상속개시 당시까지 그 이행이 완료되지 아니한 피상속인의 채무(증여계약서상 증여금액)를 의미

속인이 실제로 부담을 하는 채무인지가 입증되어야 한다.

국가·지방자치단체·금융기관의 채무	당해 기관에 대한 채무임을 확인할 수 있는 서류
국가·지방자치단체·금융기관 이외의 자에 대한 채무	채무부담계약서, 채권자확인서, 담보설정 및 이자지급에 관한 증빙 등에 의하여 그 사실을 확인할 수 있는 서류

이렇게 공제 가능한 채무에는 상속개시일 현재 피상속인의 채무에 대한 미지급이자, 피상속인이 부담하고 있는 보증채무 중 주채무자가 변제불능의 상태에 있어 상속인이 주채무자에게 구상권을 행사할 수 없다고 인정되는 부분에 상당하는 금액, 피상속인이 연대채무자인 경우에 상속재산에서 공제할 채무액은 피상속인의 부담분에 상당하는 금액(다만, 연대채무자가 변제불능의 상태가 되어 피상속인이 변제불능자의 부담분까지 부담한 경우로서 당해 부담분에 대하여 상속인이 구상권을 행사해도 변제받을 수 없다고 인정되는 경우에는 부담액), 피상속인이 토지·건물의 소유자로서 체결한 임대차계약서상의 보증금, 피상속인이 사업상 고용한 사용인에 대한 상속개시일까지의 퇴직금상당액(근로기준법에 의하여 지급하여야 할 금액을 말함), 피상속인이 공동사업자인 경우에는 장부 등에 의해 객관적으로 확인된 채무를 출자지분비율에 따라 안분 계산한 금액이 있다.

상속개시 당시 피상속인의 채무가 존재하는지 여부, 보증채무 및 연대채무의 경우 주채무자가 변제불능의 상태에 있어 피상속인이 부담하게 될 것이라는 사유 등에 대한 입증책임은 납세의무자에게 있다.

회사의 재무상태표

자 산		부 채	
가지급금	회사 : 채권 피상속인 : 상속채무2)	가수금	회사 : 채무 피상속인 : 상속재산3)

비거주자의 사망시에는 어떤 것들을 공제받나?

비거주자의 사망시에는 공제받을 수 있는 것들이 거주자에 비해 상당히 제한적이다. 비거주자가 사망한 경우 장례비용은 전부 공제를 받을 수 없고 공과금과 채무도 제한적으로만 공제를 해주며, 공제되는 것은 다음과 같다.

① 해당 상속재산에 관한 공과금

② 해당 상속재산을 목적으로 하는 유치권, 질권, 전세권, 임

---

2) 피상속인이 대표이사로 있던 법인의 피상속인에 대한 가지급금이 상속인이 실제로 부담하는 사실이 입증되는 경우 당해 가지급금은 피상속인의 채무로 공제받을 수 있는 것임(재산세과－696, 2010.09.15.). 이때, 용도가 명백하지 못한 경우에는 추정상속재산으로 보아 상속재산에 포함될 수 있다.

3) 법인의 장부에 계상된 피상속인 가수금은 상속재산에 포함되는 것이며, 그 가액은 원본의 가액에 상속개시일까지의 미수이자상당액을 가산한 금액에 의하는 것임(재삼46014－724, 1999.04.15.).

차권, 양도담보권·저당권 또는 동산·채권 등의 담보에 관한 법률에 따른 담보권으로 담보된 채무

③ 피상속인의 사망 당시 국내에 사업장이 있는 경우로서 그 사업장에 갖춰 두고 기록한 장부에 의하여 확인되는 사업상의 공과금 및 채무

장례비용이 500만원을 초과할 때는 관련 증빙서류를 잘 챙겨 두어라

서세무사 "이러한 채무공제의 경우 가공 채무계약서를 작성하여 채무공제를 하는 사례가 빈번하기 때문에 세무당국에서는 사채의 경우 주소지관할세무서에 통보하여 소득세 과세자료로 활용하고, 부채가 변제된 경우에는 자금의 출처 및 흐름에 대해 사후관리를 철저히 하고 있으니 주의가 필요합니다."

이재화 "아, 그렇군요. 그런데 세무사님, 장례비용이 상속세 과세가액에서 차감된다고 하셨는데 이번에 장례를 치르면서 장례비용에 대해 따로 증빙을 챙기지 못했습니다. 영수증을 꼭 챙겨야 하나요?"

서세무사 "상속인이 장례를 치르는 데 직접 소요된 비용은 피상속인이 부담할 비용은 아니나 사망에 따른 필연적인 비용으로 상속세를 계산할 때도 일정한도 내의 금액은 비용으로 공제해

주고 있습니다. 장례비용이 500만원을 초과하는 경우라면 증빙에 의하여 지출이 확인되는 것만 공제해 주므로 반드시 영수증을 잘 챙겨야 합니다. 그리고 장례문화의 개선을 지원하기 위해, 봉안시설·자연장지의 사용에 소요된 금액을 500만원 한도로 추가 공제해 주고 있으니, 이러한 시설을 이용하신 경우에도 반드시 영수증을 챙기셔야 합니다."

"세무사님, 그렇다면 49재에 들어갔던 비용도 장례비용으로 공제를 받을 수 있나요?"

이재화

"상속재산가액에서 공제하는 장례비용은 피상속인의 사망일로부터 장례일까지 장례에서 직접 소요된 비용을 말합니다. 불교식 제사의례인 49재와 관련하여 소요된 비용은 일반적인 장례절차가 끝난 후 고인을 추모하기 위해서 진행되는 것으로서 49재가 끝날 때까지를 장례일로 볼 수는 없습니다. 따라서 49재 비용은 상속재산가액에서 공제하는 금액에 해당하지 않습니다."

서세무사

상속재산 취득을 위한 변호사비용 및 취득세는 공제대상 인가?

"세무사님, 이번에 아버지 재산을 상속받으면서 시골에 있는 농지가 아버지 사촌분의 명의로 되어 있는 것을 알았습니다. 소유권을 저희 명의로 이전하는 데 다툼이 있어서 소송을 통해 명의를 이전받았습니다. 이렇게 소송을 하면서 변호사 비용과 등기이전에 따른 취득세가 발생하였는데 이 비용도 상속세 신고시 공제받을 수 있을까요?"

"상속세 및 증여세법 제14조 제1항에서는 거주자의 사망으로 인하여 상속이 개시되는 경우에는 공과금, 장례비용, 채무를 상속개시일 현재 상속재산의 가액에서 차감하도록 하고 있으며, 여기서 공과금이란 피상속인이 부담하여야 할 조세·공공요금으로 상속개시일 현재 피상속인이 납부해야 할 것으로 납부하지 아니한 금액이나 상속개시일 현재 피상속인에게 납부의무가 성립된 것으로 상속인에게 승계된 것을 말하는 것입니다. 그러므로 상속이 개시된 이후 소송을 위해 지출한 변호사비용 및 취득세는 여기에 해당되지 않아 이를 상속재산가액에서 공제할 공과금이라 할 수 없고, 채무에도 해당되지 않아, 이를 상속재산가액에서 공제할 수는 없습니다."

Tip 건물을 상속할 때는 월세보다 전세가 많은 것이 유리하다

임대 중에 있는 부동산을 상속받는 경우 상속인은 임대계약이 만료되면 보증금을 반환해야 할 의무가 있으므로 상속세 및 증여세법에서는 이를 피상속인의 부채로 보아 상속세를 계산할 때 공제해주고 있다. 따라서 임대차계약을 체결할 때 월세 비중을 줄이고 보증금을 많이 받는다면 공제받을 수 있는 채무액이 많아지므로 상속세 부담을 줄일 수 있다. 예를 들어 시가 10억원 상당의 건물을 임대하면서 보증금 4억원에 월세 2백만원을 받았다면 상속이 개시되었을 때 4억원을 공제받을 수 있으나, 보증금 1억원에 월세 4백만원을 받았다면 1억원 밖에 공제받을 수 없다. 또한 상속개시 1~2년 전에 체결한 임대차계약 내용 중 임대보증금의 합계액이 1년 이내에 2억원 이상이거나 2년 이내에 5억원 이상인 경우에는 그 사용처를 소명해야 한다. 상속세 및 증여세법에서는 그 사용처를 소명하지 못할 경우에는 소명하지 못한 일정금액에 대해 상속받은 재산으로 보아 상속세를 과세한다. 따라서 2년 이내의 임대보증금을 채무로 신고할 경우에는 그 사용처에 대한 증빙을 철저히 확보해 두어야 나중에 상속세를 추징당하지 않는다.

피상속인에 대한 확정판결에 의한 지연손해금이 상속채무에 해당할까?

"세무사님, 그렇다면 아버지가 생전에 소송 중인 사건이 몇일 전에 패소해서 원금에 가산하여 지연손해금까지 배상하라고 나왔네요. 이 경우에도 공제가 안 되나요?"

이재화

"그렇지는 않습니다. 아버님이 사망하여 상속인을 상대로 소송이 제기된 후 채무가 법원판결에 의해 확정되어 상속인들에게 이행하라는 판결이 내려졌고, 그 채무가 아버님이 생전에 부담하였어야 할 채무였다면 이는 상속개시 당시 피상속인이 부담하여야 할 확정된 채무에 해당하는 바, 지연손해금 역시 상속인인 청구인들에게 승계된 것이므로 상속재산가액에서 차감되어야 할 상속채무에 해당합니다."

Tip 지연손해금

금전채무의 지연으로 인한 민사채권의 지연손해금은 당사자간의 이자율을 약정하지 아니 하였을 경우 민법에 의한 소송부본 송달일로부터 판결선고일까지 민사채권 5%가 적용되는 지연손해금과 법원 판결로 지급의무가 있음이 명확히 확정되었음에도 채무자가 계속하여 채무지급을 지연하는 경우에는 이를 제재하고 조속한 채권의 만족을 확보할 필요에 의해 소송촉진 등에 관한 특별법상 금전채무의 이행을 구하는 소장 또는 이에 준하는 서면이 채무자에게 송달된 다음날부터 연 100분의 40 이내의 범위에서 은행법에 따른 은행이 적용하는 연체금리 등 경제여건을 고려하여 대통령령으로 정하는 이율을 적용하는 지연손해금이 있다 할 것이고, 판결 확정일이라 함은 판결서의 송달일부터 2주 기간이 경과함으로써 확정된다.

병원비는 사망 후 또는 피상속인의 재산으로 납부하자

"사장님, 그런데 병원비는 어떻게 하셨나요? 병원비가 많이 나왔을 거 같은데?"

"네. 아버지가 갑자기 쓰러지시는 바람에 여러 가지 검사를 하다 보니 생각보다 병원비가 많이 나왔습니다. 병원비는 급한 대로 중간 중간에 제가 일부 부담했구요."

피상속인이 큰 병에 걸렸거나 장기간 입원한 경우에는 병원비도 상당한 금액이 든다. 이런 경우 많은 사람들이 피상속인 명의의 예금 잔액이 있다 하더라도 자녀들이 병원비를 부담하는 경우가 있는데, 이는 상속세 측면에서 불리하다. 피상속인의 재산으로 병원비를 납부하면 그만큼 상속재산이 감소하므로 상속세를 줄일 수 있지만, 자녀들이 병원비를 납부하면 상속재산은 변동이 없기 때문에 그만큼 세금을 더 납부하게 된다. 또한 피상속인이 납부하지 못한 병원비는 채무로서 공제를 받을 수 있다. 그러므로 피상속인의 병원비는 돌아가시고 난 후에 내든가, 그 전에 꼭 내야 하는 경우에는 피상속인의 재산에서 내는 것이 유리하다.

예를 들어 피상속인이 장기간 입원하여 병원비가 3,000만원이 나온 경우 자녀들의 재산으로 병원비를 전액 납부하였다면 상속재산에서 한 푼도 공제를 받지 못한다. 그러나 피상속인의 재산으로 납부하거나 돌아가시고 난 후에 상속재산으로 납부하면

3,000만원을 공제받을 수 있으므로 그에 대한 상속세를 절세할 수 있다. 이 경우 절세할 수 있는 금액은 과세표준의 크기에 따라 병원비 납부액의 10~50%이다.

피상속인의 병원비 부담과 상속세 관계

구 분	상속개시 전 부담	상속개시 후 부담
피상속인이 부담	자금사용처로 인정받을 수 있음	피상속인의 채무로 공제가능
상속인이 부담	혜택 없음	

"아, 그렇군요. 남은 병원비는 장례비용과 함께 정산했는데, 상속개시 전에 제가 먼저 지급한 건 인정받을 수 없겠네요. 아쉽지만, 먼저 지급한 병원비가 그나마 많지 않아 다행이네요."

● 피상속인이 상속인에게 선 보증채무도 공제가 가능할까?

차규택은 배우자와 두명의 아들을 두고 있다. 그 중 장남이 사업을 하겠다며 아버지 소유의 100억원짜리 부동산을 담보로 40억원을 대출받았다. 그런데 장남이 대출금을 다 갚기 전에 차규택은 사망하고 말았다. 그렇다면 상속재산은 100억원일까? 보증채무를 뺀 60억원일까?

상속세의 과세대상이 되는 상속재산의 계산은 상속재산에서 채무를 차감해 산출한다. 이때 채무란 상속 개시 당시 피상속인이 부담해야 할 확정된 채무로, 상속인이 그 채무를 실제로 부담하는 것이 확실히 입증된 채무를 말한다. 그런데 피상속인의 보증채무는 주 채무자가 변제를 이행하지 못할 경우 대신 변제해야 하는 것인 만큼 채무로 볼 수도 있지만, 주 채무자가 채무를 변제할 능력이 있어 채무를 변제한다면 채무로 보지 않게 된다. 세법과 국세청은 보증채무에 대해 원칙적으로 피상속인의 보증채무는 채무로 공제하지 않는다. 하지만 피상속인이 조세회피의 목적이 없이 보증을 선 경우 상속개시일 현재 주 채무자가 변제불능 상태로서 상속인이 주 채무자에게 구상권을 행사할 수 없는 경우에 한해 변제 불능한 금액에 대해 채무로 인정한다. 이와 관련 대법원은 "주 채무자가 변제불능상태라서 구상권을 행사하더라도 사실상 채권을 회수할 수 없다는 객관적인 사실에 대한 입증은 납세자가 해야 한다"고 판서하고 있다.

하지만 상속인과 피상속인간의 보증채무는 조금 다르게 취급한다. 피상속인인 부모의 재산을 담보로 상속인인 장남이 대출을 받은 경우에는 상속개시일 현재 주 채무자인 장남이 변제 불능상태에 있고 다른 상속인(배우자와 차남)이 주 채무자인 장남에게 구상권을 행사할 수 없을 때 부채로 공제해 주지만 전액을 공제해 주는 것은 아니다. 주 채무자인 장남의 법정상속가액을 초과하는 채무액만을 채무로 인정해 상속가액에서 공제한다. 이때 주 채무자인 장남은 부모의 재산을 상속받아 그 상속재산으로 본인의 채무를 변제하면 되기 때문에 그 재산을 상속받은 것으로 보는 것이며 따라서 상속세를 부담해야 한다.

그런데 만약 상속받은 재산으로 보증채무를 이행함에 있어 주채무자인 상속인의 법정상속지분을 초과하는 채무액은 다른 상속인에게 증여받은 것으로 보기 때문에 증여세를 내야 한다. 즉 장남은 자기가 받아야 할 법정상속지분가액 이상의 금액에 대해서는 다른 상속인들로부터 증여받은 것으로 보기 때문에 증여세를 내야 하는 것이다. 따라서 위 사례의 경우 장남에게 40억원의 보증채무를 변제할 수 있는 재산이 있다면 보증채무는 상속재산과 아무런 관련이 없게 된다. 장남은 자신의 재산으로 보증채무 40억원을 변제하면 되기 때문이다. 만약 장남이 재산이 있음에도 불구하고 변제를 하지 않아 부친의 상속재산으로 변제를 했다면 다른 상속인들은 주 채무자인 장남을 상대로 구상권을 행사하면 된다. 따라서 이 경우 상속재산은 100억원이 된다.

그런데 장남이 재산이 없어 40억원의 채무를 한푼도 변제할 수 없는 상황이라면 이야기가 달라진다. 장남의 채무 40억원에 대해 아버지가 보증을 섰기 때문에 아버지의 재산으로 우선 변제해야 한다. 그렇다면 상속재산은 보증채무 40억원을 뺀 60억원이라고 생각하기 쉬우나 사실은 그렇지 않다.

부친의 상속세 과세대상 재산가액은 100억원에서 장남의 보증채무(40억원) 중 장남의 법정상속지분 가액(28억5000만원=

100억원×1/3.5)을 초과하는 11억5000만원을 부채로 차감한 88억 5000만원이다. 장남의 법정상속가액을 초과해 변제한 11억5000만원에 대해서는 다른 상속인(배우자 또는 형제들)으로부터 증여받은 것으로 보기 때문에 장남에게 증여세를 과세하게 된다.

즉 아버지가 남긴 재산은 100억원이지만 상속세를 내야 하는 재산가액은 88억5000만원이 되고, 11억5000만원에 대해서는 장남이 증여세를 내야 한다.

Chapter 04

상속 전에 미리 증여한 재산은?

증여재산 가산

"상속세 과세가액은 상속재산의 가액에서 차감하는 공과금도 있지만 상속재산의 가액에 가산하는 증여재산도 있습니다."

서세무사

피상속인이 상속인에게 상속개시일 전 10년 이내에 증여한 재산가액과 피상속인이 상속인 외의 자에게 상속개시일 전 5년 이내에 증여한 재산은 상속재산가액에 가산하되, 비거주자의 사망으로 인하여 상속이 개시되는 경우에는 국내에 있는 재산을 증여한 경우에만 이를 가산한다.

"이처럼 생전에 증여한 재산가액을 상속재산가액에 합산하여 상속세를 과세하는 것은 생전증여를 통해 상속세의 누진부담을 회피하지 못하도록 하기 위한 것입니다. 이 경우 합산하는 증여재산가액은 증여일 현재의 가액으로 하며, 그 합산되는 증여재산에 대한 증여세액은 상속세 산출세액에서 공제하게 됩니다. 다만, 창업자금에 대한 증여세 과세특례 및 가업의 승계에 대한 증여세 과세특례가 적용되는 증여재산은 증여받은 날부터 상속개시일까지의 기간이 10년 이내인지 여부와 관계없이 무조건 상속세 과세가액에 합산하여야 하니 주의가 필요합니다."

이때 상속인 또는 상속인 아닌 자의 판단은 상속개시일 현재를 기준으로 판단하여야 한다. 여기서 상속인이라 함은 상속세 및 증여세법 제3조에 따른 상속인을 말하는 것으로 상속순위에 따른 상속인, 대습상속인, 상속결격상속인, 상속 포기한 상속인, 특별연고자를 말한다.

그리고 상속재산의 가액에 가산하는 증여재산의 가액은 증여일 현재의 시가에 의하며, 시가가 불분명한 경우에는 보충적 평가방법에 따라 평가한 가액에 따른다. 그리고 상속개시일 전에 부담부증여한 재산을 상속재산가액에 합산하는 경우에는 증여재산가액에서 수증자가 인수한 채무를 차감한 증여세 과세가액을 합산한다.

● 동생의 대출금을 부모님이 대신 변제했는데 형에게 증여세가 과세된다?

"사장님, 아버님 금융자료를 보니 5년 전에 사장님 명의의 대출금에 대해 아버님 통장에서 상환된 기록이 있습니다. 혹시 이 부분에 대해 알고 계신가요?"

서세무사

"그 당시 동생이 운영하던 회사가 부도가 나서 동생 명의로는 대출을 받을 수 없어, 제 명의의 부동산을 담보로 은행에서 6억원을 대출받아 빌려준 적이 있습니다. 그런데, 동생이 갚지 못해서 대출금을 아버지가 대신 갚아준 적이 있습니다."

이재화

"혹시 그렇다면 증여세 신고는 하셨나요?"

서세무사

"아니요. 그 당시 따로 신고는 안 한 거 같습니다. 그럼 지금이라도 동생이 증여세 신고를 해야 하나요?"

이재화

"동생분이 형편상 본인 명의로 대출을 받을 수 없어 사장님을 주 채무자로 하여 6억원을 대출받고 실제 대출금을 동생분이 사용했다 하더라도 사장님이 직접 은행을 방문하여 사장님의 부동산을 담보로 금전소비대차약정서에 주 채무자로 서명날인하였다면 대출금을 변제할 의무가 있는 사람은 동생분이 아닌 사장님이십니다. 그러므로 세법에서도 아버님이 대출금을 변제함으로써 실제적인 이득을 얻은 사람 또한 동생분이 아닌 사

서세무사

장님이여서 증여세 신고는 사장님이 하셔야 합니다. 다만, 사장
님이 은행에서 대출을 받아 동생분에게 빌려준 것이므로 동생분
은 사장님에게 6억원을 별도로 상환할 의무가 있는 것입니다."

그렇다면 이재화의 법정상속재산은 어떻게 될 것인가? 과세
관청에 신고한 상속세 과세가액이 30억원이라면 실제 상속세 과
세가액은 사전증여재산인 6억원을 합한 36억원이 된다. 36억원
을 법정비율에 따라 배분하게 되는데 이재화는 산출된 법정비율
에서 이미 6억원을 사전에 증여받았기 때문에 6억원을 제외한 금
액이 법정상속재산이 되는 것이다. 즉, 상속인이 이재화와, 남동
생 이재희, 여동생 이가을, 어머니가 생존해 있으므로 이재화의
법정상속재산은 2억원(=36억원×1/4.5−6억원)이 되는 것이고
상속세는 상속재산인 36억원에 대한 상속세에서 법정비율인
1/4.5에 증여세로 부과된 금액을 차감하여 납부하여야 한다.

자녀에게 준 생활비

"하지만, 증여세가 비과세되는 증여재산도 있습니다. 상
속세 및 증여세법 제46조에서는 비과세되는 증여재산으
로 사회통념상 인정되는 치료비, 피부양자의 생활비, 교육비, 축하
금 및 부의금, 혼수용품을 열거하고 있습니다. 생활비 및 교육비의

경우에는 근로소득 및 다른 재산이 없는 자녀의 경우 사회통념상 인정되는 범위 내에서 증여세가 비과세되지만 생활비 명목으로 받은 금액으로 예·적금하거나 전세자금, 주택·자동차 구입으로 사용하는 경우에는 비과세되는 생활비로 보지 않습니니다. 그리고 비과세되는 혼수용품의 경우에는 일상생활에 필요한 가사용품에 한하며, 호화·사치용품이나 주택·차량은 포함하지 않습니다. 축하금 및 부의금의 경우에는 자녀의 손님들로부터 받아 자녀에게 귀속되는 사회통념상 인정되는 금액의 경우에는 증여세가 비과세되지만, 부모님의 손님들로부터 받은 금액을 자녀에게 주는 경우에는 증여에 해당합니다. 사전에 이러한 증여재산이 있는 경우 상속재산가액에 포함하여 상속세를 신고하여야 합니다."

비과세되는 증여재산

사회통념상 인정되는 피부양자의 생활비 및 교육비	이에 해당하는지 여부는 부모와 수증자와의 관계, 수증자가 부모의 민법상 피부양자에 해당하는지 여부, 수증자의 직업·연령·소득·재산상태 등 구체적인 사실을 확인하여 과세관청에서 판단함. 하지만 아버지의 생계능력이 있는 상태에서 할아버지가 손자에게 과도한 생활비 등을 지급하는 경우 이에 대해 증여세 과세가 가능함.
기념품, 부의금	사회통념상 인정되는 물품 또는 금액은 증여세를 면제함.
축하금이나 용돈	자녀가 축하금, 용돈의 명목으로 증여받아 실제로 용돈으로 사용하는 경우에는 증여세가 비과세됨. 다

만, 용돈의 명목으로 증여받아 예금 및 펀드에 가입한 경우에도 원칙적으로 증여세 과세대상에 해당하나 생일 및 입학 등의 사유로 증여받은 사회통념상 인정되는 축하금은 증여세가 비과세됨.

사망하기 전 10년 동안 금융거래 관리하기

"그리고 상속세 신고 후 세무조사 시 과세관청에서 일반적으로 관심을 가지는 부분이 금융거래내역입니다. 부동산이나 다른 자산은 국세청에서 양도·취득 과정을 수시로 확인하기 때문에 그 흐름이 대부분 파악되지만, 금융자산은 국세청에서 수시로 계좌거래내역을 볼 수 없을 뿐만 아니라 현금으로 인출하든지 차명거래를 이용하는 형태로 탈세에 이용될 수 있기 때문입니다. 국세청에서는 상속개시 전에 신고 없이 증여한 재산이 있는지 확인하기 위해 통상적으로 10년 이내의 금융거래내역을 검토하고 있습니다. 이는 세법상 10년 이내의 증여재산에 대해 합산하도록 규정하기 때문입니다. 결국 금융거래내역을 조사해서 사망하기 전 10년 이내에 상속인에게 사전증여한 금액이 있는지 확인하여 증여세를 추징하고 상속세 계산 시 상속세 과세가액에 합산하여 상속세를 계산하고 있는 것입니다. 따라서 사망하기 전 10년 동안의 금융거래내역을 명확하게 해놓지 않는다면 상속인이 상속세 조사과정에서 어려움을 겪을 수도 있습니다. 그러므로 큰 금액의 금융거래내역에 대해서는 꼭 증빙을 남겨두어야 하며, 사망하기 전 10년 내에는 증여세 신고 없이 상속인에게 자금을 이체해주는 행위는 피해야 합니다.”

만약 상속인에게 증여세 신고 없이 자금을 이체해준 상황에서 금전소비대차계약서를 작성해 두었다면 이를 인정받을 수 있을까? 이 경우 금전소비대차인지 또는 증여에 해당되는지는 당사자 간의 계약, 이자지급사실, 차입 및 상환내역, 자금출처 및 사용처 등 구체적인 사실을 종합하여 과세관청이 판단할 사항에 해당되며, 따라서 이를 인정할 것인지 아닌지는 간단하지 않다.

● 현금으로 인출해서 미리 증여하기?

“세무사님, 상속세 신고를 준비하면서 주변에서 들은 이야기인데 상속세를 줄이기 위해 매년 2억원 미만으로 예금을 현금화한다면 나중에 상속세를 줄일 수 있다고 하던데요.”

이재화

“사장님처럼 생각하시는 분들이 주변에 많이 있습니다. 사망일 전 1년 이내에 2억원 이상의 금액이 피상속인의 예금계좌에서 인출되었다면 상속세 세무조사 시 상속인이 그 금액의 사용처를 밝혀야 하지만, 인출한 금액이 2억원 이하인 경우

서세무사

에는 이를 피해갈 수 있다고 생각하기 때문입니다. 물론, 이론상으로는 그럴 수 있지만 실무적으로는 그리 간단하지 않습니다. 상속개시일로부터 10년 이내에 증여받은 재산은 상속재산가액에 합산해서 계산하도록 되어 있기 때문에 상속세 세무조사 시 세무공무원은 상속개시일 전 10년 치 자료를 조회해서 예금거래 계좌내역 중 사망일 전 1년 내 인출된 예금액이 2억원 미만이라 하더라도 그 금액이 어디로 갔는지 조사를 하게 됩니다. 이 경우 상속인의 금융거래내역까지 조회를 할 수 있으므로 조사를 통해 돈이 자녀에게 흘러들어갔음이 확인되면 증여세를 추징하고, 10년 내 증여한 재산으로 상속재산에 다시 합산하여 상속세가 과세됩니다.”

추정상속재산가액

상속개시일 전 1년 내	처분하거나 인출한 금액이 재산종류별로 2억원 이상으로 용도 불분명한 경우 → 사용처를 상속인이 밝혀야 함
상속개시일 전 2년 내	처분하거나 인출한 금액이 재산종류별로 5억원 이상으로 용도 불분명한 경우 → 사용처를 상속인이 밝혀야 함

10년 내 증여재산 합산

상속개시일 전 10년 내	금액에 관계없이 증여한 것으로 확인된 금액 → 증여사실을 세무공무원이 밝혀야 함

국세청 통합시스템(TIS)은 개인 및 세대구성원에 대해 다음과 같은 세금정보를 보유하고 있다.

소득 · 소비	자산 · 부채
▪ 원천징수되는 모든 종류의 소득 ▪ 신용카드 매출내역 및 사용 실적 　(해외 사용실적 포함) ▪ 세금계산서와 POS에 의한 매출, 　매입 실적 ▪ 연말정산관련 자료 : 보험료, 개 　인연금저축, 연금저축, 퇴직연금, 　교육비, 직업훈련비, 의료비, 신용 　카드, 현금영수증 사용금액 등	▪ 주식 취득 및 보유현황 ▪ 지방세 중과 대상인 고급주택, 고 　급선박, 별장 등 보유현황 ▪ 자동차 보유현황 ▪ 부동산의 취득 및 보유현황(상속, 　증여, 매매 등) ▪ 부동산 임대현황 ▪ 외국환 매각자료, 해외 송금 자료

● 부모님이 사전에 증여한 재산이 얼마인지 알고 싶다면?

"그리고 피상속인이 생전에 증여를 하고 과세관청에 신고한 내용을 상속세 신고시 누락하여 상속세 및 가산세가 추징되는 사례가 많았습니다. 그러므로 사전에 증여한 재산에 대해 상속인은 상속세 신고기한 만료 14일 전까지 피상속인의 주소지 관할세무서 또는 홈택스를 통해 관련 정보제공을 신청하고 7일이 경과하면 홈택스에서 합산대상인 사전증여재산내역을 조회할 수 있습니다. 상속인은 피상속인이 사망한 달의 말일부터 6개월 이내에 상속세 신고를 해야 하는데 사전증여 사실을 몰라 이를 누락하는 경우 과소신고한 금액의 10%를 가산세로 내야 하며, 납부불성실 가산세도 부과됩니다."

PART 05

공제제도를 통해
상속세 줄이기

"상속세 산출세액은 상속세 과세표준에 상속세율을 곱하여 계산하며, 이러한 상속세 과세표준은 상속세 과세가액에서 상속공제금액과 감정평가수수료를 차감하여 계산합니다. 상속재산을 제대로 파악하여 상속세 과세가액이 확인되었다면 상속세 계산 시 공제받을 수 있는 상속공제를 꼼꼼히 검토해 봐야 합니다."

"아, 그렇군요. 상속세 계산 시 공제받을 수 있는 금액이 있다니 잘 확인해 봐야겠네요."

"세법에서는 여러 가지 공제제도를 두고 있습니다. 간혹 공제를 더 받을 수 있음에도 공제를 못 받거나 받을 수 있는 금액 이상으로 공제를 받아 가산세를 부담하는 경우가 많습니다. 그리고 이러한 상속공제 중에는 재산분배비율에 따라 공제금액이 달라질 수도 있으므로 반드시 상속재산 배분 전에 전문가와 상담이 필요합니다."

상속공제

인적공제	물적공제
・기초공제・그 밖의 인적공제 (또는 일괄공제) ・배우자 상속공제	・금융재산 상속공제 ・재해손실 공제 ・동거주택 상속공제 ・가업(영농) 상속공제

상속세 계산방법

상속세 과세가액	
(-) 상속공제금액	배우자 상속공제, 일괄공제, 금융재산 상속공제 등 1) 일괄공제 : 5억원 2) 배우자공제 : 5억원~30억원 3) 금융재산상속공제 : 금융재산가액 20%, 2억원 한도
(-) 감정평가수수료	
상속세 과세표준	
(×)　　 세율	10%~50%의 5단계 초과누진세율 세대생략상속에 대한 할증세액 가산 증여세액공제, 신고세액공제(3%)
상속세 산출세액	
(-) 세액공제	
(-) 문화재 등 징수유예세액	
(+) 가산세	신고불성실가산세, 납부불성실가산세
신고납부세액	

Chapter 01

상속인에 따른 공제

"상속공제는 크게 인적공제와 물적공제로 나눌 수 있는데요. 우선 인적공제에 대해 살펴보면 인적공제는 상속인이 누가 있느냐에 따라 공제여부가 결정됩니다. 즉 사람에 따라 공제액이 정해지게 되는데, 이러한 인적공제에는 기초공제, 배우자공제, 그 밖의 인적공제가 있으며, 일괄공제를 두어 공제 적용을 간편하게 하고 혜택을 좀 더 늘려주는 효과를 주고 있습니다."

기초공제

기본적으로 상속세를 계산할 때 무조건 공제해주는 금액이다. 상속이 개시되는 경우에는 상속세 과세가액에서 2억원을 공제하므로 적어도 상속재산가액이 2억원 이하라면 상속세는 없다. 비거주자의 사망으로 인하여 상속이 개시된 경우에는 기초공제만을 적용하며, 다른 인적공제와 물적공제는 적용하지 않는다.

● 배우자 상속공제

거주자의 사망으로 인하여 배우자가 실제 상속받은 금액은 상속세 과세가액에서 공제한다. 다만, 그 금액은 상속재산의 가액에 민법에 따른 배우자의 법정상속분을 곱하여 계산한 금액에서 상속재산에 가산한 증여재산 중 배우자에게 증여한 재산에 대한 과세표준을 뺀 금액(30억원을 초과하는 경우에는 30억원)을 한도로 하며, 배우자가 실제 상속받은 금액이 없거나 5억원 미만인 경우 5억원을 공제한다.

배우자 상속공제는 상속세 과세표준 신고기한의 다음날부터 6개월이 되는 날(이하 "배우자상속재산 분할기한"이라 한다)까지 배우자의 상속재산을 분할(등기 · 등록 · 명의개서 등이 필요한 경우에는 등기 · 등록 · 명의개서 등이 된 것에 한정한다)한 경우에 적용한다. 이 경우 상속인은 상속재산의 분할사실을 배우자상속재산 분할기한까지 납세지 관할세무서장에게 신고하여야 한다. 다만, 다음에 해당하는 대통령령으로 정하는 부득이한 사유로 배우자상속재산 분할기한까지 분할할 수 없는 경우로서 배우자상속재산 분할기한(부득이한 사유가 소의 제기나 심판청구로 인한 경우에는 소송 또는 심판청구가 종료된 날)의 다음날부터 6개월이 되는 날(배우자상속재산 분할기한의 다음날부터 6개월을 경과하여 상속세 과세표준과 세액의 결정이 있는 경우에는 그 결정일을 말한다)까지 상속재산을 분할하여 신고하는 경우에는 배우자상속재산 분할기한 이내에 분할한 것으로 보되, 이는 상속인이 그 부득이한 사유를 배우자상속재산 분할기한까지 납세지 관할세무서장에게 신고하는 경우에 한정한다.

① 상속인 등이 상속재산에 대하여 상속회복청구의 소를 제기하거나 상속재산 분할의 심판을 청구한 경우

② 상속인이 확정되지 아니하는 부득이한 사유 등으로 배우자상속분을 분할하지 못하는 사실을 관할세무서장이 인정하는 경우

배우자 상속공제 분할기한

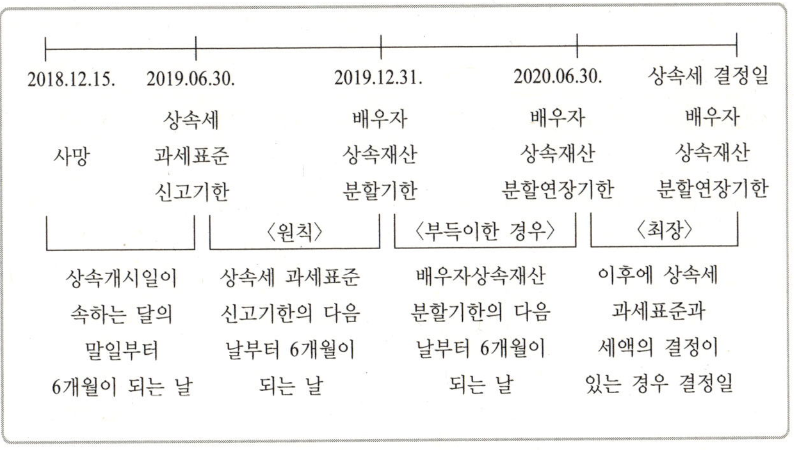

배우자 상속공제 한도

Min
- 배우자가 실제 상속받은 금액
  (배우자 사전증여재산 · 추정상속재산가액 제외)
- Min
  - ⓐ 기준금액×배우자 법정상속분[1] − 배우자에게 사전증여재산의 증여세 과세표준
  - ⓑ 30억원

총상속재산가액
- − 상속인이 아닌 수유자가 유증 등을 받은 재산가액
- − 비과세 상속재산가액
- − 상속세 과세가액불산입 재산가액
- − 공과금 및 채무
- + 합산기간 이내에 상속인이 증여받은 재산가액
- = 기준금액

사례 ① : 총재산 60억원, 배우자 법정지분을 20억원으로 가정하고 법정지분만큼 상속

구 분	상속세
본래의 상속재산ⓐ	45억원
배우자 사전증여가액ⓑ	15억원
상속세 과세가액(ⓒ=ⓐ+ⓑ)	**60억원**
배우자 법정재산가액ⓓ	20억원(법정지분)

---

1) 공동상속인 중 상속을 포기한 사람이 있는 경우에는 그 사람이 포기하지 아니한 경우의 배우자 법정상속분을 말한다. 이는 상속인이 지분을 포기함에 따라 배우자의 상속지분이 상대적으로 높아지는 것을 방지하기 위한 것이다.

구 분	상속세
배우자 사전증여재산가액(ⓔ＝ⓑ－6억원[2])	9억원(증여세과세표준)
배우자 상속공제한도(ⓕ＝ⓓ－ⓔ)	11억원
실제 상속받은 가액(ⓖ＝ⓓ－ⓑ)	5억원
배우자 상속공제[ⓗ＝(Minⓕ, ⓖ)]	**5억원**
일괄공제ⓘ	**5억원**
과세표준(ⓙ＝ⓒ－ⓗ－ⓘ)	**50억원**
산출세액(세율)	20.4억원(50%)
기납부 증여세액	2.1억원
차감납부세액	18.3억원

사례 ②

- 상속재산가액 : 50억원(금양임야 2억원 포함), 부채 13억원
- 자녀 2명, 배우자 법정지분율 : 3/7
- 상속세 신고기한 내 배우자 명의로 등기 등을 한 재산가액 : 10억원
- 상속세 결정기한 내 배우자 명의로 추가 등기 등을 한 재산가액 : 10억원

상속세 결정기한 내 배우자 명의로 추가 등기 등을 한 것은 배우자상속공제가 인정되므로 배우자가 실제 상속받은 금액은 20억원으로 계산되나, 배우자 상속공제한도액이 15억원이므로 배우자 상속공제액은 15억원으로 계산된다.

> 배우자 상속공제 한도액 계산 : (50억원－2억원－13억원)×3/7＝15억원

---

2) 배우자 증여재산공제액 6억원

● 절세기법 – 배우자 상속공제를 최대한 활용하자

"상속세를 신고하다 보면 부친이 연로하여 돌아가신 경우 나이 드신 모친에게 재산을 상속하면 얼마 후 또 상속을 해야 하므로 모친에게는 재산을 상속하지 않고 자녀들에게만 상속하는 경우가 많이 있습니다. 상속재산이 10억원 이하이고 배우자가 있다면 상속세가 과세되지 않으므로 모친에게 상속을 하지 않더라도 상속세 측면에서는 아무런 문제가 없기 때문입니다. 하지만, 상속재산이 많아 상속세가 과세되는 경우에는 모친에게 상속을 하는 경우와 하지 않는 경우 상속세 부담에 있어서 많은 차이가 발생할 수 있으므로 주의가 필요합니다."

"그 차이는 세무사님께서 말씀하신 배우자 상속공제 때문이겠네요."

"네, 맞습니다."

사례

피상속인의 상속재산이 35억원이며, 상속인으로는 배우자와 아들 2명이 있는데 배우자는 나이도 많아 상속을 포기하고 아들 2명에게 상속받게 하려고 할 경우 상속세는 어떻게 될까?

이 사례의 경우 배우자에게 재산을 한 푼도 상속하지 않는다고 하면, 상속재산 35억원에서 일괄공제 5억원, 배우자공제 5억원을 차감하면 상속세 과세표준이 25억원이 되며, 이에 대한 상속세는 8억 4천만원이 나온다. 하지만 배우자에게 법정상속지분대로 상속을 한다면 법정지분으로 배우자가 3/7, 아들이 각각 2/7씩이므로 배우자가 15억원, 자녀가 각각 10억원씩 상속받게 된다. 이럴 경우 35억원에서 일괄공제 5억원, 배우자공제 15억원을 차감하면 상속세 과세표준은 15억원이 되며, 이에 대한 상속세는 4억 4천만원이 된다.

따라서 배우자에게 법정지분대로 상속을 하게 되면 4억원이나 상속세가 절감된다. 이와 같이 피상속인의 배우자가 있는 경우에는 배우자에게 일정부분 재산을 상속하면 상속을 전혀 하지 않는 경우보다 상속세를 절세할 수 있다. 이러한 배우자 상속공제를 받기 위해서는 배우자상속재산 분할기한까지 상속재산을 배우자 명의로 분할(등기·등록·명의개서 등을 요하는 경우에는 그 절차를 마쳐야 함)하여야 한다. 만일 모친이 상속을 받고 10년 이내에 사망하여 다시 상속이 개시된 경우에는 기존에 상속세가 부과된 상속재산 중 재상속분에 대한 기존의 상속세 상당액을 산출세액에서 공제해 준다. 이때 공제되는 세액은 다음 산식에 의하여 계산한 금액으로 한다.

$$\begin{array}{c}\text{단기}\\\text{재상속에}\\\text{대한}\\\text{세액공제}\end{array}=\begin{array}{c}\text{전의}\\\text{상속세}\\\text{산출세액}\end{array}\times\begin{array}{c}\text{재상속분의}\\\text{재산가액}^{3)}\end{array}\times\dfrac{\dfrac{\text{전의 상속세}}{\text{과세가액}}}{\dfrac{\text{전의}}{\text{상속재산가액}}}\times\text{공제율}$$

위 산식에서 공제율이라 함은 재상속기간이 상속개시 후 1년마다 10%씩 체감하는 구조로 되어 있으며, 그 율은 다음과 같다.

재상속기간	공제율	재상속기간	공제율
1년 이내	100%	7년 이내	40%
2년 이내	90%	8년 이내	30%
3년 이내	80%	9년 이내	20%
4년 이내	70%	10년 이내	10%
5년 이내	60%	10년 초과	0%
6년 이내	50%		

"하지만 배우자의 재산이 많은 경우에 피상속인의 상속재산을 배우자에게 상속한다면 추후 배우자 사망시 상속세가 오히려 늘어날 수 있으므로, 상속재산 분할신고 이전에 조세전문가의 도움을 받아 배우자 상속재산분을 결정하는 것이 필요합니다."

---

3) 전의 상속당시의 상속재산가액에서 전의 상속세액을 차감한 금액으로 함.

● 30년을 부부로 살면서 혼인신고를 하지 않은 경우

① 혼인신고를 하지 않은 경우 상속권이 있는지?

우리 민법은 법률상의 배우자에게만 상속권을 인정하고 있으므로 사실상 혼인관계에 있는 배우자는 상속권이 없다. 민법상 배우자는 혼인신고를 한 법률상의 배우자를 말하는 것으로, 혼인은 가족관계 등의 등록에 관한 법률에 정한 바에 의하여 신고함으로써 그 효력이 생긴다. 그리고 민법상 사실혼이란 사실상 혼인생활을 하고 있으면서 법률상 혼인신고가 없기 때문에 법률상 혼인으로서 인정되지 않는 부부관계를 말한다. 개별 법률에서 배우자의 범위에 사실상 혼인관계에 있는 자를 포함하는지에 관하여는 당해 법률의 입법목적 등을 고려하여 규정하고 있으므로, 모든 법률규정상의 용어로서 배우자의 범위에 사실혼 관계에 있는 자를 제외하는 것은 아니다. 근로기준법, 공무원연금법, 군인연금법, 국민연금법, 국세기본법상의 배우자의 범위에는 사실상 혼인관계에 있는 자를 포함한다고 명기되어 있다.

② 배우자 상속공제는 가능한지?

상속세 및 증여세법 제19조에서는 배우자 상속공제를 적용받을 수 있는 배우자의 범위에 사실상 혼인관계에 있는 자를 포함한다는 문구가 명시되어 있지 않기 때문에 민법상 배우자만이 배우자 상속공제를 받을 수 있는 것으로 해석된다. 따라서, 상속권이 없는 것과 마찬가지로 배우자 상속공제도 받을 수 없다. 배우자 상속공제는 최대 30억원까지 가능하므로 상속세 최대 세율이 50%인 것을 감안하면 배우자 상속공제 적용 여부에 최대 15억원의 세금 차이가 발생할 수 있다.

③ 특별기여분을 청구할 수 있을까?

평생을 같이 살면서 자식도 낳고, 남편을 도와 사업을 하면서 재산증식을 이룬 것이라면 배우자 입장에서 혼인신고를 안 했다는 이유만으로 상속재산을 하나도 받지 못한다면 억울할 것이다. 그럼 민법에서 규정하는 기여분제도를 활용하여 상속재산을 받을 수 있을까? 민법 제1008조의 2에서는 공동상속인 중에 상당한 기간 동거·간호 그 밖의 방법으로 피상속인을 특별히 부양하거나 피상속인의 재산의 유지 또는 증가에 특별히 기여한 자가 있을 때에는 법정상속분에 기여분을 가산한 액으로써 그 자의 상속분으로 한다고 규정하고 있어 상속인 이외의 자에게는 기여분 권리가 없는 것으로 해석되고 있다. 따라서, 기여분을 청구할 수 있는 권리는 공동상속인 사이에서만 생기는 것이므로 상속권이 없는 배우자의 경우에는 기여분 청구권리 조차도 없어 결국 상속재산을 한 푼도 받지 못하게 되는 것이다. 하지만 상속권을 주장하는 자가 없는 경우에 한하여 특별연고자에 대한 분여를 인정하고 있으므로 이 제도를 고려해 볼 수 있다.

상속개시 전에 이혼조정이 성립된 경우

> 배우자와의 갈등으로 오랜 기간 이혼소송을 진행하다가 재판을 통해 이혼조정이 완료되어 이혼에 따른 재산분할이 이루어지던 중 사망하게 되었다면 이 경우 상속세 신고시 배우자상속공제를 적용받을 수 있을까?

피상속인이 배우자와 이혼조정을 신청하여 상속개시일 전에 조정이 성립된 경우에는 배우자 상속공제를 적용받을 수 없는 것이며, 재산분할청구권을 행사하여 배우자가 취득한 재산에 대하여는 증여세를 부과하지 않는다. 그러므로 상속세 신고시 재산분할이 완료되지 않아 피상속인의 명의로 되어 있는 재산은 피상속인의 상속재산에 포함시키고 해당 재산 중 재산분할로 배우자에게 배분되어야 할 재산은 피상속인의 채무에 해당하므로 상속세 과세가액에서 차감되어야 한다.

배우자에게 상속받고 등기를 안 했다면?

"배우자 상속공제 적용시 주의해야 할 부분이 있습니다. 현행 상속세 및 증여세법에서는 상속인이 배우자 상속공제를 받기 위해서는 상속재산을 분할하여 상속세 신고기한의 다음날부터 6월이 되는 날까지 배우자의 상속재산을 신고하여야 하고 등기·등록·명의개서 등을 요하는 재산의 경우에는 등기·등록·명의개서까지 이루어져야 합니다. 즉, 배우자 상속공제를 받기 위해서는 배우자의 상속재산을 신고만 하면 되는 것이 아니라 등기 등이 필요한 상속재산의 경우에는 배우자 명의로 등기 등의 절차까지 완료가 되어야 하는 것입니다. 만약 상속세 신고기한 내에 상속재산가액을 분할하여 신고는 하였으나 상속세 신고기한의 다음날부터 6월이 되는 날까지 상속재산에 대하여 소유권이전등기를 이행하지 않다면 배우자 상속공제를 적용받을 수 없습니다. 배우자공제는 상속재산에서 공제되는 항목 중 공제금액이 커서 사소한 실수 하나로 상속세를 추가로 부담하는 경우가 발생할 수 있습니다. 그러므로 배우자 상속공제 적용 시 이러한 실수가 발생하지 않도록 관련 요건을 꼼꼼히 체크해 봐야 합니다."

● 외국 국적인 경우 배우자 상속공제는?

① 배우자의 국적상실로 남편의 제적등본에서 제적되었다면?

배우자가 결혼 후 미국 국적을 취득하여 부득이하게 대한민국 국적을 상실하게 되었다. 이로 인해 거주자인 남편의 제적등본에서도 미국 국적 취득을 원인으로 하여 제적되어 있는 상태이다. 제적등본과는 상관없이 실제 부부로 살고 있다가 어느 날 남편이 사망하게 된 경우 제적등본에서 제적된 배우자가 배우자 상속공제를 받을 수 있을까?

상속세 및 증여세법에서 배우자와 관련된 공제를 적용받기 위해서는 민법상 혼인으로 인정되는 혼인관계에 의한 배우자여야 한다. 위 사례에서는 배우자가 미국 국적 취득으로 인해 남편의 제적등본에서 제적되었기 때문에 논란이 있을 수 있다. 우리나라에서 말하는 혼인관계는 가족관계의 등록 등에 관한 법률에 의하여 신고를 함으로써 성립하고 배우자의 사망과 이혼으로 해소된다. 따라서 대한민국 국적을 상실하여 남편 제적등본에서 제적되었더라도 이혼하지 않고 혼인관계를 유지하고 있다면 배우자 상속공제를 적용받을 수 있기 때문에 위 사례처럼 혼인관계를 유지하고 있는 배우자는 배우자 상속공제를 적용받을 수 있다.

② 외국 국적 취득자가 사망할 경우에도 배우자 상속공제를 적용받을 수 있나?

국내에서 대부업을 하고 있는 일본 국적의 재일교포가 사업을 위해 한국에서 배우자와 딸과 함께 거주하고 있던 중 지병으로 사망하였다. 국적이 일본인 남편의 사망으로 상속세 신고시 배우자 상속공제, 기타 인적공제 및 일괄공제를 적용받을 수 있을까?

상속세 및 증여세법 제1조 제1항 제1호의 규정에 의하여 거주자의 사망으로 인하여 상속이 개시된 경우 거주자의 모든 상속재산에 대하여 상속세를 부과하는 것이며, 배우자 상속공제·기타 인적공제·일괄공제는 거주자의 사망으로 인하여 상속이 개시되는 경우에 적용되는 것이다. 이때 거주자는 상속개시일 현재 대한민국 내에 주소를 두거나 183일 이상 거소를 둔 자를 말하며, 외국국적 취득자도 이에 해당하는 경우 거주자로 보는 것이므로 배우자 상속공제를 적용받을 수 있다.

부부가 같은 날에 사망한 경우 배우자 상속공제

부부가 같은 날에 사망한 경우 부와 모가 동시에 사망하였다면 상속세의 과세는 부와 모의 상속재산에 대하여 각각 개별로 계산하여 과세하며, 이 경우 배우자 상속공제는 적용되지 않는다. 하지만 부와 모가 같은 날에 시차를 두고 사망한 경우, 상속세의 과세는 부와 모의 재산을 각각 개별로 계산하여 과세하되 먼저 사망한 자의 상속세 계산시 배우자 상속공제를 적용하고, 나중에 사망한 자의 상속세 과세가액에는 먼저 사망한 자의 상속재산 중 그의 지분을 합산하고 단기재상속에 대한 세액공제를 적용한다.

배우자 상속공제의 취지 및 내용

① 배우자 상속공제와 증여공제의 취지

배우자간 상속시 최대 30억원까지 상속공제를 하고 증여 시에 6억원을 공제하는 것은 배우자에 대한 상속 및 증여가 세대를 달리하는 수직적 이전이 아니라 동일 세대 사이의 수평적 재산 이전이고, 피상속인이나 증여자의 재산형성에 배우자의 기여분이 있다는 점을 고려하여, 전체 피상속인이나 증여자의 재산 중 일정비율까지는 과세를 유보하고 그 후 남은 배우자가 사망 등의 사유가 발생하는 때에 완결과세를 한다는 데 입법 취지가 있다.

② 배우자 상속공제의 효과 및 혜택

배우자 상속공제의 한도액만큼 상속재산가액이 차감되므로 상속세액이 줄어드는 효과가 있다. 이러한 배우자 상속공제의 혜택은 배우자뿐만 아니라 공동상속인 전부에게 귀속이 된다.

③ 배우자 상속공제의 요건

배우자 상속공제는 최대 30억원까지 공제받을 수 있으며, 상속세 과세표준 신고기한의 다음 날부터 6월이 되는 날(배우자 상속재산분할기한)4)까지 배우자의 상속재산을 신고해야 하며, 등기 · 등록 · 명의개서 등을 요하는 재산의 경우에는 배우자 상속재산분할기한까지 등기 · 등록 · 명의개서 등이 되어야 한다. 이때 배우자는 민법상 혼인관계에 있어야 하고, 피상속인이 비거주자인 경우에는 받을 수 없다. 이러한 배우자 상속공제는 배우자가 실제 상속받은 금액이 없거나 5억원 미만인 경우에도 상속세

---

4) 상속회복청구의 소를 제기하거나 관할세무서장이 인정하는 사유 등으로 배우자 상속분을 분할하지 못한 경우는 예외로 한다.

의 신고 여부에 관계없이 5억원을 공제받을 수 있다. 이러한 법적 요건들을 하나라도 충족하지 않을 경우에는 공제를 받지 못하므로 사전에 철저히 체크하여야 한다.

④ **민법상 혼인관계여야 배우자관련 규정 적용가능**

상속세 및 증여세법에서는 민법상 혼인관계가 아닌 경우에는 법적인 상속인이 될 수 없으며, 증여를 받을 경우 배우자 증여공제를 받을 수 없고, 상속시에도 배우자 상속공제를 받을 수 없기 때문에 실제 혼인신고가 되어있는지 미리 확인해 봐야 한다.

● 그 밖의 인적공제

거주자의 사망으로 상속이 개시되는 경우 당해 금액을 상속세 과세가액에서 공제하며, 당해 인적공제는 공제대상이 되는 자가 상속의 포기 등으로 상속을 받지 아니하는 경우에도 적용한다.

① **자녀공제**

자녀공제는 피상속인을 기준으로 판단한다. 자녀공제는 자녀 수에 관계없이 자녀 1명에 대해서는 5천만원을 공제한다.

② **미성년자공제**

미성년자는 배우자를 제외한 상속인과 동거가족 중 미성년자에 대해서는 1천만원에 19세가 될 때까지의 연수를 곱하여 계산한 금액을 미성년자공제액으로 공제한다. 미성년자는 상속개시일 현재 만 19세 미만인 자를 말한다.

미성년자공제＝미성년자수×(1천만원×19세까지 연수)

③ **연로자공제**

거주자의 사망으로 인하여 상속이 개시되는 경우에는 배우자를 제외한 상속인 및 동거가족 중 65세 이상인 사람에 대해서는 그 수에 관계없이 연로자 1명당 5천만원을 상속세 과세가액에서 공제한다.

④ **장애인공제**

상속인(배우자 포함) 및 동거가족 중 장애인에 대해서는 1천만원에 상속개시일 현재 통계법 제18조에 따라 통계청장이 승인하여 고시하는 통계표에 따른 성별·연령별 기대여명의 연수를 곱하여 계산한 금액으로 한다. 상속인 및 동거가족 중 장애인공제의 대상이 되는 장애인은 장애인복지법에 따른 장애인, 국가유공자 등 예우 및 지원에 관한 법률에 따른 상이자 및 이와 유사한 자로서 근로능력이 없는 자, 기타 항시 치료를 요하는 중증환자에 해당하는 자를 말한다. 장애인에 해당하는 자가 장애인공제를 받고자 하는 경우에는 장애인증명서를 상속세 과세표준 신고와 함께 납세지관할세무서장에게 제출하여야 하며 국가유공자 등 예우 및 지원에 관한 법률에 의한 상이자의 증명을 받은 자 또는 장애인복지법에 의한 장애인등록증을 교부받은 자에 대하여는 당해 증명서 또는 등록증으로서 장애인증명서에 갈음할 수 있다.

장애인의 범위 및 입증서류

- 장애인증명서 : 장애인복지법에 따른 장애인
- 상이자증명서 : 국가유공자 등 예우 및 지원에 관한 법률에 따른 상이자 및 이와 유사한 자로서 근로능력이 없는 자
- 장애인등록증 : 기타 항시 치료를 요하는 중증환자

인적공제금액

종 류	공제대상자	공제액
자녀공제	피상속인의 자녀	1인당 5천만원
미성년자공제	배우자를 제외한 상속인 및 동거가족 중 미성년자	1인당 1천만원×19세가 될 때까지의 연수
연로자공제	배우자를 제외한 상속인 및 동거가족 중 65세 이상인 자	1인당 5천만원
장애인공제	배우자를 포함한 상속인 및 동거가족 중 장애인	1인당 1천만원×기대여명까지의 연수

미성년자공제와 장애인공제 적용시 1년 미만의 기간은 1년으로 한다.

⑤ 동거가족의 범위

그 밖의 인적공제 대상이 되는 동거가족은 상속개시일 현재 피상속인이 사실상 부양하고 있는 직계존비속(배우자의 직계존속을 포함) 및 형제자매를 말한다. 즉 피상속인의 재산으로 생계를 유지하는 직계존비속 및 형제자매를 말하며, 태아의 경우에는 상속인의 지위에는 있으나 자연인에 해당되지 아니하므로 자녀공제 및 미성년자공제를 받을 수 없다. 그리고 손자가 피상속인의 재산으로 생계를 유지하는 경우에는 인적공제 대상이나, 그의 부모가 부양능력이 있는 경우에는 인적공제를 받을 수 없으며, 상속인이 될 자가 상속개시 전에 사망 또는 결격 등의 사유로 대습상속되는 경우에는 피상속인이 대습상속인(상속인의 직계비속)을 사실상 부양하고 있었다면 그 대습상속인에 대하여 미성년자공제는 받을 수 있으나 자녀공제는 받을 수 없다. 자녀공제의 경우에는 피상속인의 자녀의 경우에만 공제대상에 해당하기 때문이다.

⑥ 중복적용여부

자녀공제에 해당하는 자가 미성년자공제에 해당하는 경우 각자 그 공제금액을 합산하여 공제하며, 장애인공제에 해당하는 자가 자녀공제, 미성년자공제, 연로자공제 및 배우자상속공제에 해당하는 경우 각각 그 공제금액을 합산하여 공제한다. 이외에는 중복공제가 적용되지 않는다.

인적공제 중복적용 여부

인적공제	배우자	자녀	미성년자	연로자	장애인
배우자					○
자녀			○	선택	○
미성년자		○			○
연로자		선택			○
장애인	○	○	○	○	

● 공제금액이 적다면 일괄공제제도를 활용하자

거주자의 사망으로 인하여 상속이 개시되는 경우에 상속인이나 수유자는 기초공제와 그 밖의 인적공제액을 합친 금액과 5억원 중 큰 금액으로 공제받을 수 있다. 피상속인의 배우자가 단독으로 상속받는 경우에는 일괄공제가 불가능하며, 기초공제와 그 밖의 인적공제액을 합친 금액으로만 공제한다.

여기서 배우자가 단독으로 상속받는 경우라 함은 민법 제1003조에 의하여 피상속인의 법정상속인이 배우자 단독인 경우를 말한다. 따라서 공동상속인이 상속포기를 하거나 또는 협의분할에 의하여 배우자가 단독으로 상속을 받는 경우에도 일괄공제 5억원은 적용받을 수 있다. 또한 상속세 과세표준 신고기한 이내에 신고를 하지 않은 경우에는 일괄공제 5억원만 적용 가능하다.

일괄공제 적용

구 분		공제 금액
상속세 신고기한 내 신고하지 아니한 경우		일괄공제 5억원＋배우자공제 적용 (배우자가 단독으로 상속받은 경우 일괄공제 적용 불가)
상속세 신고기한 내 신고한 경우	기초공제액과 그 밖의 인적공제액이 5억원 미만인 경우	일괄공제 5억원＋배우자공제 적용
	배우자만 단독으로 상속받은 경우	일괄공제 적용불가 (기초공제＋그 밖의 인적공제＋배우자공제의 합계액으로 공제)
	공동상속인의 상속포기 또는 협의분할에 따라 배우자 혼자 상속받은 경우	기초공제와 그 밖의 인적공제액을 합친 금액과 일괄공제(5억원) 중 큰 금액＋배우자공제

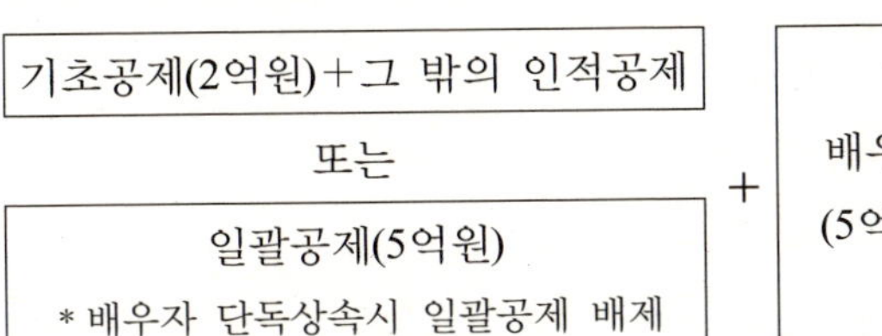

● 일괄공제를 적용하지 않고 신고한 경우

“세무사님, 기초공제와 그 밖의 인적공제에 의한 공제액의 합계액과 일괄공제 5억원 중 선택하여 신고할 수 있다고 하셨는데 만약 기초공제와 그 밖의 인적공제액에 의한 공제액의 합계액이 5억원이 안되는데 일괄공제를 적용하지 않고 상속세 신고를 한 경우에는 어떻게 해야 하나요?”

“상속세 신고를 하면서 기초공제와 그 밖의 인적공제액에 의한 공제액의 합계액이 5억원에 미달함에도 이 금액을 적용한 경우에는 국세기본법에 따라 경정청구를 할 수 있습니다.”

사례별 최소한의 인적공제 금액

상속인이 배우자와 자녀인 경우	10억원 (일괄공제 5억원＋배우자공제 5억원)
상속인이 배우자만인 경우	7억원 (기초공제 2억원＋배우자공제 5억원)
상속인이 자녀만 있는 경우	5억원(일괄공제 5억원)

● 후순위 상속인에게 유증할 경우에도 공제가 적용될까?

"세무사님, 그렇다면 혹시 선순위 상속인인 자녀가 모두 상속을 포기하고 후순위상속인인 손자녀가 상속재산 전부를 받을 경우에도 공제를 적용받을 수 있나요?"

"기초공제는 기본적으로 상속세를 계산할 때 무조건 공제해주는 금액입니다. 거주자 또는 비거주자의 사망으로 상속이 개시되는 경우 기초공제인 2억원을 공제해주므로 적어도 상속재산가액이 2억원 이하라면 상속세는 없습니다. 그리고 거주자의 경우에는 상속인이나 수유자는 기초공제와 그 밖의 인적공제액을 합친 금액과 5억원 중 큰 금액으로 공제받을 수 있습니다. 하지만 상속세 및 증여세법 제24조의 규정에 의하면, 상속세 과세가액에서 공제되는 공제액은 상속세 과세가액에서 상속인이 아닌 자에게 유증을 한 재산의 가액을 차감한 잔액에 상당하는 금액을 초과하지 못하도록 한도 규정을 두고 있습니다."

상속공제액의 한도액＝상속세 과세가액

−선순위 상속인이 아닌 자에게 유증 또는 사인증여한 재산가액

−상속인의 상속포기로 그 다음 순위의 상속인이 상속받은 재산가액

−사전 증여재산가액(증여재산공제 및 재해손실공제액 차감한 금액)

"즉, 상속재산 전액을 유증받은 경우에는 상속세 과세가액에서 손자녀가 유증받은 재산가액을 차감하면 공제받을 수 있는 한도액은 0이 됩니다. 그러므로 선순위 상속인이 있음에도 후순위 상속인이 상속을 받은 경우에는 상속공제를 받을 수 있는 상속인이라고 할 수가 없고, 상속공제를 받을 수 있는 한도액도 없게 되므로 기초공제 및 일괄공제는 적용될 수 없으니 주의가 필요합니다."

Chapter 02

상속재산에 따른 공제

"물적공제는 인적공제와 다르게 상속받는 재산이 어떤 종류인지, 재산상황에 따라 적용합니다. 이러한 물적공제는 인적사항에 따른 인적공제와 더불어 납세자의 형평성을 고려하고 있으며, 물적공제에는 가업상속공제와 영농상속공제, 금융재산 상속공제, 재해손실공제, 동거주택 상속공제가 있습니다."

가업을 상속하자

"세법에서는 중소기업 등의 원활한 가업승계를 지원하기 위하여 거주자인 피상속인이 생전에 10년 이상 영위한 중소기업 등을 상속인에게 정상적으로 승계한 경우에 최대 500억원까지 상속공제를 하여 가업승계에 따른 상속세 부담을 크게 경감시켜 주는 가업상속공제란 제도를 두고 있습니다. 상속공제 금액이 큰 만큼 공제를 받을 수 있는지 꼼꼼하게 확인해 봐야 합니다. 사장님께서도 이번 상속세 신고시 적용받을 수 있는지 확인이 필요한 부분입니다."

"상속공제 한도가 다른 상속공제에 비해 상당히 크네요. 그래서 주변에서 회사를 상속받을 때 중요하다고 이야기했던 거군요. 저도 회사를 승계받을 때 상속세가 많이 나오게 되면 그나마 조금씩 나아지고 있는 회사상황이 상속세 부담 때문에 다시 어려워지는 거 아닌가 하고 걱정이 많았습니다. 이런 제도가 있으니 제가 혜택을 받을 수 있는지 꼼꼼히 살펴봐야겠네요."

"그렇습니다. 그럼 가업상속공제에 대해 자세히 알아보도록 하겠습니다."

1) 가업상속공제의 계산

거주자의 사망으로 상속이 개시되는 경우로서 가업의 상속에 해당하는 경우에는 가업상속재산가액과 피상속인의 가업영위기간별 한도액 중 적은 금액을 상속세 과세가액에서 공제한다. 이때 가업영위기간별 한도액은 피상속인이 10년 이상 계속하여 경영한 경우에는 200억원, 피상속인이 20년 이상 계속하여 경영한 경우에는 300억원, 피상속인이 30년 이상 계속하여 경영한 경우에는 500억원을 한도로 한다.

2) 가업상속공제의 요건

가업상속은 피상속인이 10년 이상 계속하여 경영한 법정 중소기업 또는 중견기업(직전 3년 평균매출액 3천억원 이하인 기업 포함)을 상속받거나 피상속인이 소유하고 있는 중소기업 또는 중견기업의 출자지분을 상속받는 것을 말한다. 이러한 가업상속과 관련하여 가업상속공제를 적용받으려면 다음의 요건을 모두 충족하여야 한다.

① 피상속인이 10년 이상 경영한 중소기업 또는 중견기업

가업상속공제의 대상이 되는 가업상속이란 상속개시일이 속하는 소득세 과세기간 또는 법인세 사업연도의 직전 소득세 과세기간 또는 법인세 과세연도말 현재 중소기업 또는 중견기업으로서 피상속인이 10년 이상 계속하여 경영한 기업을 말한다. 여기서 중소기업이란 상속세 및 증여세법 시행령 별표에 따른 업종을 주된 사업으로 영위하여야 하며, 조세특례제한법 시행령 제2조 제1항 제1호 및 제3호의 요건을 충족하고 자산총액이 5천억원 미만이어야 한다.

그리고 중견기업이란 상속세 및 증여세법 시행령 별표에 따른 업종을 주된 사업으로 영위하여야 하며, 조세특례제한법 시행령 제9조 제2항 제1호 및 제3호의 요건을 충족하고 상속개시일의 직

전 3개 소득세 과세기간 또는 법인세 사업연도의 매출액의 평균 금액이 3천억원 미만이어야 한다.

가업영위기간을 판단함에 있어서는 피상속인이 사업장을 이전하여 같은 업종의 사업을 계속하여 영위하는 경우에는 종전 사업장에서의 사업기간을 포함하여 가업영위기간을 계산하며, 개인사업자로서 영위하던 가업을 동일업종의 법인으로 전환하여 피상속인이 법인 설립일 이후 계속하여 당해 법인의 최대주주 등에 해당하는 경우에는 개인사업자로서 가업을 영위한 기간을 포함하여 가업영위기간을 계산한다.

가업상속공제를 적용받는 중소 · 중견기업의 해당업종

1. 한국표준산업분류에 따른 업종

표준산업분류상 구분	가업 해당 업종
가. 농업, 임업 및 어업(01~03)	작물재배업(011) 중 종자 및 묘목생산업(01123)을 영위하는 기업으로서 다음의 계산식에 따라 계산한 비율이 100분의 50 미만인 경우 [제15조 제7항에 따른 가업용 자산 중 토지(공간정보의 구축 및 관리 등에 관한 법률에 따라 지적공부에 등록하여야 할 지목에 해당하는 것을 말한다) 및 건물(건물에 부속된 시설물과 구축물을 포함한다)의 자산의 가액]÷(제15조 제7항에 따른 가업용 자산의 가액)
나. 광업(05~08)	광업 전체

표준산업분류상 구분	가업 해당 업종
다. 제조업(10~33)	제조업 전체. 이 경우 자기가 제품을 직접 제조하지 않고 제조업체(사업장이 국내 또는 개성공업지구 지원에 관한 법률 제2조 제1호에 따른 개성공업지구에 소재하는 업체에 한정한다)에 의뢰하여 제조하는 사업으로서 그 사업이 다음의 요건을 모두 충족하는 경우를 포함한다. 1) 생산할 제품을 직접 기획(고안·디자인 및 견본제작 등을 말한다)할 것 2) 해당 제품을 자기명의로 제조할 것 3) 해당 제품을 인수하여 자기책임하에 직접 판매할 것
라. 하수 및 폐기물 처리, 원료 재생, 환경정화 및 복원업(37~39)	하수·폐기물 처리(재활용을 포함한다), 원료 재생 및 환경정화 및 복원업 전체
마. 건설업(41~42)	건설업 전체
바. 도매 및 소매업(45~47)	도매 및 소매업 전체
사. 운수업(49~52)	여객운송업[육상운송 및 파이프라인 운송업(49), 수상 운송업(50), 항공 운송업(51) 중 여객을 운송하는 경우]
아. 숙박 및 음식점업(55~56)	음식점 및 주점업(56) 중 음식점업(561)

표준산업분류상 구분	가업 해당 업종
자. 정보통신업 (58~63)	출판업(58)
	영상 · 오디오 기록물제작 및 배급업(59). 다만, 비디오물 감상실 운영업(59142)은 제외한다.
	방송업(60)
	우편 및 통신업(61) 중 전기통신업(612)
	컴퓨터 프로그래밍, 시스템 통합 및 관리업(62)
	정보서비스업(63)
차. 전문, 과학 및 기술서비스업(70~73)	연구개발업(70)
	전문서비스업(71) 중 광고업(713), 시장조사 및 여론조사업(714)
	건축기술, 엔지니어링 및 기타 과학기술 서비스업(72) 중 기타 과학기술 서비스업(729)
	기타 전문, 과학 및 기술 서비스업(73) 중 전문디자인업(732)
카. 사업시설관리 및 사업지원 서비스업(74~75)	사업시설 관리 및 조경 서비스업(74) 중 건물 및 산업설비 청소업(7421)
	사업지원 서비스업(75) 중 고용알선 및 인력 공급업(751, 농업노동자 공급업을 포함한다), 경비 및 경호 서비스업(7531), 보안시스템 서비스업(7532), 콜센터 및 텔레마케팅 서비스업(75991), 전시, 컨벤션 및 행사 대행업(75992), 포장 및 충전업(75994)
타. 임대업 : 부동산 제외(76)	무형재산권 임대업(764, 지식재산 기본법 제3조 제1호에 따른 지식재산을 임대하는 경우로 한정한다)

표준산업분류상 구분	가업 해당 업종
파. 교육서비스업 (85)	교육 서비스업(85) 중 사회교육시설(8564), 직원훈련기관(8565), 기타 기술 및 직업훈련학원(85669)
하. 사회복지 서비스업(87)	사회복지서비스업 전체
거. 예술, 스포츠 및 여가관련 서비스업(90~91)	창작, 예술 및 여가관련서비스업(90) 중 창작 및 예술관련 서비스업(901), 도서관, 사적지 및 유사 여가관련 서비스업(902). 다만, 독서실 운영업(90212)은 제외한다.
너. 협회 및 단체, 수리 및 기타 개인 서비스업(94~96)	기타 개인 서비스업(96) 중 개인 간병인 및 유사 서비스업(96993)

2. 개별법률의 규정에 따른 업종

가업 해당 업종
가. 조세특례제한법 제7조 제1항 제1호 커목에 따른 직업기술 분야 학원
나. 조세특례제한법 시행령 제5조 제7항에 따른 엔지니어링사업
다. 조세특례제한법 시행령 제5조 제8항에 따른 물류산업
라. 조세특례제한법 시행령 제6조 제1항에 따른 수탁생산업
마. 조세특례제한법 시행령 제54조 제1항에 따른 자동차정비공장을 운영하는 사업
바. 해운법에 따른 선박관리업
사. 의료법에 따른 의료기관을 운영하는 사업
아. 관광진흥법에 따른 관광사업(카지노, 관광유흥음식점업 및 외국인전용 유흥음식점업은 제외한다)

가업 해당 업종

자. 노인복지법에 따른 노인복지시설을 운영하는 사업

차. 노인장기요양보험법 제32조에 따른 재가장기요양기관을 운영하는 사업

카. 전시산업발전법에 따른 전시산업

타. 에너지이용합리화법 제25조에 따른 에너지절약전문기업이 하는 사업

파. 근로자직업능력개발법에 따른 직업능력개발훈련시설을 운영하는 사업

하. 도시가스사업법 제2조 제4호에 따른 일반도시가스사업

거. 국가과학기술 경쟁력 강화를 위한 이공계지원 특별법 제2조 제4호 나목에 따른 연구개발지원업

너. 민간임대주택에 관한 특별법에 따른 주택임대관리업

더. 신에너지 및 재생에너지 개발·이용·보급 촉진법에 따른 신·재생에너지 발전사업

조세특례제한법 시행령

제2조 【중소기업의 범위】

① 조세특례제한법(이하 "법"이라 한다) 제5조 제1항 각 호 외의 부분에서 "대통령령으로 정하는 중소기업"이란 다음 각 호의 요건을 모두 갖춘 기업(이하 "중소기업"이라 한다)을 말한다. 다만, 자산총액이 5천억원 이상인 경우에는 중소기업으로 보지 아니한다.

1. 매출액이 업종별로 중소기업기본법 시행령 별표 1에 따른 규모기준("평균매출액등"은 "매출액"으로 보며, 이하 이 조에서 "중소기업기준"이라 한다) 이내일 것

2. 삭 제

3. 실질적인 독립성이 중소기업기본법 시행령 제3조 제1항 제2호에 적합할 것. 이 경우 중소기업기본법 시행령 제3조 제1항 제2호 나목의 주식등의 간접소유 비율을 계산할 때 자본시장과 금융투자업에 관한 법률에 따른 집합투자기구를 통하여 간접소유한 경우는 제외하며, 중소기업기본법 시행령 제3조 제1항 제2호 다목을 적용할 때 "평균매출액등이 별표 1의 기준에 맞지 아니하는 기업"은 "매출액이 조세특례제한법 시행령 제2조 제1항 제1호에 따른 중소기업기준에 맞지 아니하는 기업"으로 본다.

4. 제29조 제3항에 따른 소비성서비스업을 주된 사업으로 영위하지 아니할 것

제 9 조 【연구 및 인력개발비에 대한 세액공제】
② 법 제10조 제1항 제1호 가목 2)에서 "대통령령으로 정하는 중견기업"이란 다음 각 호의 요건을 모두 갖춘 기업을 말한다.

1. 중소기업이 아닐 것

2. 다음 각 목의 어느 하나에 해당하는 업종을 주된 사업으로 영위하지 아니할 것. 이 경우 둘 이상의 서로 다른 사업을 영위하는 경우에는 사업별 사업수입금액이 큰 사업을 주된 사업으로 본다.
   가. 제29조 제3항에 따른 소비성서비스업
   나. 중견기업 성장촉진 및 경쟁력 강화에 관한 특별법 시행령 제2조 제2항 제2호 각 목의 업종

3. 소유와 경영의 실질적인 독립성이 중견기업 성장촉진 및 경쟁력 강화에 관한 특별법 시행령 제2조 제2항 제1호에 적합할 것

4. 직전 3개 과세연도의 매출액(매출액은 제2조 제4항에 따른 계산방법으로 산출하며, 과세연도가 1년 미만인 과세연도의 매출액은 1년으로 환산한 매출액을 말한다)의 평균금액이 5천억원 미만인 기업일 것

② 피상속인의 출자지분

가업상속공제 대상이 되는 가업에는 중소기업 또는 중견기업의 최대주주(최대출자자)인 경우로서 그와 친족 등 특수관계에 있는 자의 주식 등을 합하여 해당 법인의 발행주식총수의 50%(상장법인은 30%) 이상을 10년 이상 계속하여 보유하는 경우에 한정한다. 다만, 가업상속이 이루어진 후에 가업상속 당시 최대주주 등에 해당하는 자(가업상속을 받은 상속인은 제외)의 사망으로 상속이 개시되는 경우는 제외한다.[5] 그리고 개인사업자의 경우 출자지분 요건은 고려대상이 아니다.

③ 피상속인 요건

피상속인이 상속개시일 현재 거주자로 피상속인이 가업의 영위기간 중 50% 이상 또는 상속개시일부터 소급하여 10년 중 5년 이상의 기간 동안 대표이사(개인사업자인 경우 대표자를 포함)로 재직하거나 상속인이 피상속인의 대표이사직을 승계하여 승계한 날부터 상속개시일까지 계속 재직한 경우에는 피상속인이 가업의 영위기간 중 10년 이상을 대표이사로 재직[6]하여야 한다.

---

5) 다수의 최대주주 중 피상속인 1명에 한하여 가업상속공제를 적용
6) 50% 또는 5년 이상 요건은 피상속인이 상속개시일 현재 대표이사(개인은 대표자)가 아닌 경우에도 가업을 사망일까지 영위해야 하나, 10년 이상 요건은 고령화 사회의 질병 등으로 피상속인이 상속개시일 현재 가업에 종사하지 않은 경우에도 예외를 인정한 것임.

④ 상속인 요건7)

상속인이 상속개시일 현재 18세 이상이면서, 상속개시일 전에 2년 이상 직접 가업에 종사(상속개시일 2년 전부터 가업에 종사한 경우로서 상속개시일부터 소급하여 2년에 해당하는 날부터 상속개시일까지의 기간 중 상속인이 법률 규정에 의한 병역의무의 이행, 질병의 요양, 취학상 형편 등의 사유로 가업에 직접 종사하지 못한 기간이 있는 경우에는 그 기간은 가업에 종사한 기간으로 본다)하여야 한다.8) 다만, 피상속인이 65세 이전에 사망하거나 천재지변 및 인재 등 부득이한 사유로 사망한 경우에는 2년이 안 되어도 가능하다. 그리고 상속인이 상속세과세표준 신고기한까지 임원으로 취임하고, 신고기한부터 2년 이내에 대표이사(대표자)로 취임해야 한다. 법인사업자의 경우에는 상속인이 대표이사로 선임되어 법인등기부에 등재되고 대표이사직을 수행하는 경우에 취임한 것으로 보며, 상속인 1명이 가업의 전부를 상속받고 공동대표이사로 취임하는 경우에도 가업상속공제를 받을 수 있다. 그리고 가업이 중견기업에 해당하는 경우 가업상속재산 외에 상속재산의 가액이 해당 상속인이 상속세로 납부할 금액에

---

7) 상속인의 배우자가 요건을 모두 갖춘 경우에는 상속인이 그 요건을 갖춘 것으로 본다.

8) 상속인이 직접 가업에 종사한 기간의 판정시 상속인이 가업에 종사하다가 중도에 퇴사한 후 다시 입사한 경우 재입사 전 가업에 종사한 기간은 포함하지 않는다. 다만, 그 가업에 종사할 수 없는 부득이한 사유가 있는 경우에는 그러하지 않는다.

2배를 초과하지 않아야 한다. 가업이 2개 이상인 기업의 경우 기업별 상속이 허용되며, 1개 기업을 공동 상속한 경우에도 대표자 승계지분에 대해 공제가 적용된다.

3) 가업상속재산의 범위

가업상속재산이란 개인기업의 경우 상속재산 중 가업에 직접 사용되는 토지, 건축물, 기계장치 등 사업용 자산의 가액에서 해당 자산에 담보된 채무액을 차감한 가액을 말하며, 법인기업의 경우에는 상속재산 중 가업에 해당하는 법인의 주식 등의 가액에 그 법인의 총자산가액 중 상속개시일 현재 가업에 직접 사용하지 않는 사업무관자산9)을 제외한 자산가액이 차지하는 비율을 곱하여 계산한 금액을 말한다.

4) 가업상속공제 관련서류 제출

가업상속공제를 신청하고자 하는 자는 상속세 과세표준신고서와 함께 가업상속 사실을 입증할 수 있는 가업상속공제신고서(중소기업기준검토표 포함), 가업상속재산명세서, 가업용 자산명세, 법인인 경우 피상속인이 최대주주 또는 최대출자자에 해당

---

9) 사업무관자산(상속개시일 현재 기준) : ① 토지 등 양도소득에 대한 과세특례에 해당하는 자산 ② 법인세법상 업무무관자산 및 타인에게 임대하고 있는 부동산 ③ 대여금 ④ 과다보유현금(상속개시일 직전 5개 사업연도말 평균 현금보유액의 150% 초과분) ⑤ 법인의 영업활동과 직접 관련 없이 보유하고 있는 주식 · 채권 및 금융상품

하는 자임을 입증하는 서류, 기타 상속인이 당해 가업에 직접 종사한 사실을 증명할 수 있는 서류를 납세지 관할 세무서장에게 제출하여야 한다.

5) 사후관리

가업상속공제를 적용받았다 하더라도 가업상속인이 상속개시 이후에 세법에서 정한 사후의무 요건을 이행하지 아니한 경우에는 공제받은 금액에 해당 가업용 자산의 처분비율과 사후의무 위반 기간에 따른 추징율을 곱한 금액을 상속개시 당시의 상속세 과세가액에 다시 산입하여 상속세를 재계산해 납부해야 한다. 이 경우 사유발생일이 속하는 달의 말일부터 6개월 이내에 가업상속공제 사후관리추징사유신고 및 자진납부 계산서를 납세지 관할 세무서장에게 제출하고 해당 상속세와 이자상당액을 납부하여야 한다. 납세지 관할 세무서장은 가업상속 이후 가업상속인이 세법에서 정한 사후의무이행 요건을 적법하게 이행하였는지를 매년 점검하여 위반사항이 발견되면 이미 공제받은 가업상속공제액은 부인하고 상속세 및 가산세를 부과하고 있다. 가업상속공제를 받은 후 상속개시일부터 10년 이내에 정당한 사유 없이 다음의 경우에 해당되면 공제받은 금액에 해당 가업용 자산의 처분비율과 해당일까지의 기간을 고려하여 계산을 금액을 상속개시 당시의 상속세 과세가액에 산입하여 상속세를 부과하고 이자상당액을 그 부과하는 상속세에 가산한다.

가업용 자산의 20%(5년 이내 10%) 이상을 처분한 경우	㉠ 가업용자산의 가액 　가. 소득세법 적용받는 기업 : 가업상속재산 　나. 법인세법 적용받는 기업 : 가업 법인사업에 직접 사용되는 사업용 고정자산(사업무관자산은 제외) ㉡ 가업용자산 중 처분(사업에 사용하지 아니하고 임대하는 경우 포함)한 자산의 상속개시일 현재의 가액 ㉢ 처분비율＝㉡/㉠
상속인이 가업에 종사하지 아니하게 된 경우	㉠ 상속인이 대표이사 등으로 종사하지 아니하는 경우 ㉡ 가업의 주된 업종을 변경하는 경우[한국표준산업분류에 따른 소분류 내에서 업종을 변경하는 경우로서 상속개시일 현재 영위하고 있는 업종(한국표준산업분류에 따른 세분류 업종)의 매출액이 사업연도 종료일 기준으로 30% 이상인 경우는 제외한다.] ㉢ 해당 가업을 1년 이상 휴업(실적이 없는 경우를 포함)하거나 폐업하는 경우
주식 등의 지분이 감소한 경우	다음의 사유로 상속인의 지분이 감소한 경우 ㉠ 상속인이 상속받은 주식 등을 처분하는 경우 ㉡ 해당 법인이 유상증자할 때 상속인의 실권 등으로 지분율이 감소한 경우 ㉢ 상속인의 특수관계인이 주식 등을 처분하거나 유상증자할 때 실권 등으로 상속인이 최대주주 등에 해당되지 아니하게 되는 경우 다만, 상속인이 상속받은 주식 등을 물납하여 지분이 감소하였으나 감소 후에도 최대주주 등에 해당하는 경우는 제외

고용요건을 충족하지 못하는 경우	각 소득세 과세기간 또는 법인세 사업연도의 정규직 근로자수의 평균이 기준고용인원[10]의 80%에 미달하거나(매년 판단) 상속이 개시된 소득세 과세기간말 또는 사업연도말부터 10년간 정규직근로자 수의 평균이 기준고용인원의 100%(중견기업의 경우 120%)에 미달하는 경우(10년 후 판단)

기간별 추징율

- 7년 미만 : 100%
- 8년 이상 9년 미만 : 80%
- 7년 이상 8년 미만 : 90%
- 9년 이상 10년 미만 : 70%

가산하는 이자상당액

$$\text{추징하는 상속세액} \times \text{상속세 과세표준 신고기한의 다음날부터 사유가 발생한 날} \times 1.8\% \times \frac{1}{365}$$

다만, 다음의 경우에는 정당한 사유에 해당하여 가업상속공제가 추징되지 않는다.

가업용 자산의 20%(5년 이내 10%)	㉠ 가업용 자산이 법률에 따라 수용 또는 협의 매수되거나 국가 또는 지방자치단체에 양도, 시설의 개체, 사업장 이전 등으로 처분되었으나, 처분자산과 동일한 자산을 대체 취득하여 계속 사용하는 경우

---

10) 상속이 개시된 소득세 과세기간 또는 법인세 사업연도의 직전 2개 사업연도의 정규직 근로자수의 평균

이상을 처분한 경우	ⓛ 가업용 자산을 국가 또는 지방자치단체에 증여하는 경우 ⓒ 가업상속 받은 상속인이 사망한 경우 ⓔ 합병·분할, 통합, 개인사업의 법인전환 등 조직변경으로 인하여 자산의 소유권이 이전되었으나, 조직변경 이전의 업종과 같은 업종을 영위하고 이전된 가업용 자산을 그 사업에 계속 사용하는 경우 ⓜ 내용연수가 지난 가업용 자산을 처분하는 경우
상속인이 가업에 종사하지 않은 경우	ⓖ 가업상속받은 상속인이 사망한 경우 ⓛ 가업상속재산을 국가 또는 지방자치단체에 증여하는 경우 ⓒ 상속인이 법률에 따른 병역의무의 이행, 질병의 요양, 취학상 형편 등 부득이한 사유에 해당하는 경우. 다만, 부득이한 사유가 종료된 후 가업에 종사하지 아니한 경우는 제외
주식 등의 지분이 감소한 경우	ⓖ 합병·분할 등 조직변경에 따라 주식 등을 처분하는 경우 다만, 처분 후에도 상속인이 합병법인 또는 분할신설법인 등 조직변경에 따른 법인의 최대주주 등에 해당하는 경우에 한함. ⓛ 해당 법인의 사업확장 등에 따라 유상증자할 때 상속인의 특수관계인 외의 자에게 주식 등을 배정함에 따라 상속인의 지분율이 낮아지는 경우. 다만, 상속인이 최대주주 등에 해당하는 경우에 한함. ⓒ 상속인이 사망한 경우. 다만, 사망한 자의 상속인이 원래 상속인의 지위를 승계하여 가업에 종사하는 경우에 한함. ⓔ 주식 등을 국가 또는 지방자치단체에 증여하는 경우 ⓜ 자본시장과 금융투자업에 관한 법률에 따른 상장규정의 상장요건을 갖추기 위하여 지분을 감소시킨 경우. 다만, 상속인이 최대주주 등에 해당하는 경우에 한함.

ⓑ 주주 또는 출자자의 주식 및 출자지분의 비율에 따라서 무상으로 균등하게 감자하는 경우

ⓢ 채무자 회생 및 파산에 관한 법률에 따른 법원의 결정에 따라 무상으로 감자하거나 채무를 출자전환하는 경우

가업상속재산 유무에 따른 납부세액 비교[11]

30년 이상 경영한 중소기업으로 가업상속재산 600억원이며, 상속인은 자녀 1명이고 가업상속공제와 일괄공제만 있는 경우

가업상속공제 적용대상이 아닌 경우	구 분	가업상속공제 적용대상인 경우
600억원	상속재산가액	600억원
없음	가업상속공제액	500억원
5억원	일괄공제	5억원
595억원	상속세 과세표준	95억원
50%(누진공제 4.6억원)	세율	50%(누진공제 4.6억원)
292.9억원	산출세액	42.9억원
8.787억원	신고세액공제	1.287억원
284.113억원	자진납부세액	41.613억원

가업상속공제를 적용할 경우 242.5억원의 상속세를 줄일 수 있다.

---

11) 중소·중견기업 경영자를 위한 가업승계 지원제도 안내, 국세청, 2018.4., p.24

● 인적분할 법인에 대한 가업상속공제

　　거주자인 이동후는 건설회사 대표이사로 건설업을 주업종으로 해오다가 2000년도 초반 들어 창호·창틀 제조업을 추가하여 2개의 사업부를 운영해왔다. 동 법인은 중소기업에 해당하며, 2010년 법인을 인적분할하여 건설업과 제조업 법인을 설립하고 두 법인의 대표이사로 재직하였다. 이동후가 지병으로 사망하자 상속인인 이재화가 해당 법인의 주식을 단독으로 상속받았으며, 이재화는 거주자로서 대학 졸업 후 현재까지 두 법인에 영업부 부장으로 근무하고 있었다. 이 경우 가업상속공제 대상 판단시 피상속인이 10년 이상 계속하여 경영한 기업으로 볼 수 있을까? 그리고 상속세 계산시 가업상속공제의 한도계산은 상속되는 두 법인의 총 주식을 기준으로 할까 아니면 각 회사별로 계산할까?

　　"사장님의 경우 현재 2개의 법인을 상속받으셨습니다. 이처럼 피상속인이 둘 이상의 독립된 사업장을 영위한 경우에 상속세 및 증여세법에 의한 가업상속공제 요건에 해당하는지 여부는 각 사업장별로 판단합니다. 현재 두 법인이 인적분할된 시점이 2010년이므로 이 시점을 기준으로 한다면 피상속인이 10년 이상 경영한 중소기업 등에 해당하지 않아 가업상속공제를 적용받으실 수 없습니다. 하지만 상속세 및 증여세법 시행령 제15조 제1항에 따른 중소기업에 해당하는 법인이 인적분할한 경우에는 당해 분할신설법인의 사업영위기간은 분할 전 분할법인의 사업개시일부터 계산하여 가업상속을 적용하는 것이므로, 공제요건을 모두 갖춘 상속인이 가업을 상속받는 경우에는 가업상속공제를 적용받을 수 있는 것입니다."

결국, 중소기업에 해당하는 법인이 인적분할한 경우 당해 분할신설법인의 사업영위기간은 분할 전 분할법인의 사업개시일부터 계산하여 가업상속공제를 적용하는 것이다. 그리고 가업상속공제액을 계산함에 있어 상속인 1인이 가업에 해당하는 여러 개 법인의 주식을 전부 상속받는 경우 전체 법인 주식가액의 합계액을 기준으로 한도를 계산하여야 한다.

● 업종 변경시 가업상속공제 가능할까?

1. 운수업(중소기업)을 6년간 경영하고 업종변경으로 인하여 도소매업(중소기업)을 5년간 경영한 경우 중소기업으로서 10년 이상 계속하여 경영한 중소기업으로 보는지 여부?
2. 8년간 식당(중소기업)을 경영하다가 3년간은 부동산임대업(중소기업 아님)을 경영하였다가, 다시 식당(중소기업)을 6년간 경영하는 경우에도 10년 이상 계속하여 경영한 중소기업으로 보는지 여부?

상속세 및 증여세법상 가업이라 함은 피상속인이 10년 이상 계속하여 중소기업을 동일업종으로 유지 경영한 기업을 말하는 것으로, 위 사례의 경우에는 이에 해당하지 않아 가업상속공제를 적용받을 수 없다.

● 둘 이상의 사업체를 운영하는 경우

> 최대주주로서 운영하는 회사가 부동산임대업(중소기업 아님), 운수보관업(중소기업), 도소매업(중소기업) 3개가 있고, 이 3개의 법인은 겸업법인이 아닌 독립적인 별개의 법인으로 부동산임대업을 영위하는 법인이 자산규모가 제일 크며, 그 다음으로 운수보관업과 도소매업 순이다. 이 경우 가업상속공제 요건 판단 시 주된 업종을 기준으로 해야 하나?

피상속인이 영위한 사업의 업종이 둘 이상으로서 서로 다른 사업을 영위하는 경우에는 사업별 사업수입금액이 큰 사업을 주된 사업으로 보며, 조세특례제한법 시행령 제2조 제1항 각호의 요건은 당해 법인 또는 거주자가 영위하는 사업 전체의 매출액을 기준으로 하여 중소기업 해당여부를 판정하도록 되어 있으나, 이러한 주된 사업의 판단방법은 동일한 사업장에서 둘 이상의 업종을 영위하는 경우에 적용되는 것이다. 위 사례처럼 피상속인이 둘 이상의 독립된 사업장을 영위하는 경우에는 가업상속공제가 적용되지 않는 업종을 제외한 업종을 대상으로 각 사업장별로 가업상속공제 요건에 해당하는지 여부를 판단하여야 한다.

둘 이상의 사업을 영위하던 중 주된 업종이 변경된 경우

"한 개의 법인에 업종이 둘 이상인 경우에는 주의할 사항이 있습니다. 상속세 및 증여세법에 의하면 가업의 주된 업종을 변경하는 경우에는 상속인이 가업에 종사하지 아니하게 된 경우로 보고 있습니다. 만약 법인이 건설업과 제조업의 매출비중이 5 : 5인 상황에서 경기상황에 따라 건설업과 제조업의 매출액 비중이 변동하여, 매출이 상속개시 당시에는 건설업의 비중이 60%로 높다가 그 다음해에는 제조업이 60%로 높아진다면 가업의 주된 업종을 변경되어 상속인이 가업에 종사하지 아니하게 된 것으로 보아 세법상 문제가 될 수 있습니다."

가업상속공제를 적용받는 중소기업이란 상속개시일이 속하는 소득세 과세기간 또는 법인세 사업연도의 직전 소득세 과세기간 또는 법인세 사업연도말 현재 상속세 및 증여세법 시행령 제15조 제1항에 규정한 중소기업을 말하는 것으로서 이때 피상속인이 영위한 사업의 업종이 둘 이상으로서 서로 다른 사업을 영위하는 경우에는 사업별 사업수입금액이 큰 사업을 주된 사업으로 보며, 당해 법인 또는 거주자가 영위하는 사업 전체의 매출액을 기준으로 하여 중소기업 해당여부를 판정한다.

가업상속공제를 사후 관리함에 있어 가업상속공제를 받은 후 상속인이 상속개시일부터 10년 이내에 정당한 사유 없이 가업의 주된 업종을 변경하는 경우에는 그 상속인이 가업에 종사하지 아니한 것으로 보아 상속세를 부과하는 것이다.

그러므로 상속개시일부터 10년 이내 주업종이 건설업에서 제조업으로 변경된 경우[12)]에는 상속세가 추징된다. 다만, 통계청장이 작성·고시하는 한국표준산업분류상의 소분류 내에서 업종을 변경하는 경우로서 상속개시일 현재 영위하고 있는 업종(한국표준산업분류에 따른 세분류 업종)의 매출액이 사업연도 종료일 기준으로 30% 이상인 경우에는 업종의 변경으로 보지 않는다.

* [표준산업분류] 대분류 → 중분류 → 소분류 → 세분류 → 세세분류

부모가 공동으로 중소기업을 경영하는 경우

오복녀는 외동딸로 아버지와 어머니는 건설업(중소기업)과 제조업(중소기업)을 10년 이상 운영해왔고, 주식비율은 다음과 같으며, 10년 이상 계속 보유하고 있다.

① 건설업

구분	부	모	자(오복녀)
주주지분	70%	15%	15%
법인관계	대표이사	이사	이사

---

12) 건설업에서 제조업으로 변경은 대분류 내에서의 변경임.

② 제조업

구분	부	모	자(오복녀)
주주지분	70%	15%	15%
법인관계	대표이사	대표이사	이사

오복녀는 대학 졸업 후 현재까지 3년 동안 이 두 법인의 이사로 재직하고 있던 중 어머니가 사망하여 두 법인의 주식을 모두 오복녀가 상속받았다. 이 경우 가업상속공제를 받을 수 있는지? 또 가업상속공제를 받은 후 아버지가 사망하였을 경우에도 다시 가업상속공제를 받을 수 있을까?

가업상속공제의 대상이 되는 가업상속이란 피상속인이 10년 이상 계속하여 경영한 기업으로서 피상속인은 상속개시일 현재 거주자로 피상속인이 가업의 영위기간 중 50% 이상 또는 상속개시일부터 소급하여 10년 중 5년 이상의 기간 동안 대표이사로 재직하거나 상속인이 피상속인의 대표이사직을 승계하여 승계한 날부터 상속개시일까지 계속 재직한 경우에는 피상속인이 가업의 영위기간 중 10년 이상을 대표이사로 재직하여야 한다.

여기서 대표이사 등으로 재직한 경우란 피상속인이 대표이사로 선임되어 법인등기부등본에 등재되고 대표이사직을 수행하는 경우를 말하며 공동대표이사로 재직한 경우도 이에 해당한다. 건설업의 경우에는 어머니가 대표이사가 아니므로 가업상속공제 대상에 해당하지 않으며, 제조업의 경우에는 공동대표이사에 해당하므로 다른 요건을 충족한다면 가업상속공제를 적용 받을 수 있다. 그렇다면 위 사례에서 제조업의 경우 어머니의 지분에 대해 가업상속공제를 받은 후 아버지가 사망할 경우에 또 다시 아버지의 주식에 대해 가업상속공제를 적용받을 수 있을까?

상속세 및 증여세법 시행령 제15조 제3항 단서조항에서는 가업상속이 이루어진 후에 가업상속 당시 최대주주 등에 해당하는 자(가업상속을 받은 상속인은 제외)의 사망으로 상속이 개시되는 경우는 적용하지 않는다고 규정하고 있어 부모가 공동으로 중소기업을 경영하는 경우 가업상속공제는 부모 한명으로부터 상속받은 주식에 대하여만 적용이 가능하다. 제조업의 경우 어머니 지분에 대해 가업상속공제를 받았다면 아버지 지분에 대해서는 가업상속공제를 다시 받을 수 없으므로 오복녀는 제조업 법인 주식에 대해서는 어머니의 사망 시 가업상속공제를 받을 것인지 아니면 추후 아버지의 사망 시에 받을 것인지 선택해야 한다.

Tip

어머니의 사망 시 아버지가 해당 주식을 상속받아 가업상속공제를 적용하고 아버지의 사망 시 딸인 오복녀가 가업상속공제를 받는 것도 생각해 볼 수 있다. 상속세 및 증여세법에서는 가업상속을 받은 상속인의 사망은 가업상속공제 제외대상에 포함하지 않으므로 이를 고려해 볼 수 있는 것이다. 다만, 가업상속공제를 받은 상속인이 상속개시일부터 10년 미만의 기간 내에 사망하여 당해 사망한 상속인의 자녀가 가업상속공제를 받은 가업을 재상속받은 경우에는 사후관리에 의한 상속세 추징을 하지는 않지만 가업상속공제를 받을 수 없으므로, 아버지가 가업상속공제를 받은 후 10년 이상 추가로 사업을 영위하여야 오복녀가 다시 가업상속공제를 받을 수 있다.

2개로 인적분할된 법인을 자녀가 각각 1개씩 상속받은 경우

이동후는 1985년 건설업을 영위하는 법인을 설립하여 대표이사로 재직하여왔으며, 이동후와 그 특수관계자의 주식비율은 97%이다. 이동후는 해당 법인을 2008년 두 법인(A, B)으로 인적분할하여 분할신설법인에도 대표이사로 취임하였다. 인적분할로 분할된 두 법인 모두 중소기업에 해당하며, 상속인인 두 자녀는 모두 18세 이상으로 두 법인에 각각 2년 이상씩 재직하고 있을 때, 이동후는 첫째 이재화에게는 A법인을, 둘째 이재희에게는 B법인을 상속하려 할 때 두 자녀 모두 각자 가업상속공제를 받을 수 있을까?

상속세 및 증여세법 시행령 제15조 제4항 제2호에서는 상속인의 요건을 두어, 상속인은 상속개시일 현재 18세 이상이면서, 상속개시일 2년 전부터 계속하여 직접 가업에 종사하도록 하고 있으며, 이러한 요건을 갖춘 상속인이 가업을 상속받아 신고기한까지 임원으로 취임하고, 신고기한부터 2년 이내에 대표이사(대표자)로 취임해야 한다. 세법 개정 이전에는 해당 가업의 전부를 상속인 1명이 상속받는 경우에 한하여 가업상속공제를 적용하였으나 2016.2.5. 세법 개정 이후 상속분에 대해서는 가업이 2개 이상인 기업의 경우 기업별 상속이 허용되었으며, 1개 기업을 공동상속한 경우에도 대표자 승계지분에 대해서는 가업상속공제를 받을 수 있으므로 해당 법인을 두 자녀에게 각자 상속하는 경우에도 가업상속공제를 적용받을 수 있다.

● 공동소유자산의 가업상속공제

차정환은 본인과 아들이 각각 50%씩 지분을 소유하고 있는 공장 및 부수토지에서 20년 이상 제조업을 직접 운영하고 있으며, 아들은 3년 전부터 직원으로 아버지 일을 돕고 있다. 그러던 중 차정환이 교통사고로 사망하여, 아들이 단독으로 차정환 소유의 공장과 그 부수토지 지분 및 사업용 자산을 전부 상속받아 상속인 명의로 사업자등록을 변경할 경우 가업상속공제를 적용받을 수 있을까? 그리고 가업상속재산 가액의 범위는 어떻게 될까?

피상속인과 상속인이 사업용 토지와 건물을 공동으로 소유하던 중 상속이 개시되는 경우에도 가업상속 요건에 해당하면 가업상속공제를 적용한다. 가업상속재산가액은 개인기업의 경우 상속재산 중 가업에 직접 사용되는 토지, 건축물, 기계장치 등 사업용 자산의 가액에서 해당 자산에 담보된 채무액을 차감한 가액을 말하며, 법인기업의 경우에는 상속재산 중 가업에 해당하는 법인의 주식 등의 가액에 그 법인의 총자산가액 중 상속개시일 현재 가업에 직접 사용하지 않는 사업무관자산을 제외한 자산가액이 차지하는 비율을 곱하여 계산한 금액을 말한다.

● 피상속인이 심장마비로 갑자기 사망한 경우

안중희는 29살 청년으로 현재 대학원에 재학 중으로 대학원을 졸업한 뒤에는 제조업을 운영하는 아버지의 사업을 도울 계획이다. 그런데 술, 담배도 하지 않고 건강하시던 아버지가 매출하락과 원자재상승이 맞물려 심한 스트레스를 받아 심장마비로 갑작스럽게 사망하였다. 이 경우 상속인인 안중희는 직접 가업에는 종사하지 않았지만 부득이한 사유에 해당하여 가업상속공제를 적용받을 수 있을까?

상속세 및 증여세법 시행령 제15조 제3항 제2호에서는 가업상속에 대한 상속인의 요건을 규정하고 있으며 이중 나목에서는 상속인은 상속개시일 2년 전부터 계속하여 직접 가업에 종사하도록 하고 있다. 다만, 세법 개정 이전에는 천재지변, 인재 등으로 인한 피상속인의 사망으로 부득이한 사유가 있는 경우에만 예외로 하고 있어, 위 사례의 경우처럼 피상속인의 심장마비로 인한 사망은 가업상속공제 적용시 상속인의 가업종사요건의 예외 규정에 해당하지 않아 가업상속공제를 적용받을 수 없었다. 하지만 세법개정으로 피상속인이 65세 이전에 사망한 경우에는 부득이한 사유가 있는 것으로 보아 상속인이 직접 가업에 종사한 기간이 2년이 안 되어도 가업상속공제가 가능해졌다. 그러므로 안중희의 아버지가 65세 이전에 사망하였고 다른 요건들을 모두 충족한다면 가업상속공제를 적용받을 수 있다.

● 가업상속공제 후 자산을 포괄적으로 양도하는 경우

오복녀는 2008년 아버지의 사망으로 수상교통(주) 주식 7,000주 중 2,800주를 상속받아 가업상속공제를 받았다. 그러나 택시업계의 경영난으로 인해 수상교통(주)와 가족운수(주)를 가족운수(주)로 상속세 및 증여세법상 비상장주식평가에 따라 1 : 2 통합하고, 수상교통(주)는 청산하고자 한다. 이 경우 합병절차가 복잡하여 수상교통(주)의 자산을 가족운수(주)에게 양도하고 그 대가로 가족운수(주)의 주식을 받아 수상교통(주)를 자산의 포괄적 양도방식으로 청산할 경우 가업상속공제가 추징될까?

주식 변동내역

구 분	수상교통(주)			가족운수(주)			통합후
	상속전	상속	상속후	상속전	상속	상속후	
부	2,800	-2,800	0	500	-500	0	0
모	700		700	500		500	850
외삼촌	1,750		1,750	0		0	875
형	584		584	1,250		1,250	1,542
본인	583	2,800	3,383	1,500		1,500	3,191.5
동생	583		583	1,250	500	1,750	2,041.5
합계	7,000	0	7,000	5,000	0	5,000	8,500

상속세 및 증여세법 시행령 제15조 제8항 제3호에서는 주식 등을 상속받은 상속인의 지분이 감소한 경우에도 가업상속공제가 추징되지 않는 정당한 사유를 다음과 같이 열거하고 있다.

① 합병·분할 등 조직변경에 따라 주식 등을 처분하는 경우. 다만, 처분 후에도 상속인이 합병법인 또는 분할신설법인 등 조직변경에 따른 법인의 최대주주 등에 해당하는 경우

② 해당 법인의 사업확장 등에 따라 유상증자할 때 상속인의

특수관계인 외의 자에게 주식 등을 배정함에 따라 상속인의 지분율이 낮아지는 경우. 다만, 상속인이 최대주주 등에 해당하는 경우

③ 상속인이 사망한 경우. 다만, 사망한 자의 상속인이 원래 상속인의 지위를 승계하여 가업에 종사하는 경우

④ 주식 등을 국가 또는 지방자치단체에 증여하는 경우

⑤ 상속인이 상속받은 주식 등을 물납하여 지분이 감소하였으나 감소 후에도 최대주주 등에 해당하는 경우

⑥ 자본시장과 금융투자업에 관한 법률에 따른 상장규정의 상장요건을 갖추기 위하여 지분을 감소시킨 경우. 다만 상속인이 최대주주 등에 해당하는 경우

⑦ 주주 또는 출자자의 주식 및 출자지분의 비율에 따라서 무상으로 균등하게 감자하는 경우

⑧ 채무자 회생 및 파산에 관한 법률에 따른 법원의 결정에 따라 무상으로 감자하거나 채무를 출자전환하는 경우

가업상속에 대한 공제를 받은 상속인이 상속개시일부터 10년 이내에 자산을 포괄적으로 양도한 경우, 합병·분할 등 조직변경에 해당하므로 주식을 처분한 경우에도 조직 변경된 법인의 최대주주에 해당한다면 정당한 사유에 해당하여 가업상속공제가 추징되지 않는다.

■ 가업상속재산에 대한 양도소득세 이월과세

가업상속공제는 가업상속재산가액 전액을 공제하되 가업상속공제를 적용받은 재산 중에 양도소득세 과세대상 재산에 대해서는 피상속인의 보유기간 동안 발생한 자본이득에 대하여 상속인이 양도할 때 양도소득세로 납부하도록 이월과세를 도입하였다. 과거에는 가업상속재산을 상속인이 상속받아 양도할 경우 양도소득세 계산 시 상속개시 당시 시가평가액을 취득가액으로 공제하는 반면에, 상속세는 상속세과세가액에서 가업상속공제액을 차감하여 계산하므로 피상속인의 보유기간 중 발생한 재산가치 상승분에 대해서는 과세가 되지 않았다. 이에 따라 가업상속공제를 적용받아 상속세가 과세되지 않은 재산에 대해서는 다음과 같이 취득가액을 계산하도록 법률이 신설되었다.

> 양도자산의 취득가액＝①＋②
> ① 피상속인의 취득가액×가업상속공제적용률[13]
> ② 상속개시일 현재 해당 자산가액×(1－가업상속공제적용률)

이러한 양도소득세 이월과세가 적용되는 경우 취득시기는 피상속인의 취득시기를 적용하며, 가업상속공제에 대하여 사후관리 위반으로 상속세가 부과되는 경우 양도소득세 이월과세가 적

---

13) 가업상속공제금액÷가업상속재산가액

용되어 납부했거나 납부할 양도소득세가 있다면 그 양도소득세 상당액을 상속세 산출세액에서 공제하여 상속세 추징세액을 조정한다. 다만 공제한 해당 금액이 음수인 경우에는 영으로 본다.

> 양도소득세 상당액=[①-②]×사후관리 위반시 적용된 과세가액 산입률(기간별 추징율)
> ① 이월과세 적용 양도소득세액 : 취득시기·가액 피상속인 기준
> ② 이월과세 미적용 양도소득세액 : 취득시기·가액 상속인 기준

● 가업상속공제와 배우자상속공제 중복 적용 가능할까?

> 중소기업을 운영하고 있는 장수봉은 교통사고로 사망하였으며 상속인으로는 배우자인 김인화와 딸이 있다. 배우자인 김인화가 가업상속공제 요건을 모두 충족한 상태에서 해당 법인의 주식을 전부 상속받을 경우 가업상속공제와 배우자상속공제를 중복해서 적용받을 수 있을까?

피상속인인 장수봉이 상속개시일 현재 10년 이상 계속하여 경영한 사업을 가업상속공제 요건을 모두 만족한 배우자에게 상속하는 경우 해당 상속재산에 대하여 가업상속공제와 배우자상속공제를 중복으로 적용할 수 없다. 그러므로 상속세 신고시에는 가업상속공제와 배우자상속공제 중 유리한 것을 선택하여 하나만 적용하여야 하는 것이다.

영농상속공제

영농상속이란 일정요건을 충족하는 피상속인이 양축(養畜)·영어(營漁) 및 영림(營林)을 포함한 영농에 종사한 경우로서 상속재산 중 일정한 요건에 해당하는 농지 등 영농상속재산의 전부를 영농에 종사하는 상속인이 상속받는 것을 말한다. 영농상속공제제도는 피상속인이 상속개시일 전 2년 전부터 계속하여 직접 영농에 종사한 경우 영농상속재산가액 중 15억원을 한도로 상속세 과세가액에서 공제하는 제도로서 영농을 승계하는 상속인을 지원하고자 하는 제도이다.

> 영농상속공제금액＝Min[① 영농상속재산가액, ② 15억원]

영농에 종사하는 다수의 상속인이 공동으로 영농상속재산 전부를 상속받은 경우에도 영농상속공제를 받을 수 있으며, 상속개시일 전 상속인에게 증여한 농지 등으로서 상속재산가액에 포함되는 경우에는 당해 농지 등은 영농상속공제를 적용받을 수 없다. 영농상속공제의 대상이 되는 재산은 상속재산 중 피상속인이 상속개시일 2년 전부터 양축·영어 및 영림을 포함한 영농에 사용한 다음의 재산으로 한다.

① 농지법 제2조 제1호 가목에 따른 농지

② 초지법 제5에 따른 초지조성허가를 받은 초지

③ 산지관리법 제4조 제1호에 따른 보전산지 중 산림자원의 조성 및 관리에 관한 법률 제13조에 따른 산림경영계획 인가 또는 같은 법 제28조에 따른 특수산림사업지구 사업에 따라 새로이 조림한 기간이 5년 이상인 산림지(보안림·채종림 및 산림유전자원보호림의 산림지를 포함한다)

④ 어선법 제2조 제1호에 따른 어선

⑤ 내수면어업법 제7조 또는 수산업법 제9조에 따른 어업권(수산업법 제8조 제1항 제6호 및 제7호에 따른 마을어업 및 협동양식어업의 면허는 제외한다)

⑥ 농업·임업·축산업 또는 어업용으로 설치하는 창고·저장고·작업장·퇴비사·축사·양어장 및 이와 유사한 용도의 건축물로서 부동산등기법에 따라 등기한 건축물과 이에 딸린 토지(해당 건축물의 실제 건축면적을 건축법 제55조에 따른 건폐율로 나눈 면적의 범위로 한정한다)

⑦ 상속재산 중 법인의 주식 등으로서, 해당 주식의 가액에 그 법인의 총자산가액 중 상속개시일 현재 사업무관자산을 제외한 자산가액이 차지하는 비율을 곱하여 계산한 금액(법인세법을 적용받는 영농의 경우)

영농상속공제 요건

피상속인 요건	① 상속개시일 2년 전부터 계속하여 직접 영농에 종사(질병의 요양으로 직접 영농에 종사하지 못한 기간은 직접 영농에

피상속 인 요건	종사한 기간으로 본다)할 것 ② 농지·초지·산림지의 소재지와 동일한 시·군·구 거주자(피상속인의 거주지는 농지 또는 초지가 소재하는 시·군·구와 서로 연접한 시·군·구 또는 직선거리 30㎞ 이내 지역, 산림지의 경우에는 통상적으로 직접 경영할 수 있는 지역을 각각 포함) ③ 어선의 선적지 또는 어장에 가장 가까운 연안의 시·군·구 거주자(피상속인의 거주지는 선적지 또는 어장에 가장 가까운 연안의 시·군·구와 서로 연접한 시·군·구 또는 직선거리 30㎞ 이내 지역을 포함)
상속인 요건	다음에 해당하는 요건을 모두 갖춘 자와 영농·영어 및 임업후계자 ① 상속개시일 현재 18세 이상인 자로서 상속개시일 2년 전부터 계속하여 직접 영농에 종사(상속인의 병역의무 이행, 질병의 요양, 취학상 형편에 따른 사유로 직접 영농에 종사하지 못한 기간은 직접 영농에 종사한 기간으로 본다)할 것. 다만, 피상속인이 65세 이전에 사망하거나 천재지변 및 인재 등 부득이한 사유로 사망한 경우에는 그렇지 않다. ② 피상속인 요건에서 규정하는 지역에 거주할 것

여기서 직접 영농에 종사하는지 여부는 농작물의 경작 또는 다년생 식물의 재배에 항상 종사하거나 농작업의 1/2 이상을 자기의 노동력으로 경작 또는 재배하였는지에 따라 판단한다. 다만, 해당 피상속인 또는 상속인의 소득세법 제19조 제2항에 따른 사업소득금액(농업·임업 및 어업에서 발생하는 소득, 부동산임대업에서 발생하는 소득과 농가부업소득은 제외하며, 그 사업소득금액이 음수인 경우에는 영으로 본다)과 같은 법 제20조 제2항

에 따른 총급여액의 합계액이 3천700만원 이상인 과세기간이 있는 경우 해당 과세기간은 피상속인 또는 상속인이 영농에 종사하지 아니한 것으로 본다. 그리고 영농상속공제를 받은 상속인이 상속개시일로부터 5년 이내에 정당한 사유 없이 다음의 하나에 해당하게 되면 사유발생일이 속하는 달의 말일부터 6개월 이내 그 공제받은 금액을 상속개시 당시의 상속세과세가액에 산입하여 상속세와 이자상당액을 신고·납부하여야 한다.

- 영농에 사용하는 상속재산을 처분(임대)한 경우 : 영농상속공제액 ×처분비율
- 해당 상속인이 영농에 종사하지 아니하게 된 경우 : 영농상속공제액 전액

금융재산상속공제

"가업상속공제 덕분에 상속세 부담을 많이 줄일 수 있을 것 같습니다."
이재화

"네. 가업상속공제는 공제금액이 크므로 검토가 중요하며, 사후관리에도 신경을 써야 합니다. 그리고 금융재산상속
서세무사
공제에 대해 살펴보도록 하겠습니다. 거주자의 사망으로 상속이 개시되는 경우 상속개시일 현재 상속재산가액 중 순금융재산의

가액(금융재산의 가액에서 금융채무의 가액을 차감한 가액을 말한다)이 있는 경우에는 2억원을 한도로 상속세 과세가액에서 공제해 줍니다. 일반적으로 금융재산은 은닉이 불가능하여 세원탈루 등의 우려가 없으며, 시가를 알 수 없어 공시지가 등으로 비교적 낮게 평가되는 부동산에 비해 상대적으로 높게 평가되는 경향이 있어 이러한 공제제도를 두고 있습니다."

"네. 상속세 부담을 줄이기 위해 상속 직전에 금융재산을 현금으로 출금하여 가지고 있다가 과세관청에 적발될 경우 가산세 부담이 늘어날 뿐만 아니라 공제받을 수 있었던 금융재산상속공제도 못 받아 이중으로 세부담이 늘어날 수 있겠네요."

"그렇습니다. 그리고 상속이 개시되면 예금자를 피상속인에서 상속인으로 변경하는 절차가 필요한데 이러한 불편을 줄이기 위해 상속이 개시되기 직전에 피상속인 명의로 되어 있는 예금을 인출하여 현금으로 보관하고 있는 경우가 있는데. 이런 경우 금융재산상속공제를 받을 수 없으니 주의가 필요합니다."

순금융재산가액	공제액
2천만원 이하	순금융재산가액
2천만원 초과~1억원 이하	2천만원
1억원 초과	Min(순금융재산가액×20%, 2억원)

금융재산상속공제가 적용되는 금융재산에는 금융기관이 취급하는 예금·적금·부금·계금·출자금·금전신탁재산·보험금·공제금·주식·채권·수익증권·출자지분·어음 등의 금

전 및 유가증권, 비상장주식 또는 출자지분, 회사채가 있다.

금융재산은 상속개시일 현재 시가로 평가하며 시가가 불분명할 경우에는 보충적 평가방법에 따른 평가액으로 평가하고, 주주 등 1인과 그의 특수관계인의 보유주식 등을 합하여 그 보유주식 등의 합계가 가장 많은 최대주주 또는 최대출자자가 보유하고 있는 주식이나 출자지분은 공제대상 금융재산에 포함하지 않는다.

금융재산상속공제가 적용되는 경우	① 피상속인이 부동산 양도계약 체결 후 잔금 수령 전에 사망한 경우 양도대금에서 이미 수령한 계약금, 중도금을 예금 등 금융재산에 예입한 경우 ② 금융상속재산이 상속세 신고시 누락되었더라도 상속세 과세표준과 세액의 결정시 상속재산가액에 포함된 경우
금융재산상속공제가 적용되지 않는 경우	① 상속개시일 전 10년 이내에 피상속인이 상속인에게 증여하거나 5년 이내에 상속인 이외의 자에게 증여한 금융재산가액을 상속세과세가액에 합산한 경우 ② 예금인출액 중 사용처가 불분명하여 상속세 과세가액에 산입하는 금액 ③ 상속세 비과세 또는 과세가액불산입되는 금융재산

또한 순금융재산가액을 계산할 경우 금융채무는 금융실명거래 및 비밀보장에 관한 법률에 따른 금융기관에 대한 채무를 말한다.

"이러한 금융재산상속공제를 받고자 하는 자는 금융재산상속공제신고서를 상속세과세표준신고와 함께 납세지관할세무서장에게 제출하여야 합니다."

🔴 사망일 이전에 인출한 금액도 금융재산상속공제를 받을 수 있을까?

"피상속인이 질병이 있어 병원비를 피상속인 명의의 통장에서 인출하여 지급해 오다가 피상속인의 병환이 위독해질 경우 병원비와 장례비 등 급하게 목돈이 필요할 것을 대비해서 피상속인 명의의 통장에서 예금을 인출하여 현금으로 보관하는 경우를 종종 볼 수 있습니다. 만약 이렇게 인출한 현금으로 상속이 개시된 후 병원비와 장례비용을 지급하였다면, 이렇게 사망일 이전에 피상속인 통장에서 인출하여 현금으로 보유하거나 상속개시 전 사전증여받은 금융재산에 대해서는 금융재산상속공제를 받을 수 없으므로 주의가 필요합니다."

서세무사

🔴 차명계좌에 대한 금융재산상속공제 가능할까?

"세무사님, 그렇다면 사망일 이전에 피상속인 통장에서 인출한 현금을 현금이 아닌 상속인 명의의 금융재산으로 보유하면서 병원비를 지급하는 경우처럼 상속인이 피상속인의 병원비 사용목적으로 일시적으로 보관하고 있는 경우에는 금융재산상속공제를 받을 수 있나요?"

이재화

"차명계좌는 다른 사람의 명의로 된 계좌를 말합니다. 세법은 2013.1.1. 이후 신고하거나 결정·경정하는 분부터 금융계좌에 보유하고 있는 재산은 명의자가 취득한 것으로 추정합니다. 다만, 타인 명의의 금융계좌를 개설하여 입금한 후 본인이 출금하여 직접 사용한 것이 명백히 입증되는 경우에는 증여로 보지 않으나 타인 명의의 계좌로 입금되어 타인이 쉽게 그 예금을 인출하여 처분할 수 있도록 하였다면, 그러한 예금 등은 증여한 것으로 추정됩니다. 이처럼 타인 명의의 계좌로 입금한 것이 증여가 아닌 다른 목적으로 행하여진 특별한 사정이 있는 경우라면, 그에 관한 입증책임은 이를 주장하는 납세자에게 있는 것입니다."

"세무사님, 어려운데요."

"그렇습니다. 이 경우 증여에 해당하는지 아니면 차명계좌에 해당하는지는 차명으로 계좌를 개설하게 된 경위, 예금에 대한 지배관리자가 누구인지, 예금이자, 배당 등 시세차익을 누구 명의로 수령하였는지, 만기 후 예금을 출금한 경우 해당 예금의 사용자가 누구인지 여부 등 구체적인 사실을 확인하여 판단할 사항이며, 증여가 아닌 피상속인의 차명계좌임이 입증되어 본래의 상속재산에 포함된다면 금융재산상속공제 적용이 가능합니다. 하지만 해당계좌가 증여에 해당하여 사전증여재산으로 상속재산가액에 포함되는 경우에는 금융재산상속공제를 받을 수 없습니다."

재해손실공제

거주자의 사망으로 인하여 상속이 개시되는 경우로서 상속세 신고기한 이내에 화재·붕괴·폭발·환경오염사고 및 자연재해 등의 재난으로 인하여 상속재산이 멸실·훼손되는 경우에는 그 재난으로 인하여 손실된 상속재산가액을 상속세 과세가액에서 공제한다. 다만, 보험금 등의 수령 또는 구상권 등의 행사에 따라 해당 손실된 상속재산가액 상당액을 보전받을 수 있는 경우에는 그렇지 않다. 재해손실공제를 받고자 하는 상속인은 재해손실공제신고서에 당해 재난사실을 입증하는 서류를 첨부하여 상속세과세표준 신고 시 납세지 관할세무서장에게 제출하여야 한다.

동거주택 상속공제

서세무사

"부동산 가격 상승 및 실거래가 신고 등으로 인하여 1세대 1주택 실수요자에 대한 상속세 부담이 증가한 점을 감안하여 상속세 부담을 완화하고자 상속공제제도를 두고 있습니다."

거주자의 사망으로 상속이 개시되는 경우로서 피상속인과 상속인이 상속개시일부터 소급하여 10년 이상 계속하여 동거한 주택이 법정 요건을 모두 갖춘 경우에는 상속주택가액(주택부수토지의 가액을 포함하되, 상속개시일 현재 해당 주택 및 부수토지에 담보된 피상속의 채무액을 뺀 가액)의 80%에 상당하는 금액을 5억원을 한도로 상속세 과세가액에서 공제한다.

여기서 동거주택이란 피상속인과 상속인이 상속개시일부터 소급하여 10년 이상(상속인이 미성년자인 기간은 제외한다) 계속하여 1세대를 구성하면서 대통령령으로 정하는 1세대 1주택에 해당하고 하나의 주택에서 동거한 주택을 말한다. 이 경우 무주택인 기간이 있는 경우에는 해당 기간은 1세대 1주택에 해당하는 기간에 포함하며, 이러한 동거주택을 상속개시일 현재 무주택자로서 피상속인과 동거한 상속인이 상속받아야 상속공제를 적용받을 수 있다. 2014.1.1. 이후 상속받는 분부터는 직계비속인 상속인이 법정요건을 모두 갖추어 상속받는 경우에 한하여 동거주택 상속공제가 가능하다. 즉, 상속인의 범위에서 배우자가 제외되었다.

"동거기간은 피상속인과 상속인이 주민등록 여부와 관계없이 한 집에서 실제 같이 살았던 기간을 말하며, 상속인과 피상속인의 주택에서 연속적으로 10년 이상 동거하는 경우에 동거주택 상속공제를 적용받을 수 있습니다. 그러므로 동거기간이 계속되지 않고 단속적으로 동거한 경우에는 그 동거합산기간이 10년 이상에 해당하더라도 동거주택 상속공제 대상에 해당하지 않는 것이며, 직계비속인 상속인이 상속개시일 현재 피상속인과 같은 주택에서 주거를 함께 하고 있어야만 합니다."

하지만 다음의 사유에 해당하여 동거하지 못한 경우에는 계속하여 동거한 것으로 보되, 그 동거하지 못한 기간은 동거기간에 산입하지 아니한다.

① 징집

② 초·중등교육법에 따른 학교(유치원·초등학교 및 중학교는 제외한다) 및 고등교육법에 따른 학교에의 취학

③ 직장의 변경이나 전근 등 근무상의 형편

④ 1년 이상의 치료나 요양이 필요한 질병의 치료 또는 요양

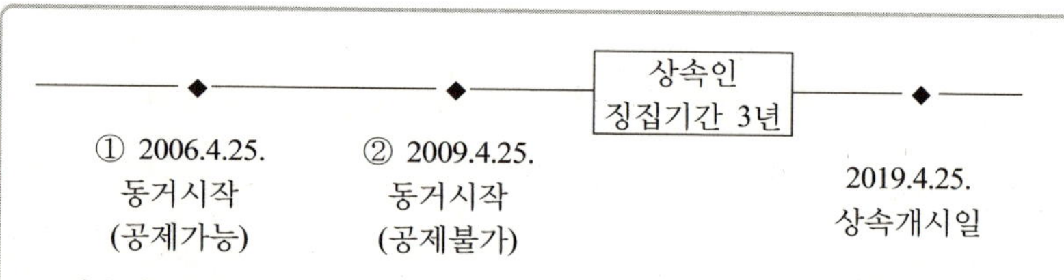

* 상속개시일부터 소급하여 10년 이상 동거기간을 계산할 경우 ②의 시기부터 동거를 시작한 경우에는 "상속인의 징집기간 3년"은 동거한 것으로는 보나 동거기간에는 산입하지 않으므로 7년의 동거기간이 되어 동거주택 상속공제는 되지 아니하고 ①의 시기부터 동거를 시작한 경우에만 동거주택 상속공제를 받을 수 있다.

"그리고 동거주택 상속공제에서 1세대 1주택이란 소득세법 시행령 제154조 제1항에 따른 1세대가 1주택(고가주택을 포함)을 소유한 경우를 말합니다. 이 경우 1세대가 다음 중 어느 하나에 해당하여 2주택 이상을 소유한 경우에도 1세대가 1주택을 소유한 것으로 봅니다."

① 피상속인이 다른 주택을 취득(자기가 건설하여 취득한 경

우를 포함한다)하여 일시적으로 2주택을 소유한 경우. 다만, 다른 주택을 취득한 날부터 2년 이내에 종전의 주택을 양도하고 이사하는 경우만 해당한다.

② 상속인이 상속개시일 이전에 1주택을 소유한 자와 혼인한 경우. 다만, 혼인한 날부터 5년 이내에 상속인의 배우자가 소유한 주택을 양도한 경우만 해당한다.

③ 피상속인이 문화재보호법 제53조 제1항에 따른 등록문화재에 해당하는 주택을 소유한 경우

④ 피상속인이 소득세법 시행령 제155조 제7항 제2호에 따른 이농주택을 소유한 경우

⑤ 피상속인이 소득세법 시행령 제155조 제7항 제3호에 따른 귀농주택을 소유한 경우

⑥ 1주택을 보유하고 1세대를 구성하는 자가 상속개시일 이전에 60세 이상의 직계존속을 동거봉양하기 위하여 세대를 합쳐 일시적으로 1세대가 2주택을 보유한 경우. 다만, 세대를 합친 날부터 5년 이내에 피상속인 외의 자가 보유한 주택을 양도한 경우만 해당한다.

⑦ 피상속인이 상속개시일 이전에 1주택을 소유한 자와 혼인함으로써 일시적으로 1세대가 2주택을 보유한 경우. 다만, 혼인한 날부터 5년 이내에 피상속인의 배우자가 소유한 주택을 양도한 경우만 해당한다.

위 경우 2주택 중 상속개시일에 피상속인과 상속인이 동거한 주택을 동거주택으로 본다.

주택상속에 따른 양도소득세

무주택자가 상속받아 양도시 상속주택 이외에 다른 주택이 없는 경우	① 동일세대원이 상속받은 경우 : 피상속인의 취득일로부터 양도일까지의 보유기간에 따라 비과세 여부를 판단한다. ② 동일세대원이 아닌 자가 상속받은 경우 : 상속개시일로부터 양도일까지의 보유기간에 따라 비과세 여부를 판단한다.
무주택자가 주택을 상속받은 상태에서 일반주택을 취득한 경우	① 상속주택을 먼저 양도하는 경우 : 일시적 2주택 비과세요건[14]을 갖춘 경우라면 비과세를 받을 수 있다. ② 일반주택을 먼저 양도하는 경우 : 양도소득세가 과세된다.
1주택자가 상속받아 양도시 상속주택과 일반주택이 있는 경우	① 상속주택을 먼저 양도하는 경우 : 양도소득세가 과세된다. ② 일반주택을 먼저 양도하는 경우 : 비과세요건을 갖춘 경우라면 비과세를 받을 수 있다. 단, 동일세대원이 상속을 받아 2주택이 된 경우에는 비과세를 적용하지 않는다.

---

14) 국내에 1주택을 소유한 1세대가 종전주택을 양도하기 전에 신규 주택을 취득함으로써 일시적으로 2주택이 된 경우로서 종전의 주택을 취득한 날부터 1년 이상이 지난 후 신규 주택을 취득하고 그 신규 주택을 취득한 날부터 3년 이내 (2018.9.14.이후 매매계약을 체결하여 취득하는 신규 주택의 경우로서, 종전의 주택이 조정대상지역에 있는 상태에서 조정대상지역에 있는 신규 주택을 취득한 경우에는 2년)에 종전의 주택을 양도하는 경우에는 이를 1세대 1주택으로

공동상속을 받는 경우	공동으로 상속을 받은 경우에는 상속지분이 가장 큰 상속인(지분이 같으면 피상속인이 당해 주택에 가장 오래 거주한 기간, 거주한 기간이 같으면 피상속인이 상속 당시 거주한 주택 순으로 정함)의 것으로 한다.

재개발조합원 입주권에 대한 동거주택 상속공제

"세무사님, 아버지, 어머니가 여동생과 함께 20년 이상을 함께 거주한 아버지 소유의 단독주택이 있었는데 2012년 재개발되면서 다른 곳에서 3년 동안 전세로 거주하셨습니다. 그러던 중 2015년 8월 완공되어 아버지, 어머니, 여동생이 입주했는데 행정상의 문제로 소유권이전절차가 지연되다가 아버지가 돌아가신 후에야 소유권이전절차가 가능하게 되었습니다. 이처럼 상속개시 당시 아버지가 보유한 재개발조합원 입주권이 상속 후 준공되어 무주택자인 여동생이 상속받을 경우 동거주택 상속공제를 적용받을 수 있을까요?"

"동거주택 상속공제는 피상속인과 상속인이 상속개시일부터 소급하여 10년 이상 하나의 주택에서 동거한 경우로서 상속개시일부터 소급하여 10년 이상 계속하여 1세대 1주택이

보아 비과세규정을 적용한다.

고, 상속개시일 현재 무주택자인 상속인이 상속받은 주택인 경우에 적용됩니다. 이 경우 피상속인이 1세대 1주택 요건을 충족한 주택의 멸실로 인해 취득한 조합원입주권 이외에 상속개시일 현재 다른 주택이 없는 경우에는 1세대1주택 요건을 충족한 것으로 보아 동거주택상속공제를 적용받을 수 있습니다. 하지만 세법개정으로 2016.1.1. 이후 상속받는 동거주택에 대해서는 동거기간 계산시 상속인이 미성년자인 기간은 제외하고 10년 이상 동거요건을 만족하였는지 판단하여야 합니다."

● 상속개시일 이전에 지분 일부를 증여한 경우 동거주택 상속공제

아파트를 취득하여 30년 이상 아들과 함께 동거하던 중 지병으로 사망하기 전에 지분의 50%를 아들에게 증여하여 공동명의로 보유하고 있다가 해당 아파트 이외에 다른 주택이 없는 아들에게 나머지 지분 50%를 상속할 경우 동거주택 상속공제를 적용받을 수 있을까?

거주자의 사망으로 상속이 개시되는 경우로서 피상속인과 상속인이 상속개시일부터 소급하여 10년 이상 계속하여 동거한 주택이 법정 요건을 모두 갖춘 경우에는 상속주택가액의 80%에 상당하는 금액을 5억원을 한도로 상속세 과세가액에서 공제한다.

동거주택 상속공제를 적용함에 있어 피상속인이 주택을 취득하여 상속인과 10년 이상 동거하고 있던 중 상속개시일 이전에 상속인에게 해당 주택의 2분의 1을 증여하고 나머지는 상속한 경우, 상속개시일 현재 상속인은 주택을 소유하고 있는 것에 해당하여 상속개시일 현재 무주택자가 아니므로 동거주택 상속공제를 적용할 수 없다.

● 공동상속 등기하는 경우 동거주택 상속공제

차정환은 지병으로 갑작스럽게 사망하였으며 상속개시일 현재 상속인은 배우자와 딸이 한 명 있다. 배우자와 딸은 모두 무주택자로 상속재산에는 겸용주택과 상가건물, 예금이 있었으며 겸용주택의 면적은 아래와 같다.

층 별	면 적	용 도	평가액(토지포함)
지층	122.64㎡	근린생활시설	3억원
1~2층	245.28㎡	근린생활시설	15억원
3층	122.64㎡	주택	5억원

피상속인 차정환은 위 겸용주택 이외에 다른 주택은 보유하고 있지 않으며, 상속인인 배우자와 딸은 무주택자에 해당한다. 그리고 배우자와 딸은 차정환과 30년 이상 함께 동거(딸의 경우 미성년자인 기간을 제외하고 10년 이상 동거)하고 있으며, 대학원생인 딸은 학업으로 인해 상속개시일 현재 동거는 하고 있지 않다 위 겸용주택을 법정지분대로 공동상속 등기하는 경우 동거주택 상속공제를 적용받을 수 있을까?

동거주택 상속공제를 적용함에 있어 동거주택 상속공제대상

주택이 겸용주택인 경우에는 주택의 면적이 주택 외의 면적보다 적거나 같은 경우 소득세법 시행령 제154조 제3항에 따라 주택 외의 면적은 주택으로 보지 않으므로 위의 경우 주택 및 그 부수토지에 대한 평가액 5억원에 대해서만 동거주택 상속공제 적용 대상에 해당한다. 반면, 주택의 면적이 주택 외의 면적보다 큰 경우에는 주택 외의 면적도 주택으로 본다.

겸용주택

- 주택의 연면적 > 주택 이외의 연면적 : 전부를 주택으로 본다
- 주택의 연면적 ≤ 주택 이외의 연면적 : 주택부분만 주택으로 본다

그리고 동거주택 상속공제 요건을 갖춘 상속인과 그 외의 상속인이 주택을 공동으로 상속 등기한 경우에는 공제요건을 충족하는 상속인의 지분 상당액은 공제 가능하다. 동거주택 상속공제 요건을 살펴보면 상속개시일 현재 무주택자로서 피상속인과 동거한 직계비속인 상속인이 상속받은 주택이어야 하므로 직계비속이 아닌 배우자가 상속받은 부분은 제외되어야 하며, 직계비속인 딸의 경우에도 상속개시일 현재 무주택자에는 해당하나 상속개시일 현재 외국에 거주하여 함께 동거하고 있지는 않았다. 하지만 징집, 취학, 근무상의 형편, 질병의 치료 또는 요양 등의 사유에 해당하여 동거하지 못한 경우에는 계속하여 동거한 것으로 보되, 그 동거하지 못한 기간은 동거기간에 산입하지 아니한다.

위 사례의 경우 상속개시일 현재 취학 등의 사유로 동거를 하지 못한 기간은 동거기간에 포함되지 않으나 상속개시일 현재 계속 동거한 것으로 보아 동거주택 상속공제를 적용하여야 하며, 이 경우 공제대상 금액은 1억6천만원이 된다.

$$160,000,000 = 500,000,000 \times 1/2.5(\text{법정 상속비율}) \times 80\%$$

■ 보유기간이 10년이 안 된 주택의 동거주택 상속공제

차규택은 종전주택에서 아버지와 함께 소득세법상 1세대 1주택 요건을 갖춘 상태에서 10년 이상 거주하였으나, 종전주택을 양도하고 신규주택으로 이사하였다. 신규주택에서 차규택은 아버지와 2년 동안 동거하던 중 아버지가 지병으로 사망하여 상속이 개시되었다. 이 경우 신규주택의 보유기간이 2년밖에 되지 않는 경우에도 동거주택 상속공제를 적용받을 수 있을까?

2011년 이전에는 1세대가 동일한 하나의 주택을 10년 이상 보유하고 거주한 경우에만 동거주택 상속공제를 적용하여 근무 등의 형편으로 이사를 다닌 경우와 이사 과정에서 일시적으로 2주택이 되는 경우 등은 동거주택 상속공제를 적용하지 않았다.

하지만 2011.1.1. 이후 상속분부터는 동거주택 상속공제를 적용할 때 상속개시일로부터 소급하여 10년 이상 계속하여 1세대가 1주택(피상속인의 이사에 따른 일시적 2주택 등을 포함)을 소유하고 피상속인과 상속인이 하나의 주택에서 동거하였다면, 상속개시일 현재 무주택자인 상속인이 상속받은 주택에 대해서는 그 상속주택에 대하여 10년 이상 보유 및 동거하지 않았더라도 동거주택 상속공제를 받을 수 있게 되었다.

● 이전에 상속받은 주택의 소수지분이 있는 경우 동거주택 상속공제를 받을 수 있을까?

> 변혜영은 어머니가 사망하여 언니, 동생과 공동으로 상속을 받았으며, 상속재산 중에는 주택이 있어 동거주택 상속공제를 적용받고자 한다. 다른 공제요건은 모두 만족한 상태이지만 5년 전 할머니가 돌아가시면서 상속으로 남기신 주택의 소수지분을 가지고 있다. 이 경우 1세대 1주택 요건을 만족하지 못해 동거주택 상속공제를 받지 못하는 것은 아닐까?

상속세 및 증여세법 시행령 제20조의 2에서는 동거주택 상속공제 적용시 2주택 이상을 소유한 경우에도 1세대가 1주택을 소유한 것으로 보는 경우를 열거하고 있다. 이 규정에서는 소득세법상 1세대 1주택 개념을 그대로 적용하지 않아 소득세법과 달리 상속주택의 소수지분을 주택 수에서 제외하는 내용이 포함되어 있지 않아 위 사례의 경우 1세대 2주택에 해당하여 동거주택 상속공제가 적용되지 않을 수 있다.

하지만 동거주택 상속공제의 제도적 취지는 부동산 실거래가

신고 등으로 1세대 1주택 실수요자의 상속세 부담을 완화시키기 위한 것일 뿐만 아니라 상속인의 주거 안정을 도모하려는 것이므로(대법원 2014.6.26.선고, 2012두2474 판결 참조), 피상속인이 상속개시일로부터 소급하여 10년의 기간 동안에 본인의 의사와 상관없이 상속인으로서 이전 상속주택의 소수지분을 상속받았다는 이유만으로 동거주택 상속공제의 적용을 배제할 경우 무주택자인 상속인들의 주거 안정이 우연한 사정에 의하여 박탈되는 결과가 초래되어 동거주택 상속공제 제도의 취지에 반하는 점 등에 비추어 피상속인이 이전 상속주택에 거주하지도 않고 이전 상속주택의 지분을 상속받은 상속인 중 최고령자도 아님에도 불구하고 피상속인이 보유한 이전 상속주택의 소수지분을 1주택으로 보아 동거주택 상속공제에 있어 1세대 1주택을 판단하는 것은 잘못이 있다.15)

그러므로 변혜영의 경우 동거주택 상속공제 판단시 이전에 상속받은 주택의 소수지분을 주택 수에서 제외하여 동거주택 상속공제를 적용하여야 한다.

---

15) 조심2018서3354, 2018.11.15.

Chapter 03

상속공제에는 한도가 있다

● 상속공제 요약

기초 공제	기초공제액	2억원
	가업상속 공제액	Min[가업상속재산×100%, 아래의 한도] ※ 한도 10년 이상 : 200억원 　　　　20년 이상 : 300억원 　　　　30년 이상 : 500억원
	영농상속 공제액	Min[영농상속재산가액, 15억원]
배우자공제		Max[Min(①, ②), 5억원] ① 배우자가 실제 상속받은 가액 ② 상속재산×배우자 법정상속분(30억원 한도)
그 밖의	자녀공제	자녀수×1인당 5천만원
	미성년자공제	미성년자녀수×1천만원×19세까지 잔여연수

인적 공제	연로자공제	연로자수(65세 이상)×1인당 5천만원
	장애인공제	장애인수×1천만원×통계청고시 기대여명연수
일괄공제		Max[5억원, (기초공제 2억원+그 밖의 인적공제 합계)]
금융재산 상속공제		순금융재산가액(금융재산－금융채무) ① 2천만원 이하 : 순금융재산가액 전액 ② 2천만원 초과~1억원 이하 : 2천만원 ③ 1억원 초과 : Min[순금융재산가액×20%, 2억원]
재해손실공제		신고기한 내 손실가액－보험료 등
동거주택 상속공제		Min[동거주택가액(부수토지 포함)×80%, 5억원]

종합한도 금액

"상속세에는 다양한 상속공제가 있네요."

이재화

"그렇습니다. 다양하고 복잡한 만큼 꼼꼼히 잘 챙겨야 상속세를 줄일 수 있습니다. 그리고 상속세 과세가액에서 공제하는 상속공제의 경우 한도를 두고 있으니 주의가 필요합니다. 이러한 한도액은 상속세 과세가액에서 선순위 상속인이 아닌 자에게 유증 또는 사인증여한 재산가액과 상속인의 포기로 그 다음 순위의 상속인이 상속받은 재산가액 및 사전증여재산가액(증여재산공제 및 재해손실공제액 차감한 금액)을 차감하여 계산합니다."

서세무사

상속 전 증여를 하면 상속공제를 못 받는다

"제가 일반적으로 고액 자산가의 경우 상속 전에 증여를 통해 재산을 분산해야 한다고 말씀드렸었는데, 상속 전에 증여를 하게 되면 상속세가 오히려 증가하는 경우가 있습니다. 다음 사례를 통해 이러한 경우를 확인해 보겠습니다."

> 차정환은 아버지인 차규택이 사망하기 2년 전에 기준시가가 4억원인 단독주택을 동생과 공동명의로 증여를 받아 증여세를 납부하였다. 차규택은 상속개시일 현재 배우자와 거주하고 있는 시가 5억원의 아파트와 소액의 예금만 있었고, 차정환은 상속세 신고시 피상속인의 배우자가 생존해 있는 경우 10억원까지는 상속세가 없다는 이야기를 듣고, 생전에 증여받은 단독주택과 상속일 현재 아파트 및 예금을 합산하여도 10억원이 안 되기 때문에 상속세 신고를 하지 않았다. 하지만 세무서에서 상속세에 가산세를 포함하여 세금을 납부하라는 안내문을 받았다. 왜 상속세가 부과됐을까?

왜 이러한 현상이 발생하는 걸까? 상속세의 경우 피상속인이 상속인에게 10년 이내에 증여한 재산가액을 합산하도록 되어 있다. 위 경우에는 증여재산을 합산하더라도 차규택의 총 상속재산가액은 10억원이 넘지 않아 일괄공제 5억원 및 배우자공제 5억원을 적용받을 수 있다면 상속세 과세표준은 없으므로 납부할 세금은 없게 된다. 하지만 세법에서는 상속공제의 한도를 두고 있으며, 상속공제 한도 계산시 상속세 과세가액에서 상속세 과세가액에 가산한 증여재산가액(증여재산공제액을 차감한 가액)을 차감하여 계산하도록 하고 있어 상속공제금액은 작아지게 된다.

위 경우 기준시가 4억원인 단독주택을 동생과 지분비율 5 : 5로 증여받아 증여재산공제 5천만원을 적용하여 증여세를 신고하고, 상속세 과세가액을 10억원으로 가정한다면 상속공제 한도는 7억원이 되므로 10억원에서 7억원을 차감한 3억원에 대해 상속세를 부과하여야 한다.

상속공제 한도

1,000,000,000원－[(200,000,000－50,000,000)×2명]＝700,000,000원

이때 증여세 과세표준과 상속세 과세표준 금액은 3억원으로 동일하지만 증여세의 경우 수증자인 자녀별로 각각 계산하여 세율이 적용되지만 상속세의 경우에는 피상속인인 차규택의 총재산가액을 기준으로 하여 세율이 적용되므로 차액이 발생하게 되어 추가로 상속세를 부담해야 한다. 그러므로 처음부터 상속을 통해 재산을 자녀들에게 이전하였다면 상속세를 한 푼도 내지 않았겠지만 증여와 상속을 통해 재산을 이전함으로써 상속세 및 증여세가 발생하게 되었다.

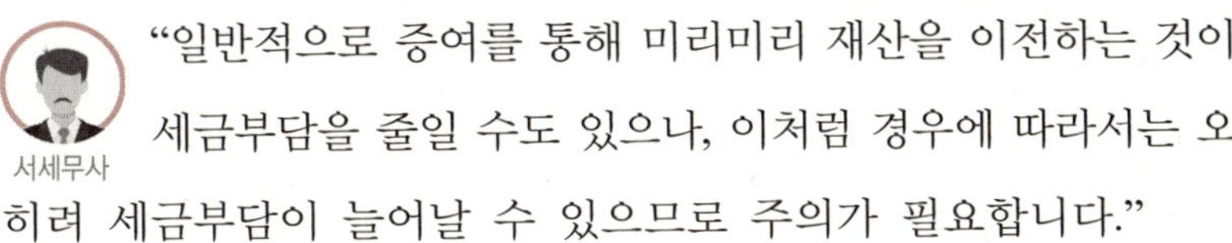

“일반적으로 증여를 통해 미리미리 재산을 이전하는 것이 세금부담을 줄일 수도 있으나, 이처럼 경우에 따라서는 오히려 세금부담이 늘어날 수 있으므로 주의가 필요합니다.”

● 상속포기로 후순위 상속인에게 상속할 경우

"그렇다면 선순위 상속인이 있음에도 불구하고 전 재산을 상속인이 상속포기를 하여 후순위 상속인인 손자녀가 상속을 받을 경우에도 상속공제를 적용받을 수 있을까요?"

"만약 할아버지의 상속재산을 상속인인 자녀들이 상속포기를 하고 손자녀에게 바로 이전한다면 세금을 줄일 수 있을 거 같은데요?"

기초공제는 기본적으로 상속세를 계산할 때 무조건 공제해주는 금액이다. 거주자 또는 비거주자의 사망으로 상속이 개시되는 경우에는 상속세 과세가액에서 2억원을 공제하므로 적어도 상속재산가액이 2억원 이하라면 과세될 상속세는 없다. 그리고 거주자의 사망으로 인하여 상속이 개시되는 경우에 상속인이나 수유자는 기초공제와 그 밖의 인적공제액을 합친 금액과 5억원 중 큰 금액으로 공제받을 수 있다. 그리고 거주자의 사망으로 상속이 개시되는 경우 배우자가 생존해 있다면 배우자가 실제 상속받은 금액이 없거나 5억원 미만인 경우에도 5억원을 공제하므로 일괄공제와 배우자공제를 적용할 경우 최소 10억원은 상속공제를 적용받을 수 있다.

사례별 최소한의 인적공제 금액

상속인이 배우자와 자녀인 경우	10억원 (일괄공제 5억원 + 배우자공제 5억원)
상속인이 배우자만인 경우	7억원 (기초공제 2억원 + 배우자공제 5억원)
상속인이 자녀만 있는 경우	5억원(일괄공제 5억원)

하지만 상속세 및 증여세법 제24조의 규정에 의하면, 상속세 과세가액에서 공제되는 공제액은 상속세 과세가액에서 상속인의 상속포기로 그 다음 순위의 상속인이 상속받은 재산가액을 차감한 잔액에 상당하는 금액을 초과하지 못하도록 되어 있다.

"상속재산 전액을 상속포기로 선순위 상속인 아닌 후순위 상속인이 상속받는다면, 상속공제액의 한도는 상속세 과세가액에서 후순위상속인이 상속받은 재산가액을 차감하여 계산하게 되는데 이 경우 한도액은 0이 되어 상속공제를 적용받을 수 없게 됩니다. 그러므로 오히려 상속세가 늘어날 수 있습니다."

피상속인이 거주자인 경우와 비거주자인 경우 공제금액

"그리고 세법에서는 피상속인이 거주자인 경우와 비거주자인 경우 상속세 과세가액의 범위 및 공제대상 또한 크게 다르다고 말씀드렸습니다. 세법은 국내에 주소를 두거나 183일 이상 거소(居所)를 둔 사람을 거주자로 구분하면서, 거주자가 사망한 경우에는 거주자의 국내외 모든 상속재산(피상속인이 유증한 재산과 피상속인의 사망으로 인하여 효력이 발생하는 증여재산을 포함한다)에 대하여 상속세를 과세하고 모든 공제가 적용대상에 해당하며, 거주자가 아닌 사람, 즉 비거주자가 사망한 경우에는 국내에 있는 비거주자의 재산에 대해서만 상속세가 과세되고, 기초공제 2억원만 적용됩니다."

거주자 · 비거주자의 상속세 적용 차이

구 분		거주자	비거주자
신고기한		상속개시일이 속하는 달의 말일부터 6개월 이내	상속개시일이 속하는 달의 말일부터 9개월 이내
과세대상재산		국내 · 외의 모든 상속재산	국내에 소재하는 상속재산
공제금액	공과금	상속개시일 현재 피상속인이 납부하여야 할 공과금으로서 납부되지 않은 금액	국내 소재 상속재산에 대한 공과금, 국내 사업장의 사업상 공과금
	장례비용	피상속인의 장례비용	공제 안 됨
	채무	모든 채무 공제	국내 소재 상속재산을 목적으로 유치권 · 질권 · 저당권으로 담보된 채무, 국내 사업장의 사업상 채무

구 분		거주자	비거주자
과세표준계산	기초공제	공제	공제
	가업상속공제	공제	공제 안 됨
	영농상속공제	공제	공제 안 됨
	기타인적공제	공제	공제 안 됨
	일괄공제	공제	공제 안 됨
	배우자공제	공제	공제 안 됨
	금융재산상속공제	공제	공제 안 됨
	재해손실상속공제	공제	공제 안 됨
	동거주택상속공제	공제	공제 안 됨
	감정평가수수료공제	공제	공제

상속세 계산하기

Chapter 01

상속세 얼마나 나올까?

상속세 과세표준 및 최저한세

"우리나라 상속세 과세체계는 유산세 과세체계이므로 상속인이 상속을 포기하는지 여부와 상속재산 분할시 법정 상속지분에 의하는지 협의분할 하는지 상관없이 피상속인의 모든 재산가액을 합산한 가액에서 상속세 및 증여세법 규정에 따른 상속공제액과 상속재산의 감정평가수수료를 차감하여 상속세 과세표준을 산정합니다. 그리고 상속세 과세표준이 50만원 미만이면 상속세를 부과하지 않습니다."

서세무사

상속세 계산구조

(＋) 본래상속재산가액	민법상의 상속재산
(＋) 간주상속재산가액	보험금, 신탁재산, 퇴직금 등
(＋) 추정상속재산가액	법정요건을 충족하는 처분재산가액 또는 부담채무액
총 상속재산가액	
(－) 비과세 상속재산가액	금양임야 및 묘토, 지정문화재 등
(－) 공과금, 장례비, 채무액	
(＋) 상속개시 전 증여재산가액	상속인에게 증여한 재산으로서 10년 이내의 것
(－) 과세가액 불산입재산	공익법인 출연재산가액 등
상속세 과세가액	
(－) 상속공제금액	배우자상속공제, 일괄공제, 금융재산상속공제 등 1) 일괄공제 : 5억원 2) 배우자공제 : 5억원～30억원 3) 금융재산상속공제 : 금융재산가액의 20%, 2억원 한도
(－) 감정평가수수료	
상속세 과세표준	
(×) 　 세율	10%～50%의 5단계 초과누진세율
상속세 산출세액	세대생략상속에 대한 할증세액 가산
(－) 세액공제	증여세액공제, 신고세액공제(3%)
(－) 문화재 등 징수유예세액	
(＋) 가산세	신고불성실가산세, 납부불성실가산세
신고납부세액	

● 감정평가수수료 공제

상속세를 신고·납부하기 위하여 상속재산을 평가하는 데 드는 감정평가수수료는 납세자가 지출하는 납세협력비용으로서 납세자의 부담을 덜어주고자 다음 어느 하나에 해당하는 감정평가수수료는 상속세 과세가액에서 차감하여 상속세를 계산한다.

① 부동산가격공시 및 감정평가에 관한 법률의 규정에 의한 감정평가법인의 평가에 따른 수수료(상속세 납부목적용에 한한다)

② 중소기업 비상장주식 평가심의위원회가 의뢰한 신용평가전문기관의 평가수수료

③ 서화·골동품 등 예술적 가치가 있는 유형재산 평가에 대한 감정수수료

> • 감정평가법인의 평가수수료 및 감정수수료 :
>   Min[당해 수수료, 5백만원]
> • 중소기업 비상장주식 평가심의위원회가 의뢰한 신용평가전문기관의 평가수수료 :
>   Min[당해 수수료, 평가대상법인수 및 신용평가전문기관별 각각 1천만원]

이러한 감정평가수수료를 공제받고자 하는 자는 당해 수수료의 지급사실을 입증할 수 있는 서류를 상속세 과세표준 신고와 함께 납세지관할세무서장에게 제출하여야 한다.

양도소득세를 줄이는 감정평가, 상속세가 없더라도 신고하자

"앞에서 설명 드린 바와 같이 현행 상속세는 배우자와 자녀가 있는 경우 10억원, 배우자 없이 자녀만 있는 경우에는 5억원까지 과세되지 않습니다. 그것은 5억원의 배우자 상속공제와 5억원의 일괄공제가 허용되고 있기 때문입니다. 통계청의 인구동태통계조사에 의하면 2017년도 사망자수는 285,534명이고 그 중에서 2017년에 상속세 신고를 한 인원은 국세통계에서 6,970명으로 확인되어 사망자의 2.5%가 상속세를 납부하고 있습니다. 이러한 상속세는 상속재산가액이 상속공제액에 미달하여 납부세액이 없는 경우에는 세무서에 신고를 하지 않는 것이 일반적입니다. 그 이유는 상속세 신고는 간단하지 않아 상속인이 직접 하기 어렵고, 전문가인 세무사에게 의뢰하여 신고를 해도 아무런 실익이 없다고 생각하기 때문입니다. 하지만 이 경우에도 절세를 위해 상속세 신고가 필요할 수 있습니다. 왜냐하면 상속인이 재산을 상속받는 시점에는 상속세가 과세되지 않지만 추후에 처분할 때에는 양도소득세가 과세되기 때문입니다. 양도소득세는 양도한 가액에서 실제로 취득한 가액과 기타 필요경비를 공제하여 그 차익에 대하여 과세하게 됩니다. 이 경우 취득가액은 상속시점의 상속세 과세가액을 취득가액으로 하고 있습니다. 따라서 상속세 과세가액은 추후 양도시점에서 양도차익을 산정하는 데 결정적으로 영향을 미치는 것입니다. 양도소득세는 양도차익에 대하여 250만원의 양도소득공제를 하여 계산된 과세표준에 세율을 적용하여 산출합니다. 이때 적용되는 세율은 일반적으로 기본세율인 6~42%의 세율이 적용되며, 양도소득세의 10%에 상당하는 주민세까지 납부하여야 하기 때문에 그 부담은 엄청날 수 있습니다. 이에 비하면 현행 상속세는 1억원 이하에 대해 10%, 1억원 초과 5억원 미만은 20%, 5억원 초과 10억원까지는 30%로 과세되기 때문에 상속세로 과세되는 것이 유리할 수 있습니다."

양도소득세		상속세	
과세표준	세율[1]	과세표준	세율
1천200만원 이하	6%	1억원 이하	10%
1천200만원 초과 4천600만원 이하	15%	1억원 초과 5억원 이하	20%
4천600만원 초과 8천800만원 이하	24%	5억원 초과 10억원 이하	30%
8천800만원 초과 1억5천만원 이하	35%	10억원 초과 30억원 이하	40%
1억5천만원 초과 3억원 이하	38%	30억원 초과	50%
3억원 초과 5억원 이하	40%		
5억원 초과	42%		

---

1) 조정대상지역에 있는 주택으로 대통령령으로 정하는 1세대 2주택에 또는 1세대 3주택에 해당하는 주택 및 비사업용토지 등의 경우에는 10%~20%를 가산한다.

"그렇다면 어떻게 하면 상속세 과세가액을 높일 수 있을까요? 우리나라 상속세는 증여세와 함께 정부에서 결정하여 과세하고 있습니다. 현재 대부분의 세금은 납세자가 신고하면 그대로 납세의무가 확정되지만 상속세는 증여세와 함께 납세자가 신고한 내용에 대하여 세무서에서 조사하여 결정합니다. 상속재산의 평가는 원칙적으로 시가에 의하여 평가하여야 하며, 이 경우 시가란 불특정다수인 사이에 자유로이 거래가 이루어지는 경우에 통상 성립된다고 인정되는 가액을 말하지만 실무적으로 매매사례가액을 찾아서 결정합니다. 또한 매매사례가액은 상속개시일 전·후 6개월(증여재산의 경우 전 6개월·후 3개월) 이내에 매매·감정·수용·경매 또는 공매 등이 있는 경우에는 그 거래가액으로, 둘 이상의 감정기관(기준시가 10억원 이하 부동산의 경우에는 하나 이상의 감정기관)이 평가한 감정가액이 있는 경우에는 그 감정가액의 평균액으로 하며, 이러한 매매사례가액이 없는 경우에는 결국 정부가 고시한 기준시가에 의하여 평가하게 되는 것입니다. 그렇다면 납세자 입장에서는 상속재산의 가액이 상속공제액에 미달하거나 낮은 세율이 적용되는 경우에는 추후 양도시 양도소득세를 절세하기 위한 노력이 필요합니다. 이처럼 납세자가 적극적으로 상속세 과세가액을 높일 수 있는 방안으로 상속재산과 면적·종류·용도·종목이 동일하거나 유사한 다른 재산에 대한 매매사례가액이 있는지 확인하고 이러한 매매사례가액이 없고 상속개시일 현재 상속재산의 기준시가가 시가보다 낮게 고시되어 있다고 판단되면 감정기관의 감정평가를 통해 상속세 과세가액을 높여 신고함으로써 일정부분 상속세를 부담하더라도 양도소득세를 줄이는 것이 절세에 도움이 될 수 있습니다.”

“그렇군요, 세무사님. 상속세가 없으면 신고를 안 해도 되는 줄 알았는데 상속세가 없는 경우라도 추후 양도소득세를 고려한다면 상속세 신고가 필요할 수 있겠네요.”

상속인이 공시지가 9억원(감정평가금액 11억원)인 부동산만 소유하고 있는 피상속인의 재산을 상속받아 2년 뒤 11억5천만원에 매매할 경우 상속세 및 양도소득세(일반세율인 6%~42% 적용)를 비교해보자.

감정평가를 받지 않은 경우	구 분	감정평가를 받은 경우
900,000,000원	상속세 과세가액	1,100,000,000원
900,000,000원	상속공제	1,000,000,000원
−	상속세 과세표준	100,000,000원
10%	세율	10%
−	상속세 산출세액	10,000,000원
−	상속세 세액공제	300,000원
−	상속세 결정세액	9,700,000원
1,150,000,000원	양도금액	1,150,000,000원
900,000,000원	취득가액	1,100,000,000원

감정평가를 받지 않은 경우	구 분	감정평가를 받은 경우
250,000,000원	양도소득금액	50,000,000원
2,500,000원	기본공제	2,500,000원
247,500,000원	양도소득세 과세표준	47,500,000원
38%	세율	24%
74,650,000원	양도소득세 산출세액	6,180,000원
7,465,000원	주민세	618,000원
82,115,000원	합계	6,798,000원
82,115,000원	상속세 및 양도세 합계	16,498,000원[2]

이처럼 감정평가를 통해 상속세 과세가액을 올려 신고할 수도 있지만 반대로 부동산시장의 악화로 부동산의 가치가 계속 하락하여 상속개시일 전 6개월 이내 매매사례가액보다 상속개시일 현재 시가가 낮을 경우에는 감정평가를 통해 상속세 과세가액을 낮추는 것도 고려해 볼 수 있다.

---

2) 상속세 계산시 감정평가수수료에 대한 공제금액 및 감정평가에 따라 실제 발생하는 수수료는 고려하지 않음.

Chapter 02

상속세 세율은 어떻게 될까?

상속세 세율

상속세 세율은 과세표준을 5단계로 구분하고 높은 단계로 올라감에 따라 각 구간의 초과단계마다 체증적으로 높은 세율을 적용하는 초과누진세율을 적용하고 있으며, 상속세 산출세액은 상속세 과세표준에 다음의 세율을 적용하여 계산한 금액으로 한다.

과세표준	세 율
1억원 이하	과세표준의 10%
1억원 초과 5억원 이하	1천만원＋1억원을 초과하는 금액의 20%
5억원 초과 10억원 이하	9천만원＋5억원을 초과하는 금액의 30%
10억원 초과 30억원 이하	2억4천만원＋10억원을 초과하는 금액의 40%
30억원 초과	10억4천만원＋30억원을 초과하는 금액의 50%

상기의 상속세 세율을 실무상 간편하게 적용하는 누진공제액을 기준으로 나타내면 다음과 같다.

과세표준		세 율	누진공제
	1억원 이하	10%	−
1억원 초과	5억원 이하	20%	1천만원
5억원 초과	10억원 이하	30%	6천만원
10억원 초과	30억원 이하	40%	1억6천만원
30억원 초과		50%	4억6천만원

상속세 과세표준이 25억원일 경우 계산방식 비교

기본방식	240,000,000원＋(2,500,000,000원−1,000,000,000원)×40%＝840,000,000원
누진공제액	2,500,000,000원×40%−160,000,000원＝840,000,000원

세대를 건너뛴 상속에 대한 할증과세

"세무사님, 이번 상속재산 분할 때 상속재산 일부를 제 딸에게 일부 상속하는 것이 가능할까요? 재산 일부를 이번 기회에 미리 이전해 놓으면 좋을 거 같아서요?

이재화

"민법에서는 유언자의 재산처분의 자유를 존중하여 유증 제도를 인정하고 있습니다. 피상속인의 할아버지가 아들 세대를 건너뛰어 손자녀 세대에게 직접 유증을 할 수 있는 것입

서세무사

니다. 일반적인 경우의 상속재산은 조부단계에서 부의 단계로 이전되고, 다시 부의 단계에서 손의 세대로 이전됨으로써 상속세를 부담하게 됩니다. 그러나 조부단계에서 손의 세대로 직접 상속이 이루어진다면 부의 단계에서 손의 세대로 상속될 때 부담하여야 할 상속세를 회피할 수 있으므로 이를 방지하기 위하여 상속인이나 수유자가 피상속인의 자녀를 제외한 직계비속인 경우에는 산출세액 중 직계비속이 상속받은 재산가액 상당액 비율에 30%(상속인·수증자가 미성년자로서 상속·증여재산가액이 20억원을 초과하는 경우 40%)를 가산합니다. 그러나 부모가 조부모보다 먼저 사망하여 상속재산이 손자 등으로 넘어가는 대습상속의 경우에는 자의적으로 세대를 건너뛴 것이 아니므로 할증과세를 적용하지 않습니다. 그러나 상속포기에 따라 후순위 상속인이 상속받게 되는 경우에는 대습상속이 아니므로 상속인이 피상속인의 자녀가 아닌 직계비속인 경우에는 할증과세 대상에 해당합니다."

$$\text{할증 과세 금액} = \text{상속세 산출세액} \times \frac{\text{피상속인의 자녀를 제외한 직계비속이 상속받은 재산가액}^{3)}}{\text{총상속재산가액}^{4)}} \times \begin{matrix} 30\% \\ (40\%) \end{matrix}$$
(상속인 또는 수유자가 받은 사전증여재산가액 포함)

---

3) 피상속인의 자녀를 제외한 직계비속에 대한 사전증여재산가액은 포함하지 않음.
4) 상속인 또는 수유자가 아닌 자에 대한 사전증여재산가액은 포함하지 않음.

● 유언 여부에 따른 세대를 건너뛴 상속

서세무사 "사장님이 세대생략상속을 이용하여 돌아가신 아버님의 재산을 따님에게 이전하기 위해서는 돌아가신 아버님이 따로 손녀에게 상속한다는 유언이 없는 이상 선순위 상속인인 사장님과 형제분들이 모두 상속포기를 해야 하는 문제가 있습니다."

이재화 "그렇군요. 저 혼자 상속포기를 하는 것은 문제가 되지 않겠지만 동생들의 상속재산까지 상속포기를 한다는 건 어렵겠네요."

상속개시일 현재 피상속인의 유언 또는 선순위 상속인들이 상속포기를 함에 따라 후순위 상속인들이 상속을 받는 경우 후순위 상속인은 상속세 납부의무를 지는데, 이 경우 후순위 상속인이 피상속인의 자녀 이외의 직계비속인 경우에는 세대별 부의 이전에 대한 단계별 상속세 과세를 축소·회피할 목적이 있다고 보아 상속세 할증과세를 적용한다.

그러나 피상속인의 민법상 적법한 유언절차 및 상속포기에 의하지 않고 상속인 외의 자가 상속재산을 취득하는 경우에는 당해 재산을 상속인이 상속받아 상속인 외의 자에게 증여한 것으로 보아 증여세가 과세된다.

세대생략상속에 따른 할증과세를 이용하자

"본인 이외에 다른 상속인이 있는 경우에는 유언 등을 통해 세대생략상속을 고려해 보는 것도 방법이 될 수 있습니다. 다음 사례를 통해 자세히 알아보겠습니다."

차규택은 상속재산으로 시가 10억원의 부동산과 현금 2억원이 있으며, 병세가 악화되자 유언을 통해 부동산은 배우자와 딸에게 공동명의로, 현금 2억원은 결혼을 앞두고 있는 손녀인 차윤서에게 상속하고자 한다. 하지만 손녀에게 상속을 하게 될 경우 세대생략에 따라 상속세가 할증된다는 이야기를 들었다. 이 경우 할증과세보다는 우선 딸에게 상속을 하고 딸이 손녀에게 증여하는 것이 더 유리할까?

세법에서는 상속인이나 수유자가 피상속인의 자녀를 제외한 직계비속인 경우에는 산출세액 중 직계비속이 상속받은 재산가액 상당액 비율에 30%(다만, 상속인·수증자가 미성년자로서 상속·증여재산가액이 20억원을 초과하는 경우 40%)를 가산한다. 하지만 이를 적절하게 이용한다면 세금을 줄일 수도 있다.

위 사례의 경우 차규택이 손녀인 차윤서에게 직접 상속을 할 경우와 딸에게 상속한 후 딸이 손녀에게 증여하는 경우를 비교해 보면 다음과 같다.

구 분	세대생략상속	딸에게 상속 후 증여
총상속재산가액	12억원	12억원
상속공제액	10억원 (기초공제＋배우자공제)	10억원 (기초공제＋배우자공제)
상속세과세표준	2억원	2억원
상속세산출세액	31,500,000원	30,000,000원
신고세액공제	945,000원	900,000원
신고납부세액(A)	30,555,000원	29,100,000원
증여재산가액	−	2억원
증여재산공제액	−	50,000,000원 (미성년자가 아닌 경우)
증여세과세표준	−	150,000,000원
증여세산출세액	−	20,000,000원
신고세액공제	−	600,000원
신고납부세액(B)	−	19,400,000원
합계(A＋B)	30,555,000원	48,500,000원

이처럼 세대생략상속분에 대해 할증과세를 하더라도 증여가 아닌 직접 상속하는 것이 유리할 수 있다. 하지만, 이 경우 반드시 피상속인의 유언이 필요하며, 상속인이 아닌 자에게 유증한 재산가액은 상속공제 한도 계산 시 차감되므로 상속공제액을 축소시켜 오히려 상속세가 늘어날 수 있으므로 주의가 필요하다.

Chapter 03

세액공제를 차감하자

상속세액 계산구조

"상속세의 과세표준에 소정의 세율을 곱하여 상속세 산출세액이 계산되면 그 산출세액에서 세대를 건너뛴 상속에 대한 할증과세액을 가산하고 법률의 규정에 의하여 인정된 공제세액 등을 차감하면 결정세액이 계산됩니다. 이 결정세액이 상속인들이 신고·납부할 세액의 총액이 되는 것입니다. 여기서 세액공제는 다음과 같이 4가지가 있습니다."

증여세액공제	상속재산에 가산한 증여재산에 대한 증여세액을 상속세 산출세액에서 공제하는데 이는 상속세와 증여세 간 이중과세조정을 위한 것이다.
외국납부세액공제	동일한 재산에 대하여 외국에서도 상속세가 부과된

	경우 이중과세조정을 위한 것이다.
단기재상속에 대한 세액공제	상속개시 후 10년 이내에 다시 상속이 개시되는 경우 상속세에 대한 세부담의 균형과 경감을 위한 것이다.
신고세액공제	정부결정주의 과세제도인 상속세의 세원포착을 원활하게 하도록 상속세 신고기한 이내에 자진신고를 유도하기 위한 것이다.

증여세액공제

"상속세는 피상속인이 상속개시 전 10년 이내에 상속인에게 증여한 재산가액과 피상속인이 상속개시 전 5년 이내에 상속인 외의 자에게 증여한 재산가액을 상속세과세가액에 가산하도록 하고 있습니다. 이렇게 상속세과세가액에 가산한 증여가액이 있는 경우에는 그 가산한 증여재산의 증여세액을 상속세 산출세액에서 공제하도록 하고 있어, 동일한 증여재산에 대하여 증여세와 상속세를 이중으로 과세하지 않고 누진세율부분에 대한 상속세를 부담시키기 위한 것입니다."

상속재산에 가산한 증여재산에 대한 증여세액(증여 당시의 해당 증여재산에 대한 증여세 산출세액)은 상속세 산출세액에서 공제하는데, 그 공제방법과 공제한도는 다음과 같다.

가산한 증여재산의 수증자	공제방법	공제한도액	
상속인 · 수유자인 경우	각자가 납부할 상속세액에서 공제	각자가 납부할 상속세액 ×	각자의 증여재산에 대한 증여세 과세표준 / 각자의 상속재산에 대한 상속세 과세표준 상당액
그 외의 자인 경우	상속세 산출세액에서 공제	상속세 산출세액 ×	사전증여재산에 대한 증여세 과세표준 / 상속세 과세표준

이러한 증여세액공제는 증여세 산출세액이 없는 경우는 증여세액을 공제하지 않는 것이며, 상속세 과세가액에 가산하는 증여재산에 대하여 제척기간의 만료로 인하여 증여세가 부과되지 않는 경우와 상속세 과세가액이 5억원 이하인 경우에도 이러한 증여세액공제를 적용하지 않는다.

증여받은 재산을 상속세에 합산하는 범위

"세무사님, 동생이 3년 전 어머니에게 현금 8천만원을 증여받고 증여세를 납부했었는데, 1년 전에 아버지에게 5억원 상당의 부동산을 증여받으면서 어머니에게 증여받았던 현금을 합산해서 증여세를 신고 · 납부했었습니다. 이런 경우 상속세에서 어떻게 공제해야 하나요?"

"사장님 동생분의 경우처럼 아버지와 어머니로부터 각각 증여받은 재산이 있는 경우에는 해당 증여일 10년 이내에 동일인(증여자가 직계존속인 경우에는 그 직계존속의 배우자를 포함한다)으로부터 받은 증여재산가액을 합친 금액이 1천만원 이상인 경우에는 그 가액을 증여세 과세가액에 가산하도록 하고 있습니다. 그러므로 아버님에게 5억원 상당의 부동산을 증여받은 시점으로부터 10년 이내에 어머니에게 증여받은 현금 8천만원은 합산하여 증여세를 계산하고 어머니에게 증여받았을 때 이미 납부했던 증여세를 차감하여 추가분에 대해서 증여세를 납부하셨습니다. 이처럼 합산하여 증여세를 납부한 경우로서 아버님의 사망으로 인하여 아버님으로부터 증여받은 재산을 상속세 과세가액에 합산하는 경우에는 이미 납부한 세금으로 공제할 증여세액은 아버지와 어머니의 증여재산을 합산하여 계산한 증여세 산출세액 중에서 아버지가 증여한 재산에 상당하는 세액이 됩니다. 이 금액을 계산하면 다음과 같습니다.5)"

---

5) 배분기준에 대한 참고판례 : 조심2008서3773, 2009.10.21.
   처분청이 청구인의 子가 조부·조모로부터 받은 증여재산을 합산하여 계산한 증여세 산출세액 중 조부·조모로부터 받은 증여재산합계액에서 피상속인인 조모로부터 받은 증여재산가액이 차지하는 비율에 상당하는 산출세액을 "증여 당시의 당해 증여재산에 대한 증여세산출세액"으로 하여 상속세 및 증여세법 제28조 규정에 의한 증여세액공제액으로 계산한 이 건 처분은 정당함.

증여세 계산내역

구 분	어머니(1차 신고)	어머니＋아버지 (2차 합산신고)
증여세과세가액	80,000,000원	580,000,000원
증여재산공제	50,000,000원	50,000,000원
과세표준	30,000,000원	530,000,000원
세율	10%	30%
산출세액	3,000,000원	99,000,000원
기납부증여세액공제	−	3,000,000원
신고세액공제[6]	300,000원	4,800,000원
신고납부세액	2,700,000원	91,200,000원

85,344,827원＝99,000,000원×500,000,000원÷580,000,000원

상속재산에 가산한 5억원에 대한 증여세 산출세액은 85,344,827
원이므로 증여세액공제 한도액 내에서 공제한다.

---

6) 2016년의 경우 신고세액공제가 10%였으며, 2018년은 5%

■ 두 차례에 걸쳐 증여받은 재산의 증여세액 공제금액과 증여세 과세표준 계산방법

> 차정환은 12년 전 아버지로부터 3억원 상당의 토지를 증여받고 증여세를 납부하였으며, 5년 전에는 아버지에게 7억원 상당의 아파트를 증여받으면서 이전에 증여받았던 토지를 합산하여 증여세를 신고·납부하였다. 그러던 중 아버지가 지병으로 사망하여 5년 전에 아버지에게 증여받았던 아파트만 합산하여 상속세신고를 하였다. 이처럼 1차 증여분을 제외한 2차 증여분만 상속재산에 가산하는 경우 상속세산출세액에서 공제할 증여세액 산출세액의 계산방법과 증여세액공제 한도액을 계산함에 있어 증여세 과세표준 계산방법은 어떻게 될까?

증여세를 계산함에 있어 해당 증여일로부터 10년 이내에 동일인으로부터 받은 증여재산가액을 합친 금액이 1천만원 이상인 경우에는 그 가액을 증여세 과세가액에 가산하도록 하고 있다. 그러므로 아버지에게 7억원 상당의 아파트를 증여받을 경우 증여세 계산은 아파트를 증여받은 시점을 기준으로 10년 이내에 증여받은 토지 3억원은 합산하여 계산하여야 한다.

하지만 상속세는 상속개시일 전 10년 이내에 피상속인이 상속인에게 증여한 재산가액을 상속재산가액에 가산하도록 하고 있으므로, 상속개시일로부터 12년 전에 증여받은 3억원 상당의 토지는 포함하지 않는다.

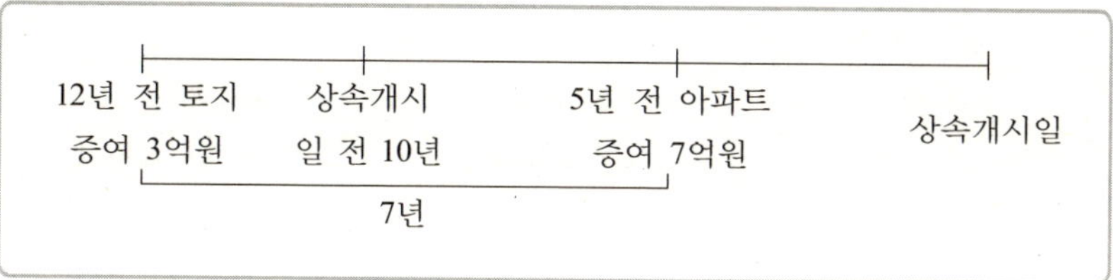

이처럼 상속개시일 전 피상속인으로부터 2차에 걸쳐 재산을 증여받은 경우로서 1차 증여분을 제외한 2차 증여분만 상속재산가액에 가산하는 경우에는 상속재산에 가산한 증여재산에 대한 증여세액은 1·2차증여분 합산과세시 산출세액에서 1차 증여분에 대한 기납부증여세액을 공제한 금액이 되는 것이다. 또한 가산한 증여재산의 수증자가 상속인인 경우 증여세액공제액 한도액은 아래와 같이 계산한다.

$$\text{한도액} = \text{각자가 납부할 상속세액} \times \frac{\text{각자의 증여재산에 대한 증여세 과세표준}}{\text{각자의 상속재산에 대한 상속세 과세표준 상당액}}$$

여기서 각자의 증여재산에 대한 증여세 과세표준은 가산한 증여재산의 증여 당시 증여세를 과세할 때에 동 증여재산에 대하여 증여재산공제가 적용된 경우에는 그 증여재산공제액을 차감한 금액에 의하고, 증여재산공제가 적용되지 아니한 경우에는 증여재산공제액을 차감하지 않은 금액으로 한다.

증여세 계산내역

구 분	1차 증여	1 · 2차 합산신고
증여세과세가액	300,000,000원	1,000,000,000원
증여재산공제[7]	50,000,000원	50,000,000원
과세표준	250,000,000원	950,000,000원
세율	20%	30%
산출세액	40,000,000원	225,000,000원
기납부증여세액공제	–	40,000,000원
신고세액공제[8]	4,000,000원	18,500,000원
신고납부세액	36,000,000원	166,500,000원

상속세산출세액에서 공제할 증여세 산출세액	185,000,000＝225,000,000－40,000,000
증여재산에 대한 증여세 과세표준	700,000,000＝700,000,000－0

🔴 외국납부세액공제

"거주자의 사망으로 인하여 상속세를 부과하는 경우에 외국에 있는 상속재산에 대하여 외국의 법령에 의하여 상속세를 부과 받은 경우에는 그 부과받은 상속세에 상당하는 금액을

---

7) 2014년 이전의 경우 직계비속에 대한 증여재산공제액은 3천만원이었으나 5천만원으로 가정함.
8) 2017년 이전의 경우 신고세액공제가 10%이었으므로 10% 적용.

상속세 산출세액에서 공제하고 있습니다. 이는 피상속인이 거주자인 경우 국내외 소재하는 모든 상속재산에 대해 납세의무를 갖는 것이나 외국소재 재산에 대해 외국에서 상속세를 부과받게 되면 이중과세의 문제가 있으므로 일정한도 내에서 세액을 공제해 주고자 하는 취지입니다."

이렇게 상속세 산출세액에서 공제할 외국납부세액은 다음 계산식에 따라 계산한 금액으로 한다. 다만, 그 금액이 외국의 법령에 따라 부과된 상속세액을 초과하는 경우에는 그 상속세액을 한도로 한다.

외국납부세액공제＝Min[①, ②]

① 상속세 산출세액 × $\dfrac{\text{외국법령에 의해 상속세 부과된 재산에 대한 상속세 과세표준}}{\text{상속세 과세표준}}$

② 외국의 법령에 의하여 부과된 상속세액

그리고 외국납부세액공제를 받고자 하는 자는 기획재정부령이 정하는 외국납부세액공제신청서를 상속세과세표준신고 시 납세지관할세무서장에게 제출하여야 하며, 상속세를 비과세하는 국가 또는 감면 등으로 납부한 세액이 없는 경우에는 외국납부세액공제를 적용하지 아니한다.

단기재상속에 대한 세액공제

"단기재상속에 대한 세액공제는 상속개시 후 단기간에 다시 상속이 개시된 경우, 재상속분에 대한 전의 상속세 상당액을 상속세 산출세액에서 공제하는 것을 말합니다. 이는 단기간 내에 상속이 재개됨으로써 동일한 상속재산에 대하여 상속세를 중복하여 부과하는 결과를 초래하여 공제를 통해 세부담의 공평을 기할 수 있기 때문입니다. 이처럼 상속개시 후 10년 이내에 상속인이나 수유자의 사망으로 다시 상속이 개시되는 경우에는 전의 상속세가 부과된 상속재산 중 재상속분에 대한 전의 상속세 상당액을 상속세산출세액에서 공제하며, 단기재상속에 대한 세액공제는 재상속된 각각의 상속재산별로 구분하여 계산합니다."

단기재상속 공제액＝①×②

① 전의 상속세산출세액 × $\dfrac{\text{재상속분의 재산가액} \times \dfrac{\text{전의 상속세 과세가액}}{\text{전의 상속재산가액}}}{\text{전의 상속세 과세가액}}$

② 공제율

재상속기간	공제율	재상속기간	공제율
1년 이내	100%	6년 이내	50%
2년 이내	90%	7년 이내	40%
3년 이내	80%	8년 이내	30%
4년 이내	70%	9년 이내	20%

5년 이내	60%	10년 이내	10%

위 산식에서 '재상속분의 재산가액'은 전의 상속재산가액에서 전의 상속세 상당액을 뺀 것을 말하며, 전의 상속재산가액 중 다시 상속된 것이 전의 상속세 과세가액 상당액을 초과하는 경우에는 그 초과액은 없는 것으로 한다. 그리고 단기재산상속에 대한 세액공제는 재상속된 각각의 상속재산별로 구분하여 계산한다.

단기재상속에 대한 세액공제액 계산

만약 이재화의 아버지가 사망하여 이재화는 어머니와 함께 다음의 아버지의 재산을 상속받았고,

구 분		합계	어머니	이재화
총상속재산	상가부동산	35억원	35억원	
	아파트	10억원		10억원
	합계	45억원	35억원	10억원
공제액	공과금	1억원	1억원	
	채무	4억원	4억원	
	합계	5억원	5억원	
상속세 과세가액		40억원	30억원	10억원
상속세 과세표준		10억원		

상속세 산출세액	2.4억원	1.8억원	0.6억원

그러던 중 7년 뒤 어머니가 사망하여 어머니가 아버지에게 상속받은 상가부동산을 재상속받게 된다면, 이 경우 단기재상속에 대한 세액공제액은 얼마가 될까? 단, 재상속시점에 해당 부동산의 시세는 50억원이다.

이처럼 이재화의 아버지가 사망하여 상속이 개시된 후 10년 이내에 상속인이었던 어머니가 사망하여 다시 상속이 이루어지는 경우에는 전의 상속세가 부과된 상속재산 중 재상속분에 대한 전의 상속세 상당액을 다음과 같이 계산한다.

- 전의 상속세산출세액 : 180,000,000원
- 재상속분의 재산가액 :
  3,320,000,000원 = 3,500,000,000원 − 180,000,000원
- 전의 상속세 과세가액 : 3,000,000,000원
- 전의 상속재산가액 : 3,500,000,000원(전의 상속 당시 상속재산가액)
- 공제율 : 40%(7년 이내)

$$68{,}297{,}142 = 180{,}000{,}000 \times \frac{3{,}320{,}000{,}000 \times \dfrac{3{,}000{,}000{,}000}{3{,}500{,}000{,}000}}{3{,}000{,}000{,}000} \times 40\%$$

그러므로 어머니의 사망으로 인한 상속세 계산시 68,297,142원을 단기재상속 공제금액으로 공제하여야 한다.

PART 07

상속재산의 평가

Chapter 01

재산의 평가

기본원칙

상속세가 부과되는 재산의 가액은 상속개시일(사망일) 현재의 시가에 따른다. 다만 상속재산의 가액에 가산하는 증여재산의 가액은 증여일 현재의 시가에 따른다. 여기서 시가란 평가기준일 현재 불특정다수인 사이에 자유롭게 거래가 이루어지는 경우에 통상 성립된다고 인정되는 가액으로 정의하고 있다. 이와 별도로, 상속세 및 증여세법에서는 시가로 보는 범위에 다음을 포함하고 있다.

해당 재산에 대한 매매사실이 있는 경우	거래가액. 다만, 특수관계인과의 거래 등으로 그 거래가액이 객관적으로 부당하다고 인정되는 경우 제외

해당 재산 (주식 및 출자지분 제외)에 대하여 둘 이상의 감정평가기관[1)이 평가한 감정가액이 있는 경우	감정가액의 평균액. 다만, 상속세 납부목적에 적합하지 아니한 감정가액 제외
해당 재산에 대하여 수용·경매 또는 공매사실이 있는 경우	보상가액·경매가액 또는 공매가액. 다만, 물 납한 재산을 상속인 또는 그의 특수관계인이 경매 또는 공매로 취득한 경우, 경매 또는 공 매로 취득한 비상장주식의 가액(액면가액의 합계액을 말한다)이 당해 법인의 발행주식총 액 또는 출자총액의 1%에 해당하는 금액과 3 억원 중 적은 금액 미만인 경우, 경매 또는 공 매절차의 개시 후 관련법령이 정한 바에 따라 수의계약에 의하여 취득하는 경우의 해당 경 매가액 또는 공매가액은 제외

다만, 평가기간에 해당하지 아니하는 기간으로서 평가기준일 전 2년 이내의 기간 중에 매매 등이 있거나 평가기간이 경과한 후 법정결정기한(상속세는 신고기한부터 9개월, 증여세는 신고기한부터 6개월)까지의 기간 중에 매매 등이 있는 경우에도 평가기준일부터 매매계약일 등에 해당하는 날까지의 기간 중에 주식 발행회사의 경영상태, 시간의 경과 및 주위환경의 변화 등을 고려하여 가격변동의 특별한 사정이 없다고 보아 상속세 납부의무가 있는 자, 지방국세청장 또는 관할세무서장이 신청하는 때에는

---

1) 기준시가 10억원 이하 부동산의 경우에는 하나 이상의 감정기관

평가심의위원회의 심의를 거쳐 해당 매매 등의 가액을 시가로 인정되는 가액에 포함시킬 수 있으며, 해당 재산과 면적·위치·용도·종목 및 기준시가가 동일하거나 유사한 다른 재산에 대한 시가로 인정되는 가액이 있는 경우에는 해당 가액을 시가로 본다.

보충적평가방법

시가를 산정하기 어려운 경우에는 해당 재산의 종류·규모·거래 상황 등을 고려하여 정하는 보충적 평가방법으로 평가한 가액을 시가로 본다.

1) 부동산

토지		① 원칙 : 개별공시지가 ② 지정지역 안의 토지 : 개별공시지가×배율
건물		건물의 신축가격·구조·용도·위치·신축연도 등을 참작하여 매년 1회 이상 국세청장이 산정·고시하는 가액
국세청장 지정지역 안에 있는 오피스텔 및 산업용건물(부수토지 포함)		매년 1회 이상 국세청장이 토지와 건물에 대하여 일괄하여 산정·고시한 가액
주택(부수토지 포함)	공동주택	국토해양부장관이 결정·공시한 공동주택가격(국세청장이 결정·고시한 공동주택가격이 있는 때에는 그 가격을 말한다)

단독주택	시장·군수·구청장이 결정·공시한 개별주택 가격

2) 주식

① 주권상장주식

주권상장법인의 주식 및 출자지분은 평가기준일 이전·이후 각 2개월 동안 공표된 매일의 거래소 최종 시세가액(거래실적 유무를 따지지 아니한다)의 평균액. 다만, 평가기준일 이전·이후 각 2개월 이내에 매매거래 정지·관리종목으로 지정된 기간이 있는 경우 보충적 평가방법을 적용하며, 평균액을 계산할 때 평가기준일 이전·이후 각 2개월 동안에 증자·합병 등의 사유가 발생하여 그 평균액으로 하는 것이 부적당한 경우에는 다음 기간의 평균액[2]으로 한다.

평가기준일 이전에 증자·합병 등의 사유가 발생한 경우	동 사유가 발생한 날(증자·합병의 사유가 2회 이상 발생한 경우에는 평가기준일에 가장 가까운 날을 말한다. 이하에서도 동일)의 다음날부터 평가기준일 이후 2월이 되는 날까지의 기간
평가기준일 이후에 증자·합병 등의 사유가 발생한 경우	평가기준일 이전 2월이 되는 날부터 동 사유가 발생한 날의 전일까지의 기간

---

2) 합병에 따른 증여이익에 대한 증여세 과세시 합병(분할합병을 포함한다)으로 소멸하거나 흡수되는 법인 또는 신설되거나 존속하는 법인이 보유한 상장주식의 시가는 평가기준일 현재의 거래소 최종 시세가액으로 한다.

평가기준일 이전·이후에 증자·합병 등의 사유가 발생한 경우	평가기준일 이전 동 사유가 발생한 날의 다음 날부터 평가기준일 이후 동 사유가 발생한 날의 전일까지의 기간

② 비상장주식

> 1주당 가액=(1주당 순손익가치×3+1주당 순자산가치×2)×1/5

부동산과다보유법인(해당 법인의 자산총액 중 토지건물 및 부동산에 관한 권리의 자산가액의 합계액이 50% 이상인 법인을 말한다)의 경우에는 1주당 순손익가치와 순자산가치를 각각 2와 3의 비율로 가중평균한 가액에 따른다. 이렇게 가중평균한 가액이 1주당 순자산가치의 80%보다 낮은 경우에는 1주당 순자산가치의 80%를 비상장주식 등의 가액으로 한다.

여기서 1주당 순손익가치는 다음과 같이 계산하는데 이것은 해당 법인이 계속 사업을 영위한다고 가정했을 경우의 1주당 순이익을 자본으로 환원한 가치를 나타낸다.

$$1주당\ 순손익가치 = \frac{1주당\ 최근\ 3년간\ 순손익액의\ 가중평균액}{국세청장이\ 고시하는\ 이자율}$$

그리고 1주당 순자산가치는 다음과 같이 계산하는데, 이것은 해당 주식을 발행한 법인이 청산한다고 가정했을 경우의 1주당 잔여재산분배액을 나타낸다.

$$1주당\ 순손익가치 = \frac{해당\ 법인의\ 순자산가액}{발행주식총수}$$

비상장주식의 평가는 가중평균가액에 의하는 것이 원칙이지만, 다음 중 어느 하나에 해당하는 경우에는 순자산가치에 따른다.

㉠ 상속세 과세표준신고기한 이내에 평가대상법인의 청산절차가 진행 중이거나 사업자의 사망 등으로 인하여 사업의 계속이 곤란하다고 인정되는 법인의 주식 등

㉡ 사업개시 전의 법인, 사업개시 후 3년 미만의 법인 또는 휴업·폐업 중인 법인의 주식 등. 이 경우 법인세법 제46조의 3, 제46조의 5 및 제47조의 요건을 갖춘 적격분할 또는 적격물적분할로 신설된 법인의 사업기간은 분할 전 동일 사업부분의 사업개시일부터 기산한다.

㉢ 해당하는 법인의 자산총액 중 토지·건물 등의 합계액이 차지하는 비율이 80% 이상인 법인의 주식 등

㉣ 법인의 자산총액 중 주식등의 가액의 합계액이 차지하는 비율이 80% 이상인 법인의 주식등

㉤ 법인의 설립 시 정관에 존속기한이 확정된 법인으로서 평가기준일 현재 잔여 존속기한이 3년 이내인 법인의 주식등

3) 무체재산권의 평가

① 평가의 기본구조

$$\text{Max} \left[\begin{array}{l} \text{재산의 취득가액} - \text{평가기준일까지 법인세법에 따른 감가상각비} \\ \text{장래의 경제적 이익을 고려한 평가액} \end{array} \right.$$

② 장래의 경제적 이익을 고려한 평가액

영업권	다음 산식에 의하여 계산한 초과이익금액을 평가기준일 이후의 영업권지속연수(원칙적으로 5년으로 한다)를 감안하여 환산한 가액에 의한다. $$\text{현재가치로 환산한 가액} = \sum_{n=1}^{5} \frac{\begin{array}{c}\text{최근 3년간(3년에 미달하는}\\\text{경우에는 당해 연수로 한다)의} \times 50\% - \text{현재의} \times 10\%\\\text{순손익액의 가중평균액} \quad \text{자기자본}\end{array}}{(1+10\%)^n}$$ 다만, 매입한 무체재산권으로서 그 성질상 영업권에 포함시켜 평가되는 무체재산권의 경우에는 이를 별도로 평가하지 아니하되, 당해 무체재산권의 평가액이 환산한 가액보다 큰 경우에는 당해 가액을 영업권의 평가액으로 한다.
어업권	영업권에 포함하여 계산한다.
특허권·실용신안권·상표권·의장권 및 저작권 등	그 권리에 의하여 장래에 받을 각 연도의 수입금액을 기준으로 현재가치로 환산한 금액의 합계액에 의한다. $$\text{현재가치로 환산한 가액} = \sum \frac{\text{각 연도의 수입금액}}{(1+10\%)^n}$$ n : 평가기준일부터의 경과연수 평가기준일부터의 최종 경과연수는 당해 권리의 존속기간에서 평가기준일 전일까지 경과된 연수를 차감하여 계산하며, 평가

	기준일부터의 최종 경과연수가 20년을 초과하는 때에는 20년으로 한다. 이 경우 각 연도의 수입금액이 확정되지 아니한 경우에는 평가기준일 전 최근 3년간(3년에 미달하는 경우에는 그 미달하는 연수)의 각 연도 수입금액의 합계액을 평균한 금액을 각 연도의 수입금액으로 하되, 최근 3년간 수입금액이 없거나 저작권(저작인접권을 포함)으로서 평가기준일 현재 장래에 받을 각 연도의 수입금액이 하락할 것이 명백한 경우에는 세무서장 등이 둘 이상의 공신력 있는 감정기관(감정평가업자) 또는 전문가의 감정가액 및 해당 권리의 성질 기타 제반사정을 감안하여 적정한 가액으로 평가할 수 있다.
광업권 및 채석권 등	평가기준일 이후의 채굴가능연수에 대하여 평가기준일 전 3년간 평균소득(실적이 없는 경우에는 예상순소득으로 한다)을 각 연도마다 현재가치로 환산한 금액의 합계액을 그 가액으로 한다. 다만, 조업할 가치가 없는 경우에는 설비 등에 의하여만 평가한 가액으로 한다. $$현재가치로\ 환산한\ 가액 = \Sigma \frac{평가기준일\ 전\ 3년간\ 평균소득}{(1+10\%)^n}$$ n : 평가기준일부터의 채굴가능연수

4) 그 밖의 재산의 평가방법

지상권	$$\Sigma \frac{지상권이\ 설정되어\ 있는\ 토지의\ 가액 \times 2\%}{(1+10\%)^n}$$ n : 해당 지상권의 잔존연수(민법에 따른 지상권의 존속기간을 기준)
부동산을 취득할 수 있는 권리 및	평가기준일까지 불입한 금액 + 평가기준일 현재의 프리미엄 상당액. 다만, 특정시설물이용권에 대하

특정시설물을 이용할 수 있는 권리	여 국세청장이 정하는 방법에 따라 평가한 가액이 있는 경우에는 해당 가액에 따른다.
선박·항공기·차량·기계장비 및 입목	처분할 경우 다시 취득할 수 있다고 예상되는 가액. 다만, 그 가액이 확인되지 아니하는 경우에는 장부가액(취득가액에서 감가상각비를 뺀 가액을 말하며, 이하 이 조에서 같다) 및 지방세법에 따른 시가표준액을 순차로 적용한 가액을 말한다.
상품·제품·반제품·재공품·원재료 기타 이에 준하는 동산 및 소유권의 대상이 되는 동산	처분할 때에 취득할 수 있다고 예상되는 가액. 다만, 그 가액이 확인되지 아니하는 경우에는 장부가액으로 한다.
판매용이 아닌 서화·골동품 등 예술적 가치가 있는 유형재산	2인 이상의 전문가가 감정한 가액의 평균액. 다만, 그 가액이 국세청장이 위촉한 3인 이상의 전문가로 구성된 감정평가심의회에서 감정한 감정가액에 미달하는 경우에는 그 감정가액에 의한다.
소유권의 대상이 되는 동물 및 따로 평가방법을 규정하지 아니한 기타 유형재산의 평가	처분할 때에 취득할 수 있다고 예상되는 가액. 다만, 그 가액이 확인되지 아니하는 경우에는 장부가액으로 한다.

저당권 등이 설정된 재산에 대한 평가특례

다음 어느 하나에 해당하는 재산은 위의 규정에 불구하고 그 재산이 담보하는 채권액 등을 기준으로 평가한 가액과 평가기준일 당시의 시가 중 큰 금액을 그 재산의 가액으로 한다.

① 저당권, 동산·채권 등의 담보에 관한 법률에 따른 담보권 또는 질권이 설정된 재산

② 양도담보재산

③ 전세권이 등기된 재산(임대보증금을 받고 임대한 재산을 포함)

④ 위탁자의 채무이행을 담보할 목적으로 대통령령으로 정하는 신탁계약을 체결한 재산

> 저당권 등이 설정된 재산에 대한 평가액＝Max(①, ②)
> ① 평가기준일 당시의 시가(또는 보충적 평가방법에 따른 평가액)
> ② 해당 재산이 담보하는 채권액 등

여기서 해당 재산이 담보하는 채권액 등이란 다음의 금액을 말한다.

저당권(공동저당권 및 근저당권을 제외한다)이 설정된 재산	당해 재산이 담보하는 채권액
공동저당권이 설정된 재산	당해 재산이 담보하는 채권액을 공동저당된 재산의 평가기준일 현재의 가액으로 안분하여 계산한 가액
근저당이 설정된 재산	평가기준일 현재 당해 재산이 담보하는 채권액
질권이 설정된 재산 및 양도담보재산	당해 재산이 담보하는 채권액

전세권이 등기된 재산	등기된 전세금(임대보증금을 받고 임대한 경우에는 임대보증금)
신탁계약을 체결한 재산	신탁계약 또는 수익증권에 따른 우선수익자인 채권자의 수익한도금액

국외재산에 대한 평가

외국에 있는 상속 또는 증여재산으로서 위의 평가방법을 적용하는 것이 부적당한 경우에는 당해 재산이 소재하는 국가에서 양도소득세·상속세 또는 증여세 등의 부과목적으로 평가한 가액을 평가액으로 한다. 이러한 평가액이 없는 경우에는 세무서장 등이 둘 이상의 국내 또는 외국의 감정기관에 의뢰하여 감정한 가액을 참작하여 평가한 가액에 의한다.

Chapter 02

재산의 평가사례

● 부동산 일부가 수용될 경우 상속재산가액 평가방법은?

차정환은 상속세 신고를 준비하던 중 아버지로부터 상속받은 임야 중앙으로 수로가 지나가게 되어 임야의 일부를 분할하여 수용한다는 이야기를 들었다. 해당 임야는 공시지가가 1억원이나 수용되는 임야는 그 중 1%에 해당하는 면적으로 보상가액은 아직 확정은 안되었지만 천만원 정도로 예상되고 있다. 이 경우 해당 임야의 평가금액은 공시지가로 해야 할까? 아니면 보상가액을 기준으로 평가해야 할까?

상속재산 중에 상속이 개시 전에 일부가 수용되었거나 상속세 신고기한 중에 일부가 수용되는 경우가 발생할 수 있다. 이 경우에 상속재산의 평가금액을 어떻게 하느냐에 따라 상속세가 크게 달라질 수 있다.

위 사례에서 해당 임야를 공시지가로 평가한다면 상속재산가액이 1억원이지만 만약 상속세 신고기한 이전에 수용을 위한 감정평가기관의 평가가 있는 경우 비록 해당 임야의 1%에 대한 평가금액이 1천만원이지만 이 평가금액을 해당 임야 전체면적에 적용하여 평가금액을 10억원으로 볼 수 있다. 만약 해당 임야가 실제 이 정도의 가치를 가지고 있다면 추후 양도시 양도소득세의 절감을 위해 해당 임야에 대한 상속세를 추가로 부담하는 것도 고려해 볼 수 있지만 수용하고 남은 잔여 임야의 가치가 실제 그에 미치지 못하거나 오히려 그 가치가 현저히 하락할 것으로 예상된다면 상속인은 추후 양도시 양도에 따른 손실에 상당하는 부분에 대한 상속세의 보전방법 없이 세금 부담만 늘어나는 상황이 발생하게 된다.

이와 같은 상황이 발생하는 원인은 상속세 및 증여세법에서는 상속재산의 평가를 상속개시일 현재의 시가로 하고 있으며, 상속개시일 전후 6개월 이내의 기간 동안의 수용가격을 시가로 인정하고 있기 때문이다. 그러므로 수용되는 임야와 수용하고 남은 잔여 임야가 면적 · 위치 · 용도 · 종목 및 기준시가가 동일하거나 유사한 재산에 해당하는지 판단이 필요하며, 이러한 기준에 따라 평가금액이 달라진다.

① **심사상속**2014-0028, 2014.10.31.

청구인은 처분청이 쟁점토지에서 분할된 수용토지가 상속개시일로부터 6개월 이내에 ○○시설공단에 1㎡당 65,000원에 수용되었고, 토지용계획확인서상 수용토지와 쟁점토지의 지구·지정사항이 동일하다는 이유로 동 수용가액으로 쟁점토지의 상속재산가액을 평가한 것은 부당하다고 주장하므로 이에 대하여 본다. 수용토지는 쟁점토지 면적(1,758㎡)의 1.1%에 불과(19.5㎡)하고, ○○선 ○○역 철도부지 철조망 안에 위치하여 있고 당초 쟁점토지(임야)에서 분할되기 이전에도 산(임야)의 끝자락 부분으로 비교적 평평한 상태였던 반면, 쟁점토지는 경사도가 30~40% 정도이고 수목이 울창한 임야이며, 수용토지와 쟁점토지의 개별공시지가도 동일하지 아니한 점 등을 종합하여 볼 때, 쟁점토지가 수용토지와 면적·위치·용도·종목 및 기준시가가 동일하거나 유사하다고 보기는 어렵다.

② **조심2016서1606, 2016.08.23.**

처분청은 쟁점토지에서 분할된 토지의 수용보상가액을 기준으로 쟁점토지를 평가하여야 한다는 의견이나, 쟁점토지는 철탑 및 송전선이 건설됨에 따라 선하부지로 지상권이 설정되어 있는 점, 2011년부터 피상속인인 ○○○가 쟁점토지를 매도하려고 하였으나 매도가 어려웠던 것으로 보이고 ○○○에서 청구인의 잔여토지 매수청구도 받아들이지 아니한 점, 상속개시일 현재 ○○○의 ㎡당 수용보상가액은 ○○○원으로 공시지가인 ○○○원의 약 3.7배이고, 같은 리 ○○○의 ㎡당 수용가격은 ○○○원으로 공시지가인 ○○○원의 약 3.5배인 점, 쟁점토지가 수용보상가액

이하로 매도되거나 공매처분되어 양도차손이 발생한다면 청구인은 그 양도차손에 상당하는 부분에 대한 보전방법이 없는 점 등에 비추어 쟁점토지에 대해 개별공시지가를 기준으로 산정한 금액을 쟁점토지의 상속개시일 현재의 시가로 보는 것이 불합리한 것으로 보이지 아니하므로 처분청이 수용토지의 수용보상가액을 쟁점토지에 대한 시가로 적용하여 상속세를 과세한 처분은 잘못이 있는 것으로 판단된다.

③ **조심2009서3561, 2009.11.18.**

수용토지의 수용결정일은 쟁점토지의 상속개시일 전 6개월 이내에 해당되고, 수용토지 2필지는 분할 전 동일필지에서 쟁점토지와 함께 각 분할된 토지로서 분할 이후 2007년 및 2008년 각 수용토지의 개별공시지가가 쟁점토지와 동일하며, 쟁점토지는 수용토지의 도로확장 편입 후에도 당해 도로에 접하는 부분이 늘어나 상속개시일 현재 쟁점토지의 경제적 가치가 감소한 것으로 보기 어려운 바, 수용토지는 상속세 및 증여세법 제60조 제2항 및 같은 법 시행령 제49조 제5항 규정에 의하여 쟁점토지와 면적, 위치, 용도 등이 동일하거나 유사한 재산에 해당하는 것으로 볼 수 있다 하겠으므로(조심2008중3186, 2009.3.16.), 처분청이 쟁점토지의 상속재산가액을 수용토지의 보상가액으로 평가하여 상속세를 과세한 처분은 잘못이 없는 것으로 판단된다.

상속받은 토지 양도시 그 취득가액을 소급 감정가액으로 할 수 있을까?

PART 06.에서 상속재산을 추후에 양도할 경우 양도소득세를 절세하기 위해 상속세 신고시 감정평가를 이용하는 경우에 대해 알아보았다. 하지만 상속세 신고시 감정평가를 하지 못해 기준시가로 신고한 상속재산을 양도시점에 소급 감정하여 감정가액을 취득가액으로 할 수 있을까?

양도자산이 상속받은 자산인 경우에는 취득에 소요된 실지거래가액이 존재하지 아니하므로 취득에 소요된 실지거래가액에 관하여 별도의 규정을 둘 필요가 있고, 소득세법에서는 상속받은 자산의 경우에 상속개시일 현재 상속세 및 증여세법 제60조 내지 제66조의 규정에 의하여 평가한 가액을 취득에 소요된 실지거래가액으로 본다고 정하고 있다. 한편, 감정평가기관의 감정가액이 시가로 인정되기 위해서는 그 가액이 상속개시일 전후 6개월 이내의 기간에 평가된 가액이어야 하며, 소급 감정가액이 당시의 적정시가를 반영하고 있다고 보기도 어려워 소급 감정가액은 취득가액으로 인정하지 않는다.

● 업종변경 시 순자산가치로 주식을 평가할까?

상속세 및 증여세법에서는 비상장주식의 평가시 사업자의 사망 등으로 인하여 사업계속이 곤란하거나 휴업·폐업 중인 법인의 주식에 대해서는 순자산가치로만 평가하도록 하고 있다. 만약 업종변경을 위한 인테리어 공사로 인해 일정 기간 매출이 발생하지 않을 경우 이를 사실상의 휴업으로 보아 순자산가치로 주식을 평가해야 할까?

휴업·폐업 중인 법인의 비상장주식의 평가시 순자산가치로만 평가하는 이유는 순손익가치에 의한 평가는 계속기업을 전제하여 평가하는 것이므로 사업부진에 의한 청산이 진행 중이거나 기타 계속 사업이 곤란하다고 인정되는 경우에는 청산가치인 순자산가치로만 평가하도록 함으로써 과대평가에 따른 불합리를 해소하기 위함이다. 그러므로 업종변경을 위한 인테리어 공사 등으로 인하여 일시적으로 영업활동은 정지하였으나 휴업신고를 하지 않고 법인세 등을 적법하게 신고하고 사업활동을 위한 자산을 매입하는 경우 계속법인으로 보아 순손익가치와 순자산가치로 가중평균하여 계산한다.

법인전환에 따른 이월과세액을 확정채무로 볼 수 있을까?

개인사업자가 조세특례제한법상 요건을 만족하여 법인사업자로 전환하는 경우 개인사업자의 사업용고정자산에 대한 양도소득세를 이월하여 법인사업자가 해당 고정자산을 처분하는 시점에 과세하고 있다. 이러한 이월과세액은 개인이 법인전환 시점에 부담하였어야 할 양도소득세를 법인에게 전가한 것이므로 순자산가치 평가시 부채에 가산하여 순자산가액에서 차감할 수 있을까?

상속세 및 증여세법 시행규칙 제17조의 2에 의하면 순자산가액을 계산함에 있어 차감하거나 가산하는 자산 또는 부채는 모두 확정된 자산 또는 부채임을 전제로 하고 있으나 양도소득세 이월과세액은 법인이 개인으로부터 현물출자 받은 사업용고정자산 등을 제3자에게 양도할 때 법인세로 납부할 의무가 발생하는 것이고, 법인 설립일부터 5년 이내에 법인이 사업을 폐지하거나 이월과세를 적용받은 거주자가 법인전환으로 취득한 주식의 50% 이상을 처분하는 경우에는 거주자가 납부할 양도소득세로 확정된다. 그러므로 비상장주식을 평가하는 시점에 해당 세액의 납부 주체와 시기가 확정되었다고 볼 수 없고 이월과세액을 법인이 부담하여야 하는 채무로 단정할 수 없어 이월과세액을 확정채무로 보기 어려워 순자산가액 계산 시 가산할 부채에 해당하지 않는다.

거래처의 경영악화, 순손익가치에 반영할 수 있을까?

> 순손익가치는 최근 3년간 순손익액의 가중평균액으로 계산하며, 이중 최근년도 손익에 보다 많은 가중치를 부여하고 있다. 현재 주된 거래처의 경영악화로 순손익이 급격히 감소할 경우 순손익가치에 반영할 수 있을까?

순손익가치 계산시 평가기준일이 12월 30일 이전인 경우[3] 평가기준일이 속하는 사업연도의 직전 사업연도와 직직전 사업연도, 직직직전 사업연도의 순손익액을 반영하여 계산하므로 평가기준일이 속하는 사업연도의 순손익을 반영할 수 없다. 그로인해 평가기준일 현재 주된 거래처의 경영악화로 수익이 급격히 감소한 경우라도 평가기준일이 12월 30일 이전이라면 순손익가치에 반영되지 않아 비상장주식의 평가금액이 높아져 상속세 부담이 늘어날 수 있다.

이러한 경우에는 비상장주식등을 평가할 때 상속인이 다음 어느 하나에 해당하는 방법으로 평가한 평가가액을 첨부하여 평가심의위원회에 비상장주식등의 평가가액 및 평가방법에 대한 심의를 신청하는 경우에는 보충적평가방법에 의하여 평가한 가액에 불구하고 평가심의위원회가 심의하여 제시하는 평가가액에 의하거나 그 위원회가 제시하는 평가방법 등을 고려하여 계산한

---

3) 평가기준일이 12월 31일인 경우에는 평가기준일이 속하는 사업연도, 직전사업연도, 직직전 사연연도의 순손익액을 반영하여 계산한다.

평가가액에 의할 수 있다. 다만, 납세자가 평가한 가액이 보충적 평가방법에 따른 주식평가액의 70%에서 130%까지의 범위 안의 가액인 경우로 한정한다.

① 해당 법인의 자산·매출액 규모 및 사업의 영위기간 등을 고려하여 같은 업종을 영위하고 있는 다른 법인의 주식가액을 이용하여 평가하는 방법

② 향후 기업에 유입될 것으로 예상되는 현금흐름에 일정한 할인율을 적용하여 평가하는 방법

③ 향후 주주가 받을 것으로 예상되는 배당수익에 일정한 할인율을 적용하여 평가하는 방법

④ 그밖에 제1호부터 제3호까지의 규정에 준하는 방법으로서 일반적으로 공정하고 타당한 것으로 인정되는 방법

그러므로 비상장주식을 보충적평가방법에 의하여 평가한 가액이 적정하지 않다면 평가심의위원회에 심의를 신청하는 하는 방법도 고려해 보자.

PART 08

상속세 신고 및 납부

Chapter 01

상속세 신고하기

● 상속세 신고

"이렇게 계산된 상속세는 상속세 납부의무가 있는 상속인이 피상속인이 사망한 달의 말일부터 6개월 이내(피상속인이 외국에 주소를 둔 경우에는 9개월)에 피상속인의 주소지 관할세무서에 신고하여야 합니다. 다만, 피상속인이 외국에 주소를 둔 경우에는 국내에 있는 재산의 소재지를 관할하는 세무서에 하며, 상속재산이 둘 이상의 관할구역 안에 있을 경우에는 주된 재산의 소재지를 관할하는 세무서에 신고하여야 합니다."

필요서류

1	피상속인의 제적등본	시·구·읍·면·동 주민센터
2	각 상속인의 가족관계등록부	시·구·읍·면·동 주민센터
3	사망진단서	사망병원(의사)
4	상속재산분할협의서(미작성시 추후 작성가능)	상속인간 작성
5	상속부동산인 토지, 건물 등기부등본	등기소(인터넷)
6	상속 임대부동산의 임대차계약서, 부가세 신고서 사본	보관분 사본
7	퇴직금 입금내역	근무회사
8	보험관련 수령내역 또는 해약환급금 지급명세	보험회사
9	피상속인 은행거래내역(최근 5년 또는 10년 이내)	금융기관
10	상속인 은행거래내역(최근 5년－생략가능)	금융기관
11	2년 내 처분재산의 매매계약서, 사용처 입증서류	보관분 사본
12	10년 내 증여재산의 증여세 신고서 사본	보관분 사본
13	공과금, 장례비 영수증 / 감정평가시 그 영수증	보관분 사본
14	차량등록증 사본(매각시 매매계약서 사본)	보관분 사본
15	기타 채무입증서류, 기타 재산(회원권) 입증서류	보관분 사본
16	상장주식 증권계좌(최근 5년)	증권회사
17	비상장주식 평가서류(최근 3년간 재무재표)	주식발행법인
18	사업소득세 신고내역 (부가가치세, 소득세 신고서)	보관분 사본

상속세 신고는 필수, 세금납부는 선택 – 신고세액공제

"그리고 상속세 신고기한까지 과세표준신고를 한 경우에는 상속세 산출세액의 3%[1]를 공제해 주고 있습니다. 이는 현행 상속세가 자진신고납부제도가 아니라 정부결정주의 납세제도이므로 상속세의 자진신고를 유도하여 과세관청의 조세행정 부담을 낮추기 위한 것으로서, 상속세 신고기한 내 신고서를 제출한 때에는 비록 상속세를 자진납부하지 않은 경우에도 신고세액공제를 적용합니다. 그러므로 상속세를 납부할 형편이 안 되더라도 상속세 신고는 반드시 해야 하는 것입니다."

상속세 산출세액에서 공제되는 상속세 신고세액공제는 납세자가 상속세 과세표준 신고기한 이내에 상속인이 신고한 과세표준을 기준으로 적용하므로, 상속재산의 평가차이 및 각종 공제액의 적용상 오류 등으로 인하여 과소 신고하여 상속세 산출세액이 증액된 금액은 신고세액공제 대상에 해당하지 않으며, 과다 신고하여 상속세 산출세액이 감소된 경우에는 과다 신고금액을 제외하여 계산한 산출세액을 기준으로 신고세액공제를 적용하여야 한다.

---

1) 2019년 1월 1일 이후 상속이 개시되거나 증여받는 분부터는 기존 5%에서 3%로 신고세액공제가 축소되었다.

"이처럼 상속세 납세의무자가 법정 신고기한 이내에 상속세를 신고하지 않은 경우에는 내야 할 세금의 20%(부당무신고의 경우 40%)가 무신고가산세로, 신고한 과세표준이 신고하여야 할 과세표준에 미달한 경우에는 내야 할 세금의 10%(부당과소신고의 경우 40%)가 과소신고가산세로 적용되며, 납부할 세금을 납부하지 않았거나 납부하여야 할 세액에 미달하게 납부한 경우에는 납부하지 아니한 기간에 1일 0.025%를 곱한 금액을 추가로 납부하여야 하므로 상속세 납세의무자는 법정 신고기한 이내에 상속세를 신고하여야 합니다."

상속세 납부하기

상속세 납세의무

"상속세 납세의무는 상속이 개시되는 때 성립하며, 상속세는 정부결정방식을 채택하고 있기 때문에 상속세 납세의무는 납세의무자의 과세표준 신고에 의하여 납세의무가 확정되는 것은 아니며 납세의무자의 신고와는 별도로 과세관청이 자체적인 조사를 통하여 과세표준과 세액을 최종적으로 부과결정해야 납세의무가 확정되고 납부에 의하여 소멸합니다."

상속인 또는 유증을 받은 자(수유자)는 상속세 및 증여세법에 따라 부과된 상속세에 대하여 상속재산 중 각자가 받았거나 받을 재산을 기준으로 귀속비율에 의하여 상속세를 납부할 의무가 있다. 이 경우 상속인 또는 수유자는 각자가 받았거나 받을 재산을 한도로 상속세의 연대납세의무를 진다. 상속세 납세의무자는 원칙적으로 상속 또는 유증으로 인하여 취득한 재산에 상당하는 세액만 납부할 의무가 있으나 공동상속의 경우 상속세 징수를 용이하게 하기 위하여 납세의무를 확장하여 공동상속인에게 연대납세의무를 지우고 있다.

그러므로 공동상속의 경우 공동상속인 중 1인이 세금을 납부하지 않은 경우 공동상속인 전원에게 연대납세의무의 책임을 지우고 있어 과세관청 입장에서는 연대납세의무 한도 내에서 공동상속인 누구에게나 상속세를 징수할 수 있다. 다만, 피상속인으로부터 상속개시일 전 5년 이내에 증여받은 재산만 있는 상속인 외의 자는 상속세 납세의무 및 연대납세의무는 없다. 이러한 상속세 연대납세의무의 한도는 상속받은 자산총액에서 상속받은 부채총액 및 상속으로 인하여 부과되거나 납부할 상속세를 차감한 금액으로 한다.

이렇게 연대납세의무자로서 상속인 등이 각자가 받았거나 받을 재산을 초과하여 다른 상속인 등이 부담하여야 할 상속세를 대신 납부한 경우 증여세 과세 여부가 문제가 된다.

증여세가 부과되지 않음	자신이 받았거나 받을 재산의 한도 내에서 다른 상속인 등이 부담하여야 할 상속세를 부담한 경우
다른 상속인에게 증여한 것으로 보아 증여세 부과	자신이 받았거나 받을 재산의 한도를 초과하여 다른 상속인 등이 부담하여야 할 상속세를 부담한 경우

또한 상속이 개시된 때에는 상속세에 대한 연대납세의무뿐만 아니라 상속과 무관한 피상속인에게 부과되거나 그 피상속인이 납부할 국세·가산금과 체납처분비에 대해서도 상속으로 받은 재산의 한도에서 납부할 의무를 진다. 만약 상속인이 2명 이상일 때에는 각 상속인은 피상속인에게 부과되거나 그 피상속인이 납부할 국세·가산금과 체납처분비를 상속분에 따라 나누어 계산한 국세·가산금과 체납처분비를 상속으로 받은 재산의 한도에서 납부할 의무를 진다. 이러한 상속인의 승계된 납세의무 한도는 상속받은 자산총액에서 상속받은 부채총액 및 상속으로 인하여 부과되거나 납부할 상속세를 차감한 금액으로 한다.

그리고 상속인이 여러 명인 경우에는 상속인의 상속지분에 따라 세액을 안분하게 되는데 상속인 또는 수유자가 납부하여야 할 상속세액은 다음과 같은 절차를 거쳐 계산한다.

① **상속세 부담비율**

$$\text{상속세 부담비율} = \frac{\text{상속인별 상속세 과세표준 상당액}}{\text{상속세 과세표준} - \text{가산한 증여재산 중 상속인·수유자가 아닌 자에게 증여한 재산에 대한 과세표준}}$$

여기서 '상속인별 상속세 과세표준 상당액'은 다음과 같이 계산한다.

$$\text{상속세 과세표준} - \text{사전 증여 재산 과세표준} \times \frac{\text{상속인·수유자별 과세가액 상당액} - \text{가산한 상속인·수유자별 증여재산 가액}}{\text{상속세 과세가액} - \text{사전증여 재산가액}} + \text{상속재산에 가산한 상속인·수유자별 사전 증여재산 과세표준}$$

② 배분대상 상속세액

$$\text{배분대상 상속세액} = \text{상속세 산출세액} - \text{상속인·수유자가 아닌 자의 증여세액공제액}$$

③ 상속인·수유자별 증여세액 공제액

$$\text{Min} = [①, ②]$$

① 증여 당시 사전증여재산에 대한 증여세 산출세액

$$② \quad \text{각자가 납부할 상속세액} \times \frac{\text{각자의 증여재산에 대한 증여세 과세표준}}{\text{각자의 상속재산에 대한 상속세 과세표준 상당액}}$$

이렇게 계산한 상속인별 납부액은 다음과 같다.

$$\text{상속인별 납부액} = \underset{②}{\text{배분대상 상속세액}} \times \underset{①}{\text{상속세 부담비율}} - \underset{③}{\text{상속인·수유자별 증여세액 공제액}}$$

● 상속세는 누가 내야 하는가?

"상속인 또는 수유자(유증을 받는 자)는 부과된 상속세에 대하여 상속재산 중에서 각자가 받았거나 받을 재산의 비율에 따라 상속세를 납부할 의무가 있습니다. 다만, 특별연고자 및 수유자가 영리법인인 경우에는 해당 영리법인에게 법인세가 과세되기 때문에 상속세의 납세의무자는 되지 아니합니다. 또한 상속세는 상속인 또는 수유자 각자가 받았거나 받을 재산을 한도로 하여 연대하여 납부할 의무를 지게 됩니다."

이와 같은 상속세 납세의무자는 다음과 같다.

상증법상 상속인	법정상속인	① 상속순위 　1. 피상속인의 직계비속 　2. 피상속인의 직계존속 　3. 피상속인의 형제자매 　4. 피상속인의 4촌 이내의 방계혈족 ② 동순위의 상속인이 수인인 때에는 최근친을 선순위로 하고 동친 등의 상속인이 수인인 때에는 공동상속인이 된다.
	배우자	배우자는 피상속인의 직계비속과 직계존속의 상속인이 있는 경우에는 그 상속인과 동순위로 공동상속인이 된다.
	상속결격자 또는 상속포기자	상속개시일 전 10년 이내에 피상속인으로부터 증여받은 재산이 상속재산에 가산되었거나 추정상속재산이 있는 경우에는 상속세 납세의무자인 상속인에 포함된다.

대습상속인	상속인이 될 직계비속 또는 형제자매가 상속개시 전에 사망하거나 결격자가 된 경우에 그 직계비속 또는 배우자가 있는 때에는 그 직계비속 또는 배우자가 사망하거나 결격된 자의 순위에 갈음하여 상속인이 된다.	
특별연고자	특별연고자란 상속권을 주장하는 상속인이 없을 경우 피상속인과 생계를 같이하고 있던 자, 요양간호를 한 자, 기타 특별한 연고가 있던 자로서 청구에 의해 상속재산의 전부 또는 일부를 받는 자를 말한다.	
수유자	유증 또는 사인증여로 재산을 취득하는 자로서 상속인이 아닌 자	

그리고 상속개시일 현재 피상속인이 거주자 또는 비거주자인지 여부에 따라 과세대상재산의 범위 및 신고기한이 달라진다.

구 분	거주자	비거주자
과세대상재산의 범위	국내·국외에 있는 모든 상속재산(무제한 납세의무)	국내에 있는 모든 상속재산(제한 납세의무)
신고기한	상속개시일이 속하는 달의 말일부터 6개월 이내	상속개시일이 속하는 달의 말일부터 9개월 이내

상속세는 아무나 내도 상관없다?

"사장님, 그리고 상속세를 납부할 때도 고려해야 할 부분이 있습니다. 상속세는 상속재산을 받는 사람, 즉 상속인이 세금을 부담하여야 하며, 상속인 또는 유증을 받은 자는 상속세 및 증여세법에 따라 부과된 상속세에 대하여 상속재산 중 각자가 받았거나 받을 재산을 기준으로 귀속비율에 의하여 상속세를 납부할 의무가 있습니다. 그리고 이 경우 상속인 또는 수유자는 각자가 받았거나 받을 재산을 한도로 상속세의 연대납세의무를 지므로 상속인에게 본인이 상속받은 상속재산가액보다 더 많은 세금을 부담 지울 수는 없습니다. 만약, 연대납세의무자로서 한도를 초과하여 다른 상속인 등이 부담하여야 할 상속세를 대신 납부한 경우 증여세가 과세됩니다."

"그렇군요."

이재화

"하지만 이 제도를 이용하여 절세를 할 수도 있습니다. 상속세 연대납세의무 때문에 상속인이 다른 상속인의 상속세 부담분을 한도 내에서 대신 납부해주는 행위는 증여에 해당되지 않기 때문입니다. 그러므로 아버님의 상속재산 중 현금성 자산은 어머님이 상속받아 자제분들의 상속세를 대신 납부해주는 것입니다."

서세무사

"그런 방법이 있었네요. 그렇다면 상속재산 분할시 현금성 자산은 어머니에게 배분하여 배우자상속공제도 받으면서 증여세 없이 저희 세금도 대신 납부하는 1석 2조의 효과를 볼 수 있겠네요."

이재화

상속재산으로는 상가(시가 15억원), 아파트(시가 7억원) 및 예금 3억원이 있다. 상속재산은 협의분할을 통해서 상가는 아들이, 아파트와 예금은 어머니가 상속받았으며, 이에 대한 상속세는 2억원이다. 이 경우 어머니가 상속받은 현금으로 아들의 상속세까지 납부한다면?

이 경우 예금을 어머니가 상속받음으로써 배우자상속공제의 한도가 올라가 상속세 부담을 줄일 수 있으며, 아들의 상속세 부담 1.2억원(=2억원×15억원÷25억원)을 어머니가 대신 납부해줌으로써 증여세 부담 없이 아들에게 현금을 증여한 효과가 있다.

● 체납시 상속인 고유재산에 대해서도 압류할 수 있을까?

차규택은 사업이 악화되어 사업을 정리하던 중 지병으로 사망하게 되었고 상속인인 오복녀와 그 동생들은 아버지 소유의 시가 60억원(채무 20억원 포함)의 부동산이 있었으나 이에 대해 법정기간 이내에 상속포가신청도, 상속재산에 대한 등기도 이행하지 않았다. 상속인인 오복녀와 그 동생들은 상속재산에 대해 등기를 하지 않았기 때문에 상속받은 재산이 없다고 생각하고 상속세 신고도 하지 않았으나 과세관청에서 피상속인의 부동산에서 채무를 제외한 40억원을 상속세 과세가액으로 보고 가산세를 포함하여 15억원의 상속세를 부과하였다. 하지만 상속인 모두가 상속세를 체납하자 과세관청에서는 직권등기를 경료한 뒤 해당 부동산을 압류하여 경매를 진행하였고, 결국 38억원에 낙찰되었다. 그러나 우선순위 채권과 제비용을 제외하고 남은 금액으로 체납액을 충당하여도 5억원의 체납액이 남게 되자 과세관청은 상속재산과 무관한 상속인 재산에 대해 압류통보를 했다. 이처럼 상속인의 고유재산에 대해서

압류가 가능한가?

부모가 사망하면 사망과 동시에 상속인인 자식들은 부모의 재산뿐만 아니라 채무도 모두 상속받게 된다. 토지나 집 등 부동산이나 은행예금과 같은 적극적 재산뿐만 아니라, 부모가 다른 사람한테 부담하고 있는 차용금채무, 보증채무 등 소극적 재산도 모두 포괄적으로 상속받게 된다. 그런데 부모의 상속재산 중에서 적극적 재산보다 소극적 재산 즉 빚이 더 많은 경우 상속을 받지 않으려면 상속개시 있음을 안 날로부터 3월 내에 법원에 상속포기신고를 하면 된다. 상속을 포기하면 피상속인은 사망으로 일단 발생한 상속의 효력, 즉 권리의무의 승계를 부인하고 처음부터 상속인이 되지 않은 것과 같이 되며 상속을 포기한 후에는 이를 취소하지 못한다.

그 외의 방법으로는 부모가 남겨놓은 적극적 재산의 한도 내에서 부모의 채무를 변제하는 것을 조건으로 상속을 승인하는 한정승인을 할 수도 있다. 이 한정승인도 역시 상속개시 있음을 안 날로부터 3월 내에 상속재산의 목록을 첨부하여 법원에 한정승인의 신고를 하여야 효력이 발생한다. 그러므로 법정기간 이내에 상속포기를 하지 않은 경우, 오복녀와 그 동생들은 상속인에 해당하며 상속재산에 대하여 협의분할 등에 의하여 상속등기가 완료되지 아니한 경우로서 납부할 상속세가 있는 경우에는 공동상속인이 법정상속지분으로 상속받은 것으로 보게 된다. 그리고 상속인 또는 유증을 받은 자(수유자)는 상속세 및 증여세법에 따라 부과된 상속세에 대하여 상속재산 중 각자가 받았거나 받을 재산을 기준으로 귀속비율에 의하여 상속세를 납부할 의무가 있다. 만약 상속인 또는 수유자가 2명 이상일 때에는 각 상속인은 피상속인에게 부과된 상속세에 대해 각자가 받았거나 받을 재산을 한도로 연대납세의무가 있는데 상속세 납세의무를 이행하지 아니한 경우에는 한도 내에서 상속재산뿐만 아니라 상속인의 고유재산에 대하여도 압류를 할 수 있으므로 주의가 필요하다.

● 고액의 상속세 납부자금 확보가 필요하다

"세무사님, 감사합니다. 상속세 신고하시느라 고생 많으셨습니다."

"감사합니다. 사장님도 상속세 신고서류 준비하시느라 고생 많으셨습니다."

"제가 모르는 게 너무 많아서 참 힘들었던 것 같습니다. 하지만 세무사님이 옆에서 도와주셔서 이렇게 신고를 잘 마무리할 수 있었습니다. 그런데 납부세액을 보니 만만치가 않네요. 상속세를 한꺼번에 내려면 대출이라도 받아야 할 거 같아 걱정도 드네요.”

“사장님의 경우처럼 우리나라 가계의 경우 일반적으로 전체 자산 중 부동산이 차지하는 비중이 대략 75%로 유동성이 매우 취약한 편입니다. 이러한 상태에서 가장이 사망하여 상속세가 최고 50%까지 부과될 경우 남은 가족의 입장에서는 25% 이하의 금융재산으로 상속세를 납부하기가 막막할 수밖에 없습니다. 물론 사장님 말씀처럼 대출을 활용할 수도 있지만 이로 인한 이자비용 등의 손실이 적지 않게 발생할 수 있으므로 이에 대한 준비가 필요합니다.”

상속세 납부재원 마련방법의 장·단점

종신보험	어느 시점에 사망하더라도 약정한 보험금이 지급되는 적시성 확보
현금	거액의 상속세에 해당하는 현금을 보유하고 있을 확률은 낮음
부동산매도	실거래가격 노출로 상속재산가액이 상향 평가되어 상속세 부담 증가, 급매에 따른 손실 가능성 존재
물납	부동산 등의 가액을 기준시가로 신고한 경우 물납가액 역시 신고가액에 의할 것이므로 시가 대비 차액만큼 손실 발생
대출	감정가액으로 상향 평가되어 상속세 부담이 증가할 가능성 존재

상속세 나누어 내자

"상속세는 일반적으로 자산이 현금화되지 않은 상태에서 과세되기 때문에 현행법은 납세의무자가 세금납부를 위한 자금을 마련할 수 있도록 상속세의 납부기한을 연장해 주거나 (연부연납) 실물자산에 의한 납부(물납)를 허용하고 있습니다."

분납	납부할 금액이 1천만원을 초과하는 경우 현금을 2회에 나누어 내는 방법이다. 1회는 신고 때, 나머지 1회는 신고기한 경과 후 2개월 내에 납부할 수 있다. 다만, 연부연납을 허가받은 경우에는 분납할 수 없다.
물납	납부할 금액이 2천만원을 초과하는 경우 현금 대신 부동산이나 주식 등의 물건으로 납부할 수 있는 제도를 말한다.
연부연납	납부할 금액이 2천만원을 초과하는 경우 연 단위로 나눠서 납부할 수 있는 제도를 말한다. 통상 6회로 나누어 5회를 연부연납할 수 있다. 연부연납한 금액에 대해서는 가산금이 부과된다 (가산율 1.8%).

연부연납을 신청하기 위해서는 상속세 납부세액이 2천만원을 초과하여야 하며, 상속세액 이상의 납세담보를 제공하여야 한다. 또한 상속세 신고기한 내에 연부연납을 신청하고 납세지 관할세무서장의 허가를 받아야 인정된다. 연부연납기간은 다음의 구분에 따른 기간의 범위에서 해당 납세의무자가 신청한 기간으로 한다. 다만, 각 회분의 분할납부 세액이 1천만원을 초과하도록 연부연납기간을 정해야 한다.

가업상속 재산의 경우	가업상속재산비율<50%	연부연납 허가일부터 10년 또는 허가 후 3년이 되는 날부터 7년
	가업상속재산비율≥50%	연부연납 허가일부터 20년 또는 허가 후 5년이 되는 날부터 15년
위 이외의 경우		연부연납 허가일부터 5년

가업상속재산의 경우 연부연납할 수 있는 상속세 납부세액은 다음과 같이 계산한다.

$$\text{상속세 납부세액} \times \frac{(\text{가업상속재산가액} - \text{가업상속공제금액})}{(\text{총상속재산가액} - \text{가업상속공제금액})}$$

연부연납에 따라 각 회에 납부할 금액은 다음과 같다.

① 가업상속재산의 경우 연부연납 허가 후 연부연납기간에 매년 납부할 금액
② 위 이외의 연부연납 금액
  · 신고납부기한(또는 고지서상 납부기한)에 납부할 금액
  · 신고납부기한(또는 고지서상 납부기한) 경과 후 연부연납 기간에 매년 납부할 금액

$$\frac{\text{연부연납 대상금액}}{(\text{연부연납기간} + 1)} > 1\text{천만원}$$

연부연납한 금액에 대해서는 연리 1.8%에 해당하는 가산금이 부과되며, 다음과 같이 계산한다.

처음의 분납세액을 납부할 때	연부연납 총세액 × 상속세 신고기한(또는 납세고지서에 따른 납부기한)의 다음 날부터 해당 분납기한까지의 일수 × $\dfrac{가산율}{365}$
그 이후의 분납세액을 납부할 때	$\left(\begin{array}{c}연부연납\\총세액\end{array} - \begin{array}{c}기납부\\세액\end{array}\right)$ × 직전 분납기한의 다음 날부터 해당 분납기한까지의 일수 × $\dfrac{가산율}{365}$

연부연납의 신청 및 허가

구 분	신 청	허 가
법정기한 내 신고	법정신고기한 이내	법정신고기한 경과한 날로부터 9개월
기한후 신고	기한후 신고시	신고한 날이 속하는 달의 말일로부터 6개월
결정통지를 받은 경우	납세고지서상 납부기한 이내	납세고지서에 의한 납부기한이 경과한 날로부터 14일 이내

그리고 연부연납제도의 활성화를 위하여 평가가 필요 없는 다음의 납세담보를 제공하여 연부연납을 신청하는 경우에는 그 신청일에 연부연납을 허가받은 것으로 본다.

① 금전

② 다음에 해당하는 유가증권

　　㉠ 국채증권, 지방채증권 및 특수채증권

　　㉡ 증권시장에 주권을 상장한 법인이 발행한 사채권 중 보증사채 및 전환사채

ⓒ 증권시장에 상장된 유가증권으로서 매매사실이 있는 것

ⓓ 무기명 수익증권 및 환매청구가 가능한 수익증권

ⓔ 양도성 예금증서

③ 납세보증보험증권

④ 다음에 해당하는 납세보증서

ⓐ 은행법에 따른 은행

ⓑ 신용보증기금법에 따른 신용보증기금

ⓒ 보증채무를 이행할 수 있는 자금능력이 충분하다고 세
무서장이 인정하는 자

그리고 납세담보를 제공할 때에는 담보할 국세의 120%(현금, 납세보증보험증권 또는 은행법에 따른 은행의 납세보증서의 경우에는 110%) 이상의 가액에 상당하는 담보를 제공하여야 하며, 세법에 따라 제공하는 담보는 다음에 해당하는 것이어야 한다.

① 금전

② 국채증권, 지방채증권 및 특수채증권 등 유가증권

③ 납세보증보험증권

④ 은행, 신용보증기금 등의 납세보증서

⑤ 토지

⑥ 보험에 든 등기 · 등록된 건물, 공장재단, 광업재단, 선박,
항공기 또는 건설기계

담보의 평가 및 제공방법

금전	해당금액	공탁하고 공탁수령증 제출. 다만, 등록된 유가증권의 경우에는 담보 제공의 뜻을 등록하고 그 등록확인증을 제출
유가증권	담보로 제공하는 날의 전날을 평가기준일로 하여 상속세 및 증여세법 시행령 제58조 제1항을 준용하여 계산한 가액	
납세보증보험증권	보험금액	납세보증보험증권[2] 제출
납세보증서	보증금액	납세보증서 제출
토지·건물	상속세 및 증여세법 제60조 및 제61조에 따라 평가한 가액. 다만, 둘 이상의 감정평가업자가 그 제공일 전 6개월 이내에 평가한 감정가액을 제시하는 경우에는 그 평균액 또는 한개 감정기관의 감정가액(기준시가 10억원 이하인 경우)	등기필증, 등기완료통지서 또는 등록필증을 세무서장에게 제시하고 세무서장은 저당권 설정을 위한 등기 또는 등록 절차 진행[3]
공장재단·광업재단·선박·항공기·건설기계	감정평가업자의 평가액 또는 지방세법에 따른 시가표준액	

---

2) 납세보증보험증권은 그 보험기간이 납세담보를 필요로 하는 기간에 30일 이상을 더한 것이어야 한다. 다만, 납부기한이 확정되지 아니한 국세의 경우에는 국세청장이 정하는 기간으로 하여야 한다.

3) 토지를 제외한 건물·공장재단·광업재단·선박·항공기·건설기계의 경우 화재보험에 가입되어 있어야 하며, 납세담보로 제공하려는 자는 그 화재보험증권을 제출하여야 한다. 이 경우 그 보험기간은 납세담보를 필요로 하는 기간에 30일 이상을 더한 것이어야 한다.

상속세 현물로 내자

물납이란 세금납부를 금전이 아닌 부동산 등의 물건으로 대신 납부하는 것을 말한다. 상속세는 거액인 경우가 많고 상속재산의 대부분이 유동성이 비교적 낮은 재산이므로 납세의무자에게 상속 된 당해 부동산 등으로 상속세를 납부할 수 있도록 하고 있다. 이러한 물납은 상속받은 재산 중 부동산과 유가증권의 가액이 당해 재산가액의 2분의 1을 초과하며 상속세 납부세액이 2천만원을 초과하여야 한다. 그리고 상속세 납부세액이 상속재산가액 중 금융재산의 가액을 초과하고 상속인이 상속세 신고기한 내에 물납을 신청하여 납세지 관할세무서장이 허가한 경우 그 상속재산 중 부동산과 유가증권에 대해서만 물납을 허가할 수 있다. 다만, 물납을 신청한 재산의 관리·처분이 적당하지 아니하다고 인정되는 경우에는 물납허가를 하지 아니할 수 있다.

물납을 신청할 수 있는 납부세액은 상속재산 중 부동산 및 유가증권의 가액에 대한 상속세 납부세액과 상속세 납부세액에서 현금화가 용이한 금융재산의 가액(금융부채 차감)과 거래소에 상장된 유가증권의 가액을 차감한 금액 중 적은 금액을 초과할 수 없다. 다만, 상속재산인 부동산 및 유가증권 중 세액을 납부하는 데 적합한 가액의 물건이 없을 때에는 세무서장은 해당 납부세액을 초과하는 납부세액에 대해서도 물납을 허가할 수 있다.

물납의 신청 및 허가

구 분	신 청	허 가
법정기한 내 신고	법정신고기한 이내	법정신고기한 경과한 날로부터 9개월
기한후 신고	기한후 신고시	신고한 날이 속하는 달의 말일로부터 6개월
결정통지를 받은 경우	납세고지서상 납부기한 이내	납세고지서에 의한 납부기한이 경과한 날로부터 14일 이내
연부연납 첫 회분을 물납하는 경우	첫 회분의 분납세액 납부기한 30일 전까지	그 신청을 받은 날부터 14일 이내

허가기한은 위 내용에 따르며 물납 신청한 재산의 평가 등에 소요되는 시일을 감안하여 그 기간을 연장하고자 하는 때에는 그 기간 연장에 관한 서면을 발송하고 1회 30일의 범위 내에서 연장할 수 있다. 그리고 물납에 충당할 수 있는 부동산 및 유가증권은 다음의 것으로 한다.

① 국내에 소재하는 부동산

② 국채·공채·주권 및 내국법인이 발행한 채권 또는 증권과 그밖에 기획재정부령으로 정하는 유가증권. 다만, 다음 어느 하나에 해당하는 유가증권은 제외한다.

    ㉠ 거래소에 상장된 것. 다만, 최초로 거래소에 상장되어 물납허가통지서 발송일 전일 현재 자본시장과 금융투자업에 관한 법률에 따라 처분이 제한된 경우에는 그러하지 아니하다.

ⓛ 거래소에 상장되어 있지 아니한 법인의 주식 등. 다만, 상속의 경우로서 그 밖의 다른 상속재산이 없거나 아래 ①~③의 상속재산으로 상속세 물납에 충당하더라도 부족하면 상속세 납부세액에서 비상장주식과 상속개시일 현재 상속인이 거주하는 주택을 제외한 상속세 과세가액을 차감한 금액을 초과하지 않는 한도 내에서 물납을 허용한다.

물납시 충당하는 재산은 세무서장이 인정하는 정당한 사유가 없는 한 다음 각 호의 순서에 따라 신청 및 허가하여야 한다.

① 국채 및 공채

② 한국거래소에 상장된 유가증권

③ 국내에 소재하는 부동산

④ 유가증권

⑤ 거래소에 상장되어 있지 아니한 법인의 주식 등

⑥ 상속개시일 현재 상속인이 거주하는 주택 및 그 부수토지

● 물납신청을 거부할 수 있을까?

차규택은 상속재산의 대부분이 부동산이어서 부동산으로 물납신청을 하려 한다. 하지만 상속받은 부동산 중 지상권이 설정되어 있거나 공동소유인 부동산을 제외하니

토지만 남게 되어 토지를 물납신청하였다. 하지만 과세관청에서는 해당 토지는 도시자
연공원구역으로 물납된 이후에는 도시공원 내의 국가소유의 토지에 해당하여 도시공원
및 녹지 등에 관한 법률에 따라 매각이 제한된다는 이유로 물납신청을 거부했다.
이러한 사유로 과세관청이 물납신청을 거부할 수 있을까?

상속세 및 증여세법에서는 물납신청을 받은 재산이 다음에 해당하는 사유로 관리·처분상 부적당하다고 인정하는 경우에는 그 재산에 대한 물납허가를 하지 아니하거나 관리·처분이 가능한 다른 물납대상 재산으로 변경을 명할 수 있다.

① 지상권·지역권·전세권·저당권 등 재산권이 설정된 경우

② 물납 신청한 토지와 그 지상건물의 소유자가 다른 경우

③ 토지의 일부에 묘지가 있는 경우

④ 건축허가를 받지 아니하고 건축된 건축물 및 그 부수토지

⑤ 소유권이 공유로 되어 있는 재산

⑥ 자본시장과 금융투자업에 관한 법률에 따라 상장이 폐지된
   경우의 해당 주식 등

위 사례에서 과세관청은 도시공원 및 녹지에 있는 국가소유의 토지는 도시·군관리계획으로 정한 목적 외의 용도로 매각하거나 양도할 수 없으므로 해당 토지에 대한 물납신청을 거부하였는데, 해당 내용은 물납 불허가 대상으로 규정한 관리·처분이 부적당한 재산에 포함되어 있지 않으며, 설사 해당 토지가 물납된 이후에 도시공원 내의 국가소유의 토지로서 매각이 제한된다 하

더라도 재산적 가치가 없거나 소유권이전이 불가능하다고 보기도 어렵고 해당 토지 외의 상속재산의 경우 공유로 소유하고 있거나 건축물과 토지의 소유자가 달라 물납대상재산으로 적합하지 아니하므로 과세관청이 청구인에게 쟁점토지에 대한 물납신청을 거부한 처분은 잘못이 있다.[4]

🔴 상속세 신고 후 세무조사에 대비하자

"사장님, 앞에서도 말씀드렸지만, 상속세의 경우 신고로 끝나는 것은 아닙니다."

"끝난 게 아니라구요? 전 이번 신고만 하면 끝날 거라고 생각했는데요. 그럼 또 준비해야 할 게 있나요?"

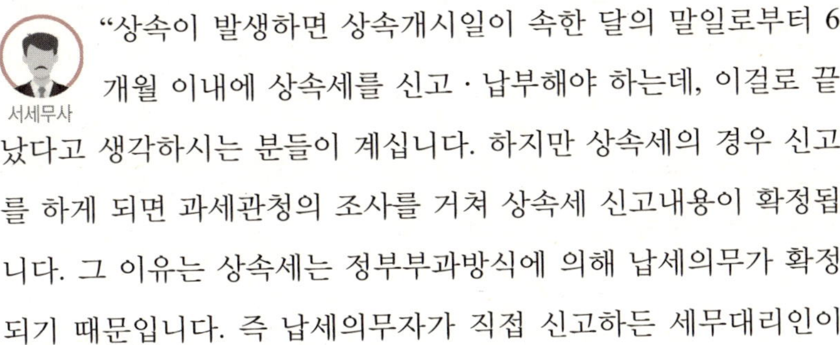

"상속이 발생하면 상속개시일이 속한 달의 말일로부터 6개월 이내에 상속세를 신고·납부해야 하는데, 이걸로 끝났다고 생각하시는 분들이 계십니다. 하지만 상속세의 경우 신고를 하게 되면 과세관청의 조사를 거쳐 상속세 신고내용이 확정됩니다. 그 이유는 상속세는 정부부과방식에 의해 납세의무가 확정되기 때문입니다. 즉 납세의무자가 직접 신고하든 세무대리인이

---

4) 조심2017전4936, 2018.05.31.

신고하든 납세의무가 바로 확정되지 않고 과세당국의 확인을 거쳐야 비로소 납세의무가 확정되는 것이기 때문입니다.”

상속세에 대한 세무조사기관과 조사기간은 대략 다음과 같다.

① 지방국세청 조사국 : 상속재산가액이 30억원을 초과하는 경우
  －조사기간 : 보통 3개월
② 일반 세무서 재산세과
  －조사기간 : 보통 3개월

이러한 조사는 상속세 신고 후 6개월 이내에 시작되나 경우에 따라서는 1년이 지난 후에 시작되는 경우도 많이 있다. 그리고 세무서장 등은 결정한 과세표준과 세액을 납세고지서에 의하여 상속인·수유자 또는 수증자에게 통지하여야 한다. 이 경우 상속인 또는 수유자가 2명 이상이면 그 상속인이나 수유자 모두에게 통지하여야 한다.

● 억울한 세금이 부과되면

조세에 대한 권리구제제도는 헌법이 보장하는 납세자의 재산권 보호를 실질적으로 뒷받침함으로써 궁극적으로 조세법률주의를 완전하게 실현하는 제도적 장치이다. 이러한 조세에 관한 권

리구제제도는 크게 사전적 권리구제와 사후적 권리구제로 나누어 볼 수 있다. 사전적 권리구제제도에는 과세처분이 있기 전에 미리 이를 다투어 위법 또는 부당한 과세처분을 미연에 방지하는 제도인 과세전적부심사청구제도가 있고, 사후적 권리구제제도에는 조세쟁송제도로서 이의신청 또는 심사청구, 심판청구와 조세소송이 있다.

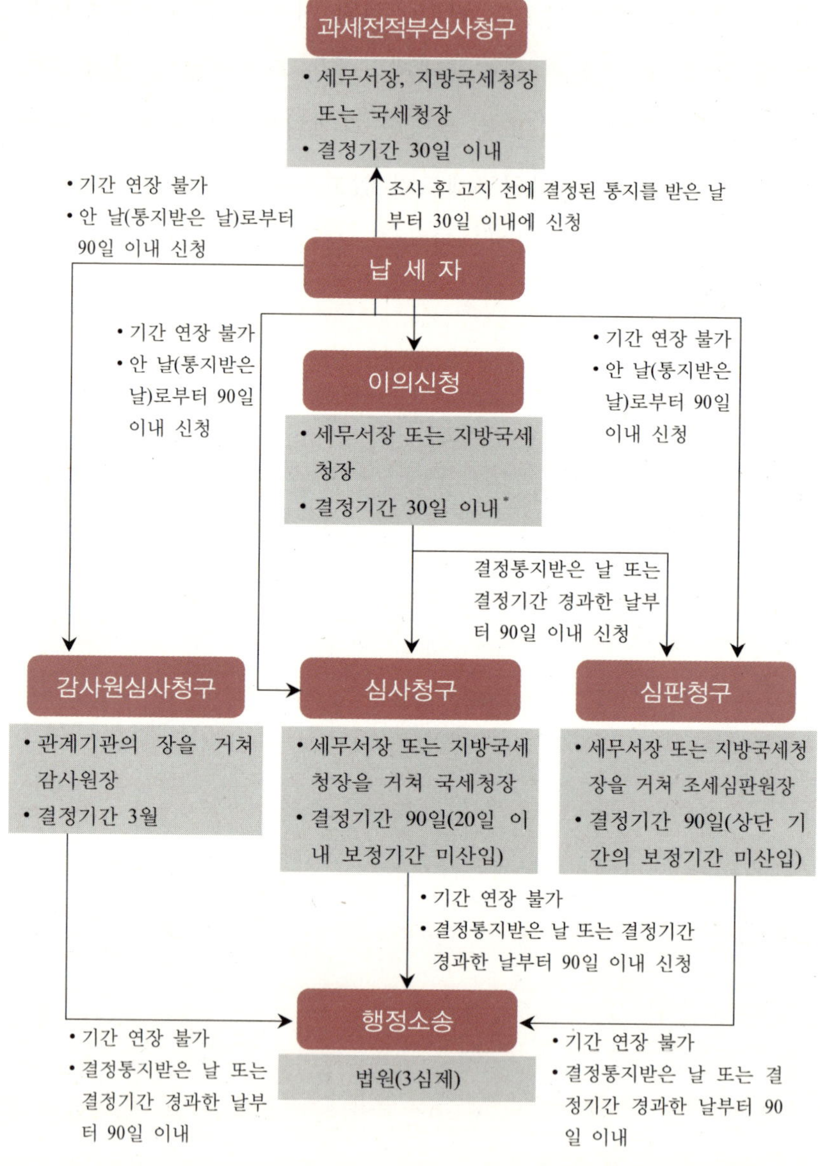

* 2017년 1월 1일 이후 이의신청하는 분부터 납세자가 결정기간(30일) 내 항변할 경우 60일로 연장

저 자 약 력

• 서 형 석

남성고등학교 36회 졸업(1986)
국립세무대학 6회 졸업
건국대 행정대학원 세무행정학 석사(2005)
을지로, 여의도, 양천, 강남세무서 근무
서울지방국세청 조사1국 근무

(현) 한국세무사회 세제심의위원
　　 알리안츠생명 WM센터 전임상담역
　　 세무법인한율 대표세무사

• 장 진 혁

성동고등학교 47회 졸업(1998)
국민대학교 회계학과 졸업
세무법인 리젠 근무
스포츠안전재단 감사

(현) 영화조세통람 상담위원
　　 세무법인한율 상무이사

※**상속세 전문 홈페이지**　www.sangsokse.co.kr

아무도 말해주지 않는 상속세 이야기

정　가 ｜ 18,000원
공　저 ｜ 서형석, 장진혁
발행인 ｜ 서동혁
편　집 ｜ 권아정
발행처 ｜ ㈜영화조세통람
펴낸날 ｜ 2017년 8월 1일 초판 발행
　　　　 2019년 4월 19일 개정판 발행
주　소 ｜ 서울특별시 중구 동호로 14길 5-6(신당동)
등　록 ｜ 1976. 11. 5. 제9-81호
전　화 ｜ 대　표　02) 2231-7027　Fax 02) 2234-1754
　　　　 출판팀　02) 2231-7141　Fax 02) 2231-7994
구입문의 ｜ (02) 2231-7027~9
ISBN ｜ 979-11-6064-131-8　13320

저자와의
협의하에
인지생략

㈜영화조세통람은 좋은 책을 만들기 위해 독자 여러분의 의견을 기다립니다.
E·mail(josetop@inaus.co.kr)과 홈페이지(www.taxnet.co.kr)의 고객지원센터 "고객의 소리" 코너